财经易文

www.ewinbook.com

供应链管理
概念、方法与实践

[美] 李令遐（Ling Li）著
陈　旭　马常松　译

Supply Chain Management

中国财政经济出版社

图书在版编目(CIP)数据

供应链管理:概念、方法与实践/(美)李令遐(Ling Li)著;陈旭,马常松译.
—北京:中国财政经济出版社,2010.6

书名原文:Supply Chain Management: Concepts, Techniques and Practices

ISBN 978-7-5095-2257-8

Ⅰ.供… Ⅱ.①李… ②陈… ③马… Ⅲ.①物资供应—物资管理 Ⅳ.F252

中国版本图书馆CIP数据核字(2010)第094158号

著作权合同登记号:图字01-2009-7800号

责任编辑:刘占彬　责任校对:孙志敏

封面设计:华乐功　版式设计:孙志云

Ling Li

Supply Chain Management: Concepts, Techniques and Practices

ISBN 978-981-270-072-8

中国财政经济出版社出版

URL: http://www.cfeph.cn

E-mail: webmaster@ewinbook.com

社址:北京海淀区阜成路甲28号　邮政编码:100036

发行电话:010-88191017

三河市祥达印装厂印刷　各地新华书店经销

787×1092毫米　16开　21印张　240千字

2010年6月第1版　2010年6月北京第1次印刷

定价:42.00元

ISBN 978-7-5095-2257-8/F·1801

(图书出现印装问题,本社负责调换)

中文版序

近年来，在中国如中远集团、中国外运集团、中邮物流、中铁物流等企业纷纷投入巨资建立供应链和物流管理系统，取得了一定的成效。如今物流产业和供应链管理作为国民经济中的一个重要组成，正在全球范围内迅速发展。在国际上，物流产业和供应链管理被认为是国民经济发展的动脉，其发展水平成为衡量一国现代化程度和综合国力的重要标志之一。

今天，我们生活在一个信息时代。在这一信息时代中，传统的以国家和地区为分割的经济模式已过渡到全球性经济模式。20 世纪后期的两项重要技术创新，即先进信息技术和集装箱运作，使供应链虚拟集成成为可能。信息技术通过提供一条虚拟的信息高速公路来缩短地理距离；集装箱运作则降低了远程运输成本，使得大量的货物能够从东半球运输到西半球。这本书深入浅出地总结了许多经典和新型的供应链管理案例，同时从理论上加以提升，从方法上加以深化，并注重从企业运作模式的角度来分析供应链设计和供应链管理。该书强调每一行业都有其独特的物流结构，供应链设计要确实反映各行业独特的物流结构。

供应链管理和物流系统是一个庞大的社会流通体系，同时承担着经济责任和广泛的社会责任。2008 年奥运会是对中国物流市场的一次挑战，也是一次让低起点的中国供应链管理和物流业尽快缩短与世界先进水平的差距的机会。2009 年 10 月 7 日，北京奥运会闭幕一年多以后，在丹麦哥本哈根举行的国际奥委会全会上，国际奥委会（IOC）北京奥运会协调委员会主席维尔布鲁根代表协调委员会对北京奥运会遗产做出初步评价。国际奥委会主席罗格说："那是一届真正的无与伦比的奥运会。"假如没有一套优秀的供应链系统来支持，整个奥运会的顺利进行必然会受到影响，对一场全人类的体育盛事来说，这不能不说是一个遗憾。供应链管理是奥运会的幕后功臣。

这本书注重介绍供应链管理的战略思想。选择合适的战略是供应链管理成败的主要因素。其中一个例子是凯玛特和沃尔玛这两个起源于美国的平价零售店。沃尔玛成功了，走出美国，走向世界，成为全球企业学习的样板；凯玛特则面临困境，在2001年向美国联邦政府申请破产保护。该书提供了一些企业成败案例供讨论借鉴。

这本书很适合各层次的学生和供应链管理人员使用。对本科学生来说，这本书提供了供应链管理的框架和数学模型；对MBA学生来说，书中有大量的经典和新型供应链管理案例可供讨论、拓展；对管理人员来说，书中介绍了企业成败案例以及值得借鉴的经验。

国务院发展研究中心客座研究员、教育部长江学者

许立达

2010年1月8日

译者序

在经济全球化背景下，随着科技的日新月异、市场的动态多变、需求的个性多样和竞争的日趋激烈，现代企业获得竞争优势的基础，已超出了单个企业自身的能力和资源范围，而越来越取决于企业与供应链上、下游各环节企业的系统整合和协同运作。市场的竞争不再是企业与企业的竞争，而是供应链与供应链之间的竞争。

市场通过供应链进行竞争的态势，使企业的竞争格局发生了巨大而深刻的变化，为企业带来了前所未有的机遇和挑战。一方面，企业可以通过外包，留强去弱、扬长避短，供应链可以通过各成员企业各展所长、优势互补，从而提升供应链的竞争力，提高供应链中各成员企业的效率和效益；另一方面，供应链中物流、资金流和信息流跨企业、跨地域的流动，对各成员企业的供应链管理能力和协调运作水平提出了更高的要求。供应链运作能力的高低已成为企业能否获得竞争优势的关键。杰克·韦尔奇曾经说过："如果你在供应链运作上不具有竞争优势，就干脆不要竞争。"

虽然供应链管理已经受到学术界和企业界的广泛关注与重视，目前市面上供应链管理的图书品种繁多，但是要找一本理论与实践兼顾、适合管理学院学生的教科书仍然不是一件很容易的事情。美国弗吉尼亚州立大学 Old Dominion 大学李令遐教授的《供应链管理：概念、方法与实践》是一本很有特色的著作：首先，作者注重理论框架的完整性。本书从概念与战略，采购、供应网络和战略采购，供应链中的需求转换，配送网络和运输，电子商务解决方案，供应链管理绩效与评估六个方面介绍了如何通过协作来管理供应链，从而为企业参与市场竞争并持续增长提供有力的基础。其次，作者注重联系实际，案例丰富。本书在行文过程中讨论分析了大量经典的和最新的案例，这些案例涉及制造业供应链、服务业供应链，还有供应链的各个环节，对于供应链相关理论、方法的理解和实践都颇有助益。因此，这是一本既能为学生和研究人员“理论联系实践”提供指导，又能为实际管理人员“实践联系理论”提供借鉴的好书。

本书适合 MBA、EMBA、管理学院高年级本科生和研究生作为供应链管理和相关课程的教科书，也可作为相关研究人员和在职管理人员的参考书。

本书能够顺利翻译出版，首先感谢作者李令遐教授写出如此精彩的书。另外，我们还要感谢国务院发展研究中心客座研究员、教育部长江学者讲座教授许立达先生在百忙之中应邀作序，为本书中文版的出版增色添彩。

感谢电子科技大学经济与管理学院院长曾勇教授，没有曾院长多年来的大力支持、关心和帮助，就不会有学院供应链管理与服务管理领域的生机与活力。感谢电子科技大学经济与管理学院供应链与服务管理研究所的各位同事和学生，团队成员的点滴进步都离不开大家的支持和鼓励，同时又是我们“欣赏、合作、开放、卓越”团队精神的生动体现。

感谢中国财政经济出版社易文出版中心的编辑刘占彬及其编辑团队，他们高效而又细致地做了大量工作。

本书能够顺利翻译出版，也离不开翻译小组的协作努力。为使本书尽快与读者见面，翻译小组的老师和学生放弃了假期的休息时间。本书翻译由陈旭和马常松组织，具体分工如下：第 1 章和第 2 章由马常松、郑丽翻译，第 3 章和第 4 章由陈旭、李铮翻译，第 5 章和第 11 章由马常松、杨霞翻译，第 6 章和第 7 章由陈旭、丁懿超翻译，第 8 章和第 10 章由陈旭、张怡翻译，第 9 章和第 12 章由陈旭、邱凌翻译，全书由陈旭和马常松统稿。特别值得一提的是，作者李令遐教授利用寒假休息时间对本书的翻译稿进行了认真细致的审校。

翻译疏漏和不妥之处，敬请专家和同行批评指正。

陈　旭

电子科技大学经济与管理学院

2010 年 1 月 31 日于成都

作者简介

李令遐（Ling Li）：女，美国俄亥俄州立大学物流与运作管理硕士学位，物流与运作管理博士学位。现任美国弗吉尼亚州立大学（Old Dominion University）物流与运作管理终身正教授，被授予 E. V. Williams 研究教授（E. V. Williams Research Fellow）学术头衔。兼任现任联合国教科文组织下属国际信息处理协会（IFIP）第 8.9 专业委员会秘书长，Enterprise Information Systems 副主编，International Journal of Production Research 专辑主编，International Journal of Integrated Supply Management 编委，美国弗吉尼亚州立大学管理学院研究生教学大纲委员会主任，曾任 Annals of Operations Research、IEEE Transactions on SMC Part C、Information Systems 等学术刊物专辑主编。

近年来，李令遐教授先后主持参加了十几项物流与运作管理方面课题的研究工作，涉及制造业物流、服务业如医疗卫生业物流与运作，以及体现在 ERP 系统中的物流与信息流的交汇与集成。先后在 Journal of Operations Management、International Journal of Production Research 等杂志和国际学术会议上发表论文 97 篇，其中 SCI /SSCI 收录 50 多篇，引用次数超过 300 次，出版供应链管理专著 2 部。

李令遐教授先后获得联合国教科文组织下属 IFIP（International Federation for Information Processing）颁发的杰出学术领导奖、美国俄亥俄州立大学校友研究奖、美国 Butler University 苹果教学奖、美国 Old Dominion University 管理学院杰出学术成果奖、美国 Old Dominion University 管理学院杰出学术服务奖（Outstanding Faculty Service Award）等奖励，入选美国弗吉尼亚州高教系统评选的全州杰出教授人选（Final List of 2009 Virginia Outstanding Faculty Awards）。

译者简介

陈　旭：男，工学学士、硕士，管理学博士、博士后，先后任香港科技大学、香港中文大学和香港城市大学博士后、访问学者和研究员，美国加州大学伯克利分校高级研究学者，四川省有突出贡献的优秀专家。现任电子科技大学经济与管理学院教授、博士生导师，电子科技大学管理科学与工程研究中心主任，供应链与服务管理研究所所长，经济与管理学院管理科学与电子商务系系主任。

陈旭教授还兼任中国青年科技工作者协会会员，国家自然科学基金和国家社会科学基金通讯评审专家，全国 MBA 教学指导委员会“运营管理”教学组成员，中国管理学会生产与运作管理分委会委员，国际生产与运作管理学会会员，《European Journal of Operational Research》、《管理科学学报》等多份杂志和多个国际学术会议的审稿专家。

主要研究兴趣包括供应链管理与运营管理、服务管理与收益管理、运作/市场/金融界面管理，主持、主研国家、省部级项目和横向企业委托项目 50 余项，发表中英文学术论文 80 余篇，出版译著《定价与收益优化》一部。

陈旭教授具有丰富的教学经验，担任 EMBA《服务运作管理》、《供应链与服务管理》等课程的教学工作，是四川省精品课程《生产与运作管理》的负责人。

马常松：男，电子科技大学工商管理硕士。现为西南财经大学天府学院物流研究所所长，经济管理第五中心主任，讲师。电子科技大学经济与管理学院管理科学与工程专业博士研究生。

出版译著《赢得输家的游戏》、《精益企业文化》两部。发表中英文学术论文多篇，其中 EI 检索三篇。

先后主研中国电信、中铁八局集团、四川九洲电器集团、四川建筑机械化工程公司等企业委托项目多项。

目　　录

第一部分

第二部分

第三部分

第五部分

第一部分

第 1 章　供应链管理：演进的视角

第 2 章　设计具有竞争力的供应链：案例

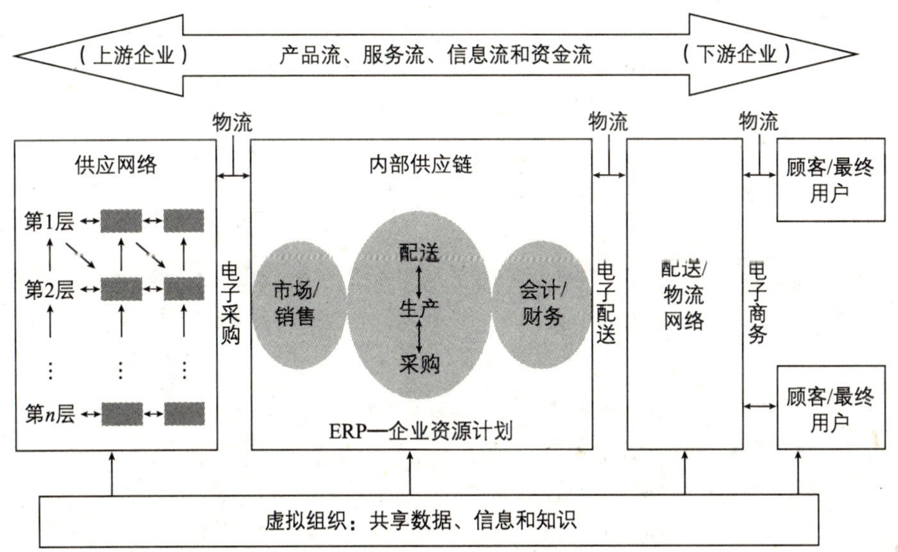

第 1 章
供应链管理：演进的视角

1.1 供应链管理概述

供应链涉及满足客户需求的所有活动。如图 1.1 所示，这些活动包括从原材料转换成最终产品的物流、信息流、服务流和资金流。供应链包含 4 个阶段：供应网络、内部供应链（制造厂商）、配送系统和最终用户。物流、服务流、信息流和资金流在供应链各阶段中上下往复流动。电子采购连接供应网络和制造厂商，电子配送连接制造厂商和配送网络，电子商务连接配送网络和最终用户。

现在我们以网上采购一台戴尔电脑为例。该供应链始于顾客对电脑的需求。顾客通过互联网下达了一台戴尔电脑的订单。由于戴尔没有配送中心或者配送商，该订单就直接送往戴尔制造中心。该计算机的微处理器可能来自 AMD 公司，显示器等配套产品可能来自索尼。收到来自供应链上游各供应商的零部件后，戴尔按照顾客定制的要求完成订单。然后，戴尔通过第三方物流公司 UPS 把电脑直接送交给顾客。这是图 1.1 中显示的**响应型供应链**（responsive supply chain）。在该供应链中，戴尔公司是主导者，它挑选供应商，与供应链上的其他成员建立合作伙伴关系，以此完成顾客订单和相应的商业交易服务。

现在我们再以在山姆俱乐部购买一盒裴顿（Perdue）禽蛋公司生产的鸡胸肉为例。顾客在山姆俱乐部购买裴顿鸡肉的需求是由储存在山姆俱乐部配送中心的库存来满足的。裴顿禽蛋公司根据鸡胸肉销售的历史数据进行需求

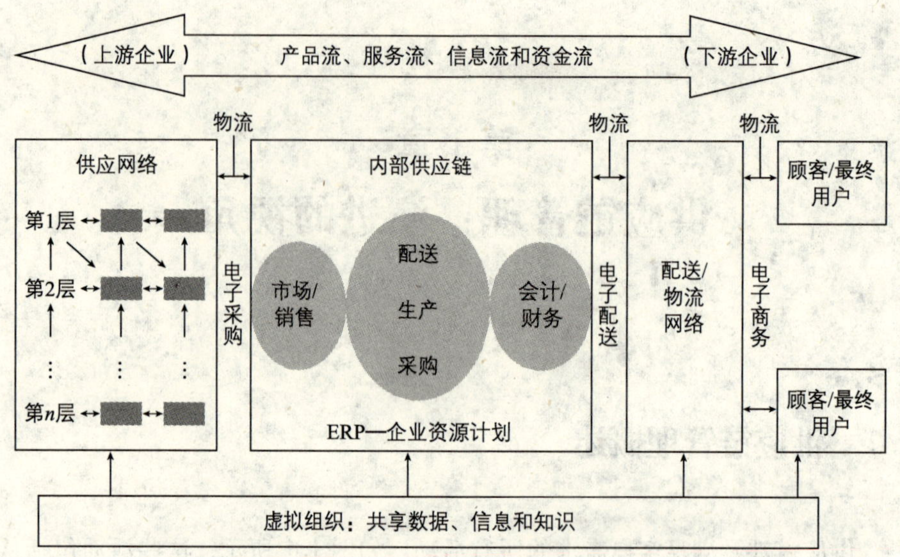

图 1.1　电子商务环境下的供应链

预测，然后制定生产计划。裴顿禽蛋公司经营的是一个纵向供应链：从孵蛋开始，到喂养小鸡用的饲料，整鸡加工切割，鸡肉包装，直至货物配送。在这条纵向供应链中，除了包装材料是供应商提供的，其余部分都由裴顿禽蛋公司自己经营。这是图 1.1 中显示的**效率型供应链**（efficient supply chain）。

这两种不同类型的供应链——响应型供应链和效率型供应链，将在 1.4 节中进行详细讨论。

供应链管理（Supply Chain Management）致力于高效整合供应商、制造商、仓库、承运商、零售商和顾客的一系列同步决策和活动，让恰当的产品或服务按照恰当的数量、恰当的价格、恰当的状态、恰当的信息和恰当的时间配送到恰当的地点，以在满足顾客服务水平的条件下，最小化系统成本。供应链管理的目标是获得可持续的竞争优势。

在电子商务环境下，一个公司的供应链会非常复杂。在实际操作中许多公司会拥有成百上千家供应商和客户。图 1.1 所示的是一个具有普遍性的供应链。此图所示的供应链包括内部供应链、上游供应链网络和下游的配送网络。物流的功能就是要促进物资从原料生产商到制造商，再到配送商，最后到最终用户这一过程中的转换和流动。

图 1.1 的中间部分是制造厂商的**内部供应链**（internal supply chain）。企业内部供应链包括采购、生产和配送。企业的**采购部门**负责挑选供应商，进行合同谈判，明确采购流程和完成订单。**生产部门**负责将原材料和零配件通过工艺过程转换成产品。**配送部门**负责管理物料和成品库存从制造厂商向顾客的运送。与此同时，企业资源计划系统（ERP）通过集成整个公司的信息系统、作业流程和存储数据来协助企业管理者制定商业决策。作为信息技术的基础设施，ERP 系统影响着公司日常运营管理的方式，促进了公司整个供应链流程的信息交流和流动。

图 1.1 左边部分的**供应网络**（supplier network）包括所有直接或间接为制造厂商提供物料或服务的单位。例如，一个计算机制造商的供应网络包括所有提供零部件的企业，零部件的范围包括塑料和电脑芯片等原材料以及硬盘驱动器和主板等。主板的供应商可能有自己的供应商（第 2 层供应商）来提供输入，这些供应商也是供应链的一部分。

图 1.1 右边部分的**配送网络**（distribution network）负责将物料运送到各地。配送网络负责在接收点、库存仓库和零售店等地方的物品包装、储存管理以及装卸搬运。配送管理的主要部分是运输管理，其中包括挑选和管理外部承包运输商或内部运输队。

电子商务（E-commerce）是在网络环境下利用先进的技术辅助商业交易，并促进信息和资金的流动。电子商务包括：企业对企业交易（B2B），如 Covisint. com（一个在线的工业协作平台）；企业对个人交易（B2C），如亚马逊网站；个人对企业交易（C2B），如在线零售公司（Priceline. com）；个人对个人交易（C2C），如 e-Bay 网上拍卖。电子商务通过各种电子媒介来实施。这些电子媒介包括电子数据交换（EDI）、电子资金转账（EFT）、射频识别技术（RFID）、条形码、传真、自动语音邮件、光盘（CD-ROM）目录以及其他多种媒介。

电子配送确定供应链的货源，如何得到物料，以及如何通过互联网或网络环境将货物发送给零售商。

电子采购是电子商务的一个组成部分。电子采购彻底更新了制造厂商或配送公司的供应链，实现了从制造商至供应商履行订单的无缝信息流程。

基于前面对供应链管理性质的描述，我们可以得出以下结论：

1. 供应链管理的任务是生产符合顾客需求的产品。

2. 供应链管理的目标是通过整个系统的协作，实现高效率和低成本。

3. 由于供应链管理考虑了供应商、制造商、批发商、物流提供商、零售商和最终用户的有效整合，因此它的范围涵盖了企业从战略层面到战术和运作层面的所有活动。

1.2 电子商务环境中的供应链管理：虚拟集成

20 世纪后期两项重要的技术创新——先进的**信息技术**和**集装箱运作**——使供应链虚拟集成成为可能。信息技术通过提供一条虚拟的信息高速公路来缩短地理距离；集装箱运作则降低了远程运输成本，使得大量的货物能够从东半球运输到西半球。在信息技术和集装箱两项创新中，信息技术在超越企业业务边界、将供应链扩展成虚拟集成的全球性商业网络的过程中起着无可估量的作用。我们将在本节论述虚拟集成，在下节讨论集装箱运作。

虚拟集成（virtual integration）是利用信息技术和信息来模糊供应链中供应商、制造商、分销商、物流提供商和最终用户之间的传统边界。如今，供应链中各种公司间的虚拟合作通常是通过供应商和顾客在互联网上的实时贸易来创造最大价值。虚拟集成为供应链提供了紧密协调的优势，这种协调传统上是通过在一个企业的内部纵向集成来实现的。在虚拟组织时代，管理者、工程师、专业人员和技术工人不再是某一公司独立占有的知识财富。知识在全球虚拟企业中跨越文化和时空边界让大家分享，并开拓了新的战略前沿。

供应链中企业的无缝虚拟集成要求同一供应链的贸易伙伴能实施实时自动化业务流程。在 20 世纪 90 年代，供应链中的各企业使用电子邮件、传真和语音信箱来进行物流工作。这些做法导致了延迟，并经常需要反复多次输入数据。1997 年，美国的公司在与物流相关的工作上花费了 8620 亿美元，约占美国GNP的10%。这些活动包括贯穿供应链的物料流动、贮存和产品控制。20世纪90年代后期，计算机技术直接导致了生产率的提高，生产率从早期的1.5%提高到2.5%①。

图1.2（a）显示出了从一层供应链到另一层供应链的传统的一臂距离交易关系。这种交易关系将供应商和客户看成是不可信任的对手。这就阻碍了企业间发展一种成功的长期关系。企业使用狭隘的绩效评价方法，采购决策往往只基于价格。相互关系被视为一种零和博弈，要么是赢家要么是输家。

(a) 供应链模型：从一层供应链到另一层供应链的一臂距离交易价值链

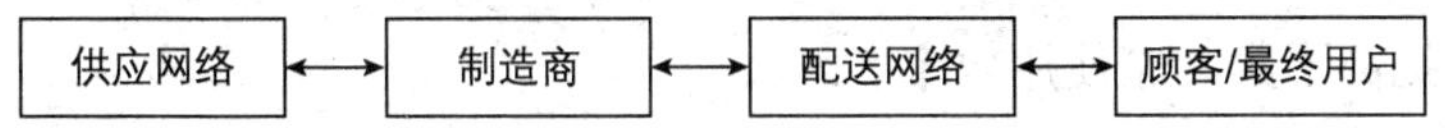

(b) 戴尔公司的直销供应链模型：与供应商建立伙伴关系

(c) 虚拟集成：通过模糊传统边界和价值链中的角色分工提高效率

图1.2 电子商务环境下的供应链

图1.2（b）显示了戴尔公司创造的集成供应链模型。该模型致力于供应链成员的相互信任和尊重、准时制造和减少第三方零售商。通过集成的供应链，戴尔只拥有5天的库存，并在大多数系统中实现了为期2天的制造周期。集成供应链包括联合改进项目、培训研讨会、专题讨论会和企业高层管理者会议。随着供应商和客户之间沟通的深入，更高层次的非正式信息得到共享。

图1.2（c）表明虚拟集成是集成供应链发展的更高层次。虚拟集成模糊了供应链企业间的边界。大规模定制的趋势迫使更多的企业关注其核心产品的竞争力，因此它们会外包非核心职能，如设计、制造配送等。这一趋势导

① Butler, S. (2000). "The economy downshifts; the Fed tries to do what's never been done before: engineer a soft landing." *U. S News and World Report*, June 19, 2000.

致了对虚拟集成供应链的需求。

1.3 集装箱运作

20 世纪下半叶国际海运中最重要的发展之一就是由马尔科姆·麦克莱恩引入的海运集装箱。20 世纪 50 年代中期，麦克莱恩提出了一个设想，就是将拖车上的集装箱直接转载到货轮上或者铁路货车上。这样货物不用多次拆装，从而减少了运输过程中的损坏，降低了劳动力成本，缩短了港口内的货物周转时间，提高了集装箱使用效率。

集装箱的使用加快了全球供应链的形成。据估计，当今世界贸易的 90% 是通过集装箱来运输的。每年超过 5000 艘集装箱货轮运载着大约 1 亿集装箱的货物在海洋上航行。集装箱运作显著改善了港口和运输的效率，从而减少了进口货物的成本。例如，1970 年，货物从香港海运到纽约一般需要 50 天的时间，而现在利用集装箱只需要 17 天。

1979 年经济改革之后，中国逐渐成为世界的制造中心。中国和北美、欧洲、亚洲、非洲等国的贸易量稳步增长。世界最大的零售商——沃尔玛——将其采购重心转移到中国后，对集装箱货柜运输的需求飞速上升。亚洲国家对这一需求迅速做出反应。20 世纪 90 年代，中国、泰国和马来西亚投资兴建了大量的集装箱码头，为全球供应链发展奠定了海运网络基础。2008 年，新加坡港和上海港在集装箱吞吐量上分别位居世界第一位和第二位。在 1990 年位居集装箱吞吐量第三位的荷兰鹿特丹港已被阿拉伯联合酋长国的迪拜港、中国广州港、中国宁波港超越。鹿特丹港在 2008 年世界港口吞吐量排名中位列第九，它是唯一处于前十名的欧洲港口。1996 年在世界集装箱港口排名中位于第十位的洛杉矶港已经跌出了前十名。正如马克·莱文森所说："海运集装箱使世界变小了，使世界经济变大了。"

1.4 从物料管理到供应链管理的演变

20 世纪后半叶，信息技术是物料管理向供应链管理演变的关键驱动力。1970 年，1 兆赫兹计算能力的成本是7600 美元，而到20 世纪末，这一成本只有 17 美分。1970 年 1 兆数据储存成本是 5256 美元，而现在成本还不到 17 美分①。自 20 世纪 60 年代以来，人们利用高新技术创造了各种工具以使企业能够简化物料管理。如图 1.3 所示，使用高新技术开发的各种物流管理创新模式包括：20 世纪 60 年代早期的物料清单处理器、20 世纪 70 年代的物料需求计划（MRP）、20 世纪 80 年代的制造资源计划（MRP Ⅱ）、20 世纪 90 年代的企业资源计划（ERP）和 21 世纪初的电子供应链管理。先进技术和计算机能力的发展，对物流和供应链管理的演变影响巨大。

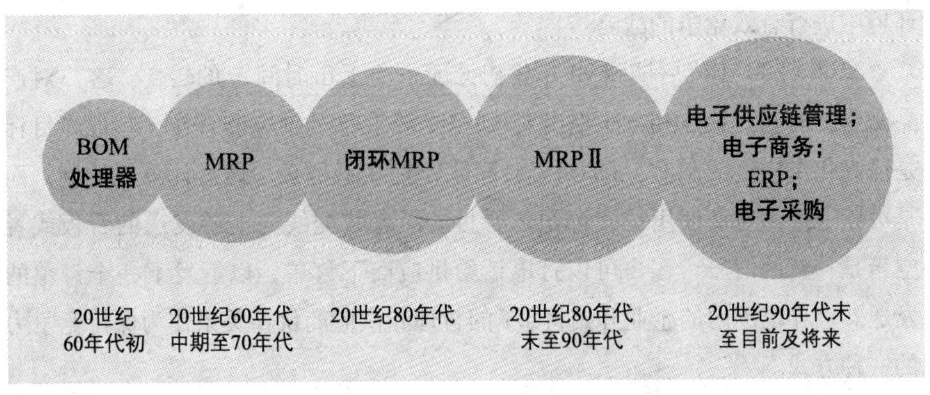

图 1.3 电子供应链的演变

20 世纪 60 年代初，在密尔沃基，物料清单（BOM）处理器被写在一张 1.44M 容量的电脑磁盘上。20 世纪 60 年代中期，计算机软件被首次应用于物料计划管理，被命名为 MRP。IBM 公司是第一个向市场推出 MRP 软件的企业。MRP 的意义在于识别顾客需要的物料，将需要的物料与现有库存相比，

① Federal Reserve Bank of Dallas, (1999). "The new paradigm," 1999 Annual Report. http://www.dallasfed.org/fed/annual/1999p/ar99.pdf.

然后计算出所需采购的物料和采购的时间。

MRP 软件没有考虑产能的约束，但在不具备产能计划的情况下，企业还是能制定物料需求计划。随着计算机性能的提高，MRP 软件升级成闭环 MRP。闭环 MRP 将产能需求计划作为物料需求计划的一个组成部分。这是因为由于计算机性能的提高，用来计算产能的额外数学计算变得可能和可行。

20 世纪 80 年代中期，MRP 和闭环 MRP 逐渐演变为制造资源计划（MRP Ⅱ）。MRPⅡ是一个统筹计划制造企业所有资源的软件。MRPⅡ不仅包括能力计划和会计系统，而且还包括企业金融管理系统。因此，MRPⅡ整合和控制了企业所有的资源，使企业能更好地利用信息。

20 世纪 80 年代，生产流程的自动化使得劳动力成本下降，物料成本上升。要想经受住激烈的竞争，就必须降低库存并缩短提前期。各企业都在寻求新的商业模式以获得竞争优势。准时生产（JIT）、约束理论（TOC）和全面质量管理（TQM）都是帮助企业改善生产流程、降低成本和在多变的商业环境中进行有效竞争的战略。

20 世纪 80 年代后期到 90 年代初见证了“上市时间”的转变。客户对产品交付的时间、地点和方式提出要求。JIT 要求整个供应链合作，其最终目标是最大化供应链的利润。JIT 始于装配线，它并不是必须通过计算机控制，而是可以通过供应商使用拉式标记的看板。沿着装配线向上游发送的看板或者空箱是补货的信号。客户可以打电话给供应商下订单，以触发下一个订单的发送。世界范围内的企业开始将 JIT 的哲理和供应商伙伴关系作为保持竞争力的一种方式。

20 世纪 90 年代，全球化和互联网备受关注。为了提升竞争力，企业开始意识到信息技术在显著转变业务方面的潜力。企业不再致力于让陈旧的、低效的流程自动化，而是运用技术使流程再造成为可能。由此引发的 ERP 系统开发，整合了先前的独立系统，以使组织具有可视性。ERP 在 20 世纪 90 年代中后期更是被广为接受。ERP 不仅仅是 MRPⅡ的一个新名称。ERP 是物料和供应链管理中新一代高水平的计算机软件。ERP 系统提供了一个企业内部跨职能的信息集成视角，并且为几个不同公司之间的合作提供了可能。

20 世纪 90 年代末至 21 世纪初，电子通信取代了纸上交易，缩短了库存补充所需要的提前期。缩短提前期降低了需求不确定性的风险，同时降低了库存不足或过剩的可能性。20 世纪 90 年代互联网得到了广泛应用。互联网为企业将电子商务整合进商业模式提供了绝好的机会，这个时期主要强调 B2C，而目前重点不断扩展，将 B2B 包含在内。后台系统集成，特别是供应链管理为企业提供了更大的可视性和更多的战略能力，提高了企业的盈利能力和竞争力。

一个供应链包括满足客户需求的所有直接或间接的相关阶段。供应链包括制造商、供应商、承运商、仓库、零售商、第三方物流提供商和顾客。供应链管理的目标是最大化供应链整体的利润，而不是某一部分的利润。

1.5 供应链模式的变化

今天，人们以具有前瞻性的方式来考虑供应链管理及其如何适应全球经济。或许就是这些想法激励了企业管理者去整合全球供应链，从而推动了供应链管理模式的发展。表 1.1 展示了供应链的 4 个新模式：（1）从成本管理到收益管理；（2）从部门责能管理到订单履行流程管理；（3）从库存管理到信息管理；（4）从交易关系到战略合作伙伴。

表 1.1 供应链模式的转变

现有模式	新模式	指　　标
成本管理	收益管理	CRM 和订单获取
部门责能	订单履行流程	集成产品、服务与配送流程
库存管理	信息管理	快速响应和知识管理
公平交易	战略伙伴关系	双赢的战略协作关系

美国电影院老板早就意识到，顾客在看电影时，除了买电影票外，还会购买饮料和爆米花。根据这一现象，沃尔玛将营销重点从销售单件产品转到销售一篮子相关产品。这一做法面临的挑战是：（1）供应链运作从成本管理（一个顾客在某产品上消费多少）转向了收益管理（一个企业总共能赚多少），强调客户关系管理和订单获取。（2）从部门责能管理（我们是否应该自主生产产品）转向订单履行流程管理（我们应该与供应链伙伴合作，把业

务外包给它们)，强调产品和服务的集成配送。（3）供应链运作从库存管理（我们需要持有多少库存来满足需求）转向信息管理（消费者偏好购买什么产品)，强调快速响应系统和知识管理。（4）供应链运作从公平交易（什么产品/服务是企业间相互需要的）转向战略伙伴关系（什么产品/服务是企业间可共同开发的)，强调双赢的战略协作关系。

1.6 供应链管理模型

1.6.1 竞争焦点和制造战略

企业的战略规划决定了一个企业是以成本、质量、时间、柔性还是以新产品作为其竞争焦点。一个公司竞争焦点受到其 4 个长期结构因素——设备、产能、技术和纵向集成——的限制，同时也受到其 4 个软基础设施因素——员工素质、质量管理、生产计划与控制，以及组织结构——的限制。长期累积的软基础设施决策对企业竞争力的影响与长期结构性决策是同等重要的。

制造战略聚焦于一系列竞争焦点，如成本、质量、时间、柔性和新产品的开发。它将生产流程分为 5 种主要类型：项目生产、单件小批生产、批量生产、流水线生产和连续生产。按库存生产（make-to-stock)、按订单装配（assemble-to-order)、按订单生产（build-to-order)、按订单设计（engineer-to-order）是应用于市场竞争中应对不同竞争焦点的几种制造战略。

按库存生产是指为了及时交货而持有产成品库存，以最小化订单交付时间。这种战略适合推式系统，在需求到达之前进行需求预测和生产计划的制定。

按订单装配是处理大量个性化产品的战略，也是大规模定制的一种选择。按订单装配使用标准零配件，要求在装配过程中实现高效率和低成本生产，在组装和配置阶段具有柔性，以便满足客户的个性化需求。

按订单生产是指在制造商获得订单之后再生产少量的定制产品。按订单生产的产品通常批量小，对技术、产品性能设计和交货期要求高。

按订单设计是按照客户的特定要求来设计并制造产品。按照这种战略生产的产品批量很小，一般是单件小批量或单个产品。特制产品的订单履行周期通常较长。MRP 计划对于按订单设计极其重要。

1.6.2 效率型供应链和响应型供应链

供应链失败的原因之一是缺乏对需求性质的理解。这种理解的缺乏通常会导致供应链设计的不匹配。费舍尔（Fisher，1997 年）提出了两种独特的设计企业供应链的方法：效率型供应链和响应型供应链。

响应型供应链的目的是对市场需求做出快速反应。这一供应链模型最适合以下环境：需求可预测性差、预测误差高、产品生命周期短、新产品上市频繁以及个性化产品（参见表 1.2）。与响应型供应链相匹配的竞争焦点有：快速响应、产品开发速度、迅速交付、产品个性化和产量柔性。响应型供应链的设计特点包括：柔性和计算机辅助生产线、较多的备用产能、较少的库存和较短的产品生命周期。

表 1.2 效率型供应链和响应型供应链

	效率型供应链	响应型供应链
需求	稳定，基于预测	波动，基于顾客订单
产品生命周期	长	短
产品多样性	少	多
边际贡献率	低	高
订单满足的提前期	允许较长的订单满足提前期	短或者基于合同交货期
供应商	长期	根据产品生命周期
生产	按库存生产	按订单装配 按订单生产 按订单设计
产能冗余	低	高
库存	产成品库存	零部件，半成品
供应选择	低成本，质量稳定，按时交货	柔性，快速交货，设计质量高

效率型供应链的目的是协调物流和服务，以最小化库存和最大化供应链上制造商和服务提供商的效率。这一供应链模型最适合以下环境：需求可预测性强、预测误差小、产品生命周期长、新产品上市频率低、产品单一、生产提前期长和订单满足提前期短。与效率型供应链相匹配的竞争焦点有：低成本运作和准时交货。效率型供应链的设计特点包括：流水线、大批量生产、少量备用产能。

1.6.3 产品、流程和企业的生命周期

费恩（Fine，1999 年）提出每个产业都以不同的速度演变，这种速度在某种程度上取决于它的产品生命周期、流程生命周期和企业生命周期（参见表 1.3）。例如，信息娱乐业是生命周期较短的行业。一部电影或电视剧是以小时为单位来计量产品生命周期的。例如，圣诞节期间观众最多，因此大量电影在这段时间内推出。信息娱乐业的流程变化很快，如传送信息和制作娱乐产品的软件、CD 和 DVD 播放器更新速度很快。同时，媒体企业结构也在不断发生变化，诸如时代华纳（Time Warner）、迪士尼（Disney）和维亚康姆（Viacom）等媒体巨头之间通过不断谈判、签订合同和再谈判来调整它们之间的关系，以适应产品和流程设计的变化。

表 1.3 时脉速度

	短生命周期	中等生命周期	长生命周期
产　品	小于 6 个月到 2 年	3 ~ 15 年	10 年或更长
流　程	2 ~ 10 年	2 ~ 25 年	15 年或更长
企　业	2 ~ 10 年	2 ~ 25 年	20 年或更长

飞机制造业是一个生命周期较长的产业。例如，波音公司的产品生命周期是以 10 年为单位计量的。在波音 747 首次投产大约 40 年后，波音公司仍在销售波音 747 获取利润。2000 年生产和销售的波音 747 还是使用与它最初投产时相同的制造设备。

汽车制造业是一个中等生命周期的产业。这类产品的变化既不像信息娱乐业那样快，也不像飞机制造业那样慢。例如，客车的产品生命周期为 3 ~ 5

年。为生产新产品而设计的生产流程，一般可以使用 4 ~5 年。

供应链设计应该反映产品生命周期的特性，这是打造一个高效供应链的必要条件，反之亦然。分析产品、生产流程和企业的生命周期能够使我们更加清楚和准确地把握顾客未来的需求。

1.6.4 推式和拉式流程

供应链中的所有流程可以分成两类：推式流程和拉式流程。在推式流程中，生产计划是根据需求预测而定的。在拉式流程中，产品最终的装配是由顾客的订单触发的（如图 1.4 所示）。

在单纯的推式流程中，按库存生产是主要的生产方式，正如图 1.4 所示山姆俱乐部鸡肉需求的例子。需求是基于历史销售数据预测的。顾客的需求通过库存得到满足。推式流程的生产提前期相对较长，产成品的库存比拉式系统多。裴顿禽蛋公司的纵向集成供应链显示了推式系统的特点和理念：我们为你做一切。

在拉式流程中，最终用户引发了戴尔制造厂的电脑生产，如图 1.4 所示。拉式流程主要的生产战略为按订单装配、按订单生产和按订单设计。与推式流程相比，拉式流程的需求不确定性更高，生产周期更短，因而产成品库存较少。显而易见，戴尔在供应链管理方面是一个领导者。戴尔直销模式的供应链显示了拉式系统的特点和理念：随你所愿。

推式/拉式流程是供应链设计的两种重要方法。需求不确定性和产品多样性在这两种系统中被区别对待。在推式系统中，安全库存被用来应对需求波动，而在拉式系统中，柔性产能被用来适应需求波动。库存和产能均需要投资。因此，设计高效供应链有助于企业实现成本效益目标，并能在恰当的时间、恰当的地点、将恰当数量的产品递交给顾客。

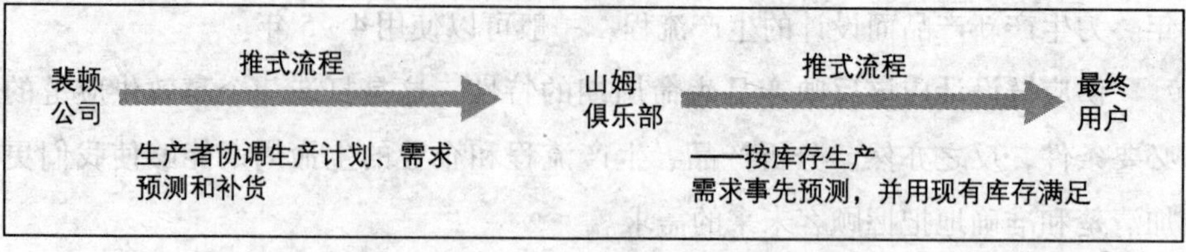

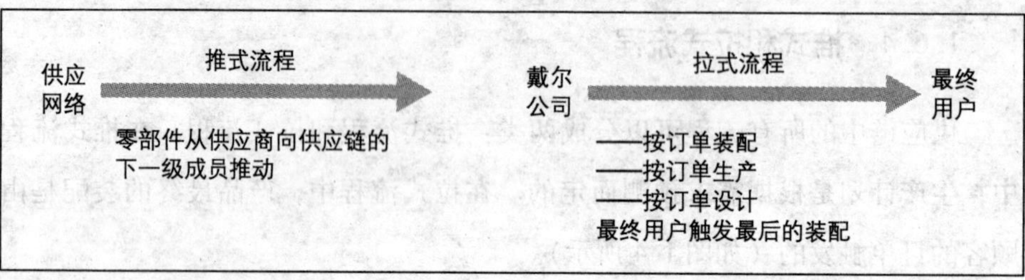

图 1.4　推式流程和拉式流程

1.7　协同计划、预测和补充——一种转换需求的电子商务解决方案

1.7.1　CPFR 的基础

目前，供应链发展的重点是跨企业协作。缺乏协作将会导致生产低效、库存过剩和成本激增。下面用两个例子来说明以上观点①：

(1) 由于低效配送策略，一盒早餐食用的麦片要花 3 个多月的时间从工厂仓库运到超市，然后摆上货架。

(2) 一辆汽车从工厂送到经销商的展厅平均需要 15 天的时间，事实上，运输时间通常只需要 4～5 天，这浪费了大量的宝贵时间。

许多供应商和零售商都已发现在供应链上游存在需求波动的现象。李效

① David Simchi-Levi (2002) presentation at Conference on Optimization in Supply Chain Management and E-commerce, Gainesville, Florida.

良（*Hau Lee*）描述了尿布供应链的需求波动[①]。在考察帮宝适一次性尿布的需求情况时，宝洁公司发现该产品的零售销售量相当稳定；没有哪一个特定的日子或者月份的需求量明显高于或低于其他时候。配送商发给工厂的订单波动比零售商的销量波动大得多。此外，宝洁公司给自己供应商的订单波动就更厉害了。这种供应链中需求变动逐级增加的现象被称为**牛鞭效应**（bull-whip effect）。从本质上讲，牛鞭效应就是客户需求数据从零售商传至供应商的过程中被人为地扭曲了。

解决批量订货导致牛鞭效应的一种方法是协同计划生产、预测需求和补充库存（Collaborative Planning，Forecasting，and Replenishment，简称 CPFR）。这样做可以使供应链各层向供应商比较频繁地发送较小的订购量。较小的订购量可以平稳地进行生产，同时使分销商和制造商能够更有效率地处理订单。

近年来，零售商与其供应链伙伴发起了合作协议来共同建立计划、预测和补货流程。这一创新被称为协同计划、预测和补货（CPFR）。运作管理协会（The Association for Operations Management）对 CPFR 的定义如下：

“实施协同流程，供应链的成员可以共同计划关键的供应链活动，这些活动包括从生产与配送原材料，到生产产成品，并配送给最终用户。”——运作管理协会[②]

CPFR 的目标是通过提高需求预测能力来最优化供应链，以恰当的时间、恰当的数量、恰当的地点、恰当的价格、恰当的状态和准确的信息来配送恰当的产品，从而降低库存，避免缺货和提高顾客服务水平。CPFR 的价值在于买卖双方通过广泛地共享销售、促销和相关供需信息进行协同，以提高预测的准确性。

1.7.2 CPFR 的主要活动

构成 CPFR 的 3 个主要活动是：计划、预测和补货。每个活动包括的步骤

---

① Lee, H. L., Padmanabhan, V., Whang S., (1997). The bullwhip effect in supply chains. *Sloan Management Review*, 38 (3), 93 - 103.

② The Association for Operations Management is formerly known as American Production and Inventory Control Society (APICS).

如下：

计划：计划始于合同，该合同明确规定各企业在向顾客提供产品的过程中相互协作的责任。企业间先就合同条款进行谈判，然后形成一个有关需求管理、促销、产量、时间、库存水平的联合商业计划。

预测：首先，要预测所有参与公司的顾客需求。然后，找出并解决所有参与公司的需求差异。最后，形成所有参与公司的可行的销售预测。对销售预测要定期进行修订以反映市场需求的变化。

补货：首先，对所有参与公司的订单进行估计。然后，找出并解决各参与公司的差异。最后，形成一个有效的生产和交货计划来完成订单。

协同计划、预测和补货的思想源于20世纪90年代中期一年一度的零售系统大会暨展览会（Retail Systems Conference and Exposition）。后来，为了促进供应链之间的协调，自发性跨行业商业标准协会（Voluntary Interindustry Commerce Standards，VICS）开发了一个9个步骤的流程模型作为实施CPFR的指南，还发布了CPFR的最佳实践。有效实施CPFR的9个步骤如下：

步骤1：签订协作协议。

步骤2：建立联合商业计划。

步骤3：进行销售预测。

步骤4：找出销售预测的特例。

步骤5：就例外项目进行解决/协调。

步骤6：进行订单预测。

步骤7：找出订单预测的特例。

步骤8：就例外项目进行解决/协调。

步骤9：生成订单。

这9个步骤已经成功地指导一些企业实施了CPFR。例如，西尔斯（Sears，美国的百货公司）和米其林（Michelin，法国的轮胎制造商）于2001年开始协作谈判。在随后的一年中它们根据VICS的9个步骤实施了CPFR。两家公司的共同目标是提高订单满足率，并分别减少西尔斯配送中心及米其林仓库的库存。由于实施了 CPFR，西尔斯配送中心对商店的需求满足率提高了 10.7%，米其林和西尔斯的联合库存水平降低了 25%。这个例子表明，协作可以给公司提供变革的机会，并从根本上改善供应链绩效。这样的变革会带来显著的收益并创造竞争的优势。

1.7.3 实践中的 CPFR

能够建立协作供应链的企业比其竞争对手更具有竞争力。世界知名企业都纷纷开始采用这种方法。像沃尔玛、戴尔和宝洁这样的公司，与各自供应链上的其他公司共享各销售点的数据，同时开始互享库存数据。信息分享为各企业决策提供了基础。这样的决策为各企业和整个供应链带来了更高的效率和更多的收益。

协同生产、预测和补货带来了很多好处。首先，因为供应链上的所有公司可以获得实时销售数据，并彼此分享销售预测，“牛鞭效应”得以减弱。这就使得同一供应链上的所有成员能制定更好的生产计划、确定理想的库存水平和可行的交货计划。其次，供应链的每个成员共享客户需求的波动信息，先前计划好的生产水平可以根据这些信息进行调整。任何零售商都不会因库存短缺而损失销售收益或因库存过多而损失利润。但是，协作不容易实现，需要较长的时间才能在供应链中逐步推广。

最近，创新型消费品的制造商和零售商正在建立的伙伴关系推动了 CPFR 的实施。例如，康柏公司（Compaq）利用互联网与 850 个贸易伙伴共同制定采购计划。与此同时，汤姆逊电子公司（Thomson Electronics）正在与它的 50 个零售商一起实施 CPFR。另外，更多的贸易伙伴开始实施 CPFR。加拿大轮胎公司（Canadian Tire）正在与其 7 个供应商一起开拓新的商业领域。纽巴伦公司（New Balance）和天伯伦公司（Timeberland）正在与选定的零售商一同进入制鞋业。此外，先灵葆雅公司（Schering Plough）和强生公司（Johnson & Johnson）也正在与埃克德药业公司（Eckerd Drug）进行合作。三菱汽车公司（Mitsubishi Motors）与它的零售商协作，将顾客的订货提前期减少到 2 周。

CPFR 带来的好处还包括：减少库存、降低安全库存以及减少缺货的可能性。然而，将整个供应链中离散的预测和计划流程集成在一起仍然是一个挑战。提高协作的关键是改进企业内部供应链流程。很多公司现在都意识到优化内部流程和确保数据准确的重要性。

1.8 全球环境下的供应链管理

2006 年圣诞节的前一个月，本书作者去逛了美国弗吉尼亚州南部的一个大型购物商场。该商场中的商品大多数是在海外生产的。2006 年 11 月 19 日，亚太经合组织（Asian-Pacific Economic Cooperation，APEC）的 21 个成员国在越南河内举行了第 14 次亚太经合组织经济领导人会议。亚太经合组织的首脑们就综合区域贸易协议和自由贸易协议在促进贸易自由化方面的作用达成了共识。他们认为，区域贸易协议和自由贸易协议带来了更高程度的贸易自由化，并降低了贸易交易成本。

全球化不可避免。将来的 5 ~ 10 年，贸易自由化将得到更进一步的发展。随着越来越多的国家打开国门融入全球贸易，越来越多的公司正在寻找最具成本效益的方法进行产品的生产和配送。不同规模的企业意识到它们必须成为全球供应链中的一部分，才能保持竞争力和维持生存。

1.8.1 美国的供应链管理

在过去 20 年里，美国在开发新的供应链管理模式、再造运作流程和推进供应链管理的技术方面处于世界领先地位。沃尔玛、戴尔公司、惠普公司和其他许多企业已经展示了它们在电子商务环境下管理供应链的能力。

作为世界上最大的消费者、生产商和贸易商之一，美国拥有许多提升供应链管理的优势。首先，美国人使用相同的官方语言、货币和技术。此外，虽然美国不同地区之间存在一些文化差异，但是与世界其他国家相比，它的文化更为相似。其次，美国拥有高度发达的交通基础设施，拥有足够的海运和空运设施来处理进出口业务。就国内运输而言，高效的铁路货运系统和完整的高速公路网络，足以将供应链中的运输活动连接起来。再次，所有供应链的参与者都可得到相同的技术。方便地使用互联网和通信技术是美国供应链的一个特征。从技术方面来看，美国在电子商务系统的部署上领先于欧洲和日本。

1.8.2 欧洲的供应链管理

近年来，欧盟虽然做了很多统一欧洲大陆的工作，但是在本地市场、文化、法律条例、政策、税收标准、经济发展、富裕程度和地理方面仍然存在较大的差异。国家与国家之间的市场差异很大，尤其是一些新采纳民主政体的东欧国家。造成这些差异的原因是地区间普遍存在的文化差异。尽管在质量、健康、环境和及时性方面的标准开始逐步形成，但欧洲国家对顾客服务价值的认识还存在着很大的差异。这些价值系统的差异迫使制造商关注区域性的顾客定制。

其次，欧洲各个国家的交通基础设施各不相同。一个国家的地理状况会影响其可达性，进而影响运输方式和配送网络。例如，由于地理复杂，意大利选择了更本地化的配送网络。与之相对应，荷兰由于具有相对较高的地理可达性，因而趋向采用更集中的配送网络。这些运输和配送问题导致一些公司建立地域性的控股配送中心，这样可以减少对大范围配送网络的需求和依赖，同时也减少了对运输的依赖。在欧洲，局部运输系统的明显缺陷使得铁路货物运输的利用率低下。一些东欧国家缺乏对基础设施的维护，国家间铁路规格、技术标准和津贴多少差异较大，导致欧洲国家的供应链管理发展缓慢。

最后，不同国家应用新技术的水平也不同。与美国不同的是，欧洲国家并不都是能够获得可靠的互联网接入和新技术。不同地区的互联网接入差异对企业的影响很大。它妨碍了企业为获得全球竞争力而在供应链中实施协同计划、预测和补货的能力。

尽管欧洲国家还在努力地克服一些内在的挑战，但它们已经取得了一些重大的进展，并在克服这些挑战的过程中有所创新。移动商务、车辆跟踪与调度、射频识别技术、静默商务应用和协作等都是一些最近在欧洲得到发展的例子。手机的普及带动了后台操作的移动网络的发展。随着这项无线应用的进步，欧洲车辆跟踪和配送系统的数量不断增加。然而，跨边界和跨文化的问题仍然需要改进。欧盟已经开始制定整个欧洲的统一标准，这个标准包括通过公路、铁路和水路来开发一个"货运走廊"以解决国家、地区之间以及整个欧洲大陆的配送问题。

1.8.3 亚洲的供应链管理

与美国和欧洲相比，亚洲的供应链管理更加不成体系，因而更加缺乏竞争力，但是它们之间的差距正在缩小。首先，亚洲市场由许多文化、地域、政治系统、语言、法律体系和经济发展阶段各不相同的国家组成，这些国家包括日本、中国、印度、印度尼西亚、韩国和泰国。上述国家在许多方面都表现出了显著的差异。从文化上来说，大多数的亚洲文化和欧美文化差异很大。举例来讲，亚洲文化很注重关系，这些关系是建立在时间及长期交往的基础上的。这就使得快速建立商业交易关系比较困难。

其次，亚洲大多数发展中国家的交通基础设施远远落后于欧美国家。多年来，铁路运输是印度、中国和日本等国的主要公共交通方式。最近几年，航空运输在快速发展，高速公路也在飞速推进。例如，中国的高速公路系统发展迅猛，同时铁路货运业的效率也在迅速提升。2000 年，中国新增了 5 万公里的高速公路。

最后，高技术也是在亚洲发展高效供应链面临的一个主要问题。亚洲的大多数发展中国家很难获得所需要的信息技术。现在，在亚洲降低生产成本是非常普遍的，但下一轮降低成本的机会在于提高运输和配送的效率，而这正是亚洲国家的薄弱环节。信息技术的应用能够在这方面起到很大的作用。

在亚洲，协作是一个存在机会的领域。当前，许多协作是通过非正式的方式进行的。随着更多正式协作方式的发展，特别是在行业层面的协作，供应链将获得更高的效率，并节约成本。信息技术是提高这种协作的一个主要方面。这就要求提高数据的完整性，并能根据需要提供相应的信息。这就要求某些企业对其供应链进行一定程度的再造。在不久的将来，亚洲市场的物流和供应链功能的外包将产生巨大的效益。随着制造企业开始争夺全球市场的更大份额，竞争的焦点将不仅仅是低廉的劳动力，产品质量和生命周期管理将成为赢得竞争的基础。为了充分利用供应链的效率，许多能力有限的小型制造公司有必要寻求第三方物流提供商的帮助，以使其运作效率更有竞争力。

1.8.4 拉丁美洲的供应链管理

拉美国家能够给美国公司提供更多的供应源和降低成本的机会。北美自由贸易协定（NAFTA）允许美国进入墨西哥的廉价劳动力市场。然而，不同的货币、运输、基础设施、政治体制和法律是那些想进入拉美市场的美国公司所面临的障碍。

在拉丁美洲，高技术也是发展高效供应链的一个主要问题。虽然计算机的使用在墨西哥和其他拉美国家很普遍，但是其高科技的通信技术却没有在美国那样可靠。在那里，能够登录互联网的人比美国少得多，这使得用电子技术连接供应链各个环节并跟踪物流变化状况变得十分困难。在边远地区，拉美企业使用的技术十分陈旧，有些企业甚至连这些技术也没有使用。

由于存在技术差异，一个试图与拉美公司合作的美国企业要么不得不投资多种基础设施，包括电子数据交换（EDI）、环球网、电话和传真系统，要么与提供必要界面的第三方物流提供商进行合作。例如，瑞德运输公司（Ryder）为一个在美国印第安纳州组装卡车的汽车制造商从拉丁美洲运输 3000 种不同的零部件。为了持续跟踪库存，瑞德公司使用了一个包括无线通信、手机和 EDI 通信的混合系统。每个星期天，瑞德公司都会收到有关工厂需求的电子邮件。一半的零件制造商能够在线交易或具有 EDI 的能力，另一半则需要凭借电话或传真来交易。瑞德公司不得不投资大量的基础设施以应对多种通信的要求。

1.8.5 金砖四国——巴西、俄罗斯、印度和中国

2003 年，高盛集团的首席经济学家吉姆·奥尼尔（Jim O'Neil），在《金

砖四国之梦：通向2050》的报告中提出了金砖四国（BRICs）的概念。这个首字母缩写词BRICs（分别表示巴西、俄罗斯、印度和中国）代表了一个新兴市场。这个新兴市场的发展将使美国、意大利、法国、德国、英国和日本这些G6国家的经济影响黯然失色。高盛集团的报告显示：基于目前的GDP增长、人均收入和资本运动，在大约40年的时间内，金砖四国的经济总量以美元计算将超过G6国家的经济总和。此外，到2050年，以美元计算，现在的G6国家中可能只有美国和日本仍在6大经济体之列。

金砖四国都是人口大国。这四个国家的人口几乎占全世界人口的42%。根据世界银行的报告，2007年金砖四国的GDP总量（以购买力评价计算）超过了14万亿美元。几乎在每个领域内，这四个国家都是全球最大的实体。这四个国家位于最大且成长最快的市场，对全世界的企业，不管是零售商、分销商、物流服务提供商、制造商或软件开发商来说，都意味着前所未有的机遇。

巴西。当巴西在2003年成为金砖四国的一员时，它才刚刚走出濒临破产的困境。自20世纪70年代以来，巴西长期年人均增长率平均不到2%。2003年，世界油价开始攀升，这奠定了巴西目前经济持续增长的基础。有趣的是，巴西乙醇工业自1979～1982年石油危机期间投产以来，几十年间看似毫无希望，但突然之间变成了这个国家的财源。石油价格的上涨使巴西的甘蔗成为世界上最便宜、最经济和最环保的新型乙醇原料。当前巴西的经济增长率为5%，并且很有可能随着不断提高的信用地位而维持当前的增长率。巴西拥有丰富的自然资源和南美东海岸的广阔区域。由于其独特的地理位置，巴西在全球供应链中扮演的角色主要是能源出口和集装箱运输。

俄罗斯。俄罗斯的经济与以前大不相同。普京政府促成了经济的快速增长，2000年后，俄罗斯平均每年的增长率接近10%，其中2007年的增长率为8.1%。随着2004年以来的石油价格上涨，俄罗斯的经济增长几乎完全得益于高油价的驱动。俄罗斯政府开始着手控制能源领域的所有经济活动。俄罗斯是最主要的天然气和石油出口国，对于支持全球供应链的稳定增长起着重要作用。另一方面，不断增长的经济催生了大量的中产阶级顾客，他们需要全球供应链来提供新产品和服务。

印度。自 2003 年以来，印度已经成为成长最快的市场之一，这使得印度的人均收入稳定增长，消费需求增加，生产力和效率不断提升。2007 年印度的经济增长率为 9%。但是，通货膨胀是其面临的一个重大问题。在过去几年里，商品和能源的高价格使印度和其他国家一样受到影响，但印度庞大的贫困人口使情况变得更糟。印度政府已经限制大米出口，并对其他商品和汽油提供补贴。毫无疑问，这些补贴和限制会使预算赤字恶化。将来政府取消补贴时，很有可能会造成消费品价格飞涨的新问题。尽管如此，印度正在全球经济构架下进行重新调整。

中国。作为金砖四国中的一员，中国在全球供应链中扮演着最重要的角色。中国拥有 13 亿人口，是继美国和日本后的世界第三大经济体。据高盛公司预测，到 2040 年中国的 GDP 很有可能超过美国。

1979 年，中国领导人邓小平发起了一系列全面的经济改革，向全世界开放了中国的市场。这一历史性的转变从根本上改变了中国经济的发展方向。经济改革允许经营私有企业、中外合资项目和地方集体企业。1992 年，中国共产党第十四次全国代表大会为社会主义市场经济描绘了改革的蓝图。一部反映经济改革的新的公司法在 1993 年颁布，并于 1994 年生效。从那以后，商业企业成为独立的法人实体，其所有权和经营权分离。中国制造业的结构性转变为中国成为“世界制造中心”并在全球供应链中担当关键角色奠定了基础。20 世纪末，北美和欧洲企业为满足顾客需求而寻求进一步降低成本的方法。因此，一个低成本的制造中心成为解决问题的关键。与此同时，中国的经济改革为全球供应链的成长提供了一片沃土。在过去的 15 年中，许多美国和欧洲企业通过外包或合资的形式将其制造环节转移到了中国。

1.9 小结

1.9.1 供应链管理的挑战

供应链集成面临很多困难，原因有两个：首先，供应链是一个集成的系统，需要整体的决策来优化整个系统的利润和价值。实际上，供应链上的不同企业可能有不同甚至相互冲突的目标。其次，供应链是一个动态系统，有其自身的生命周期并持续演进。例如，随着顾客需求和供应商能力的不断变化，供应链的关系也会随之发生变化。

供应链的管理者面临着许多重要的挑战。例如，由于不同企业和合作伙伴具有动态甚至冲突的目标，因此供应链设计和战略协作是非常困难的。库存控制是另外一个棘手的问题。库存对系统绩效的影响是什么？为什么供应链上的成员需要持有库存？配送网络的配置包括制定有关仓库位置和容量的管理决策，确定每个工厂每类产品的生产水平，设置设施之间的运输流程，以最小化生产、库存和运输的总成本，并满足服务水平的要求。

数据、信息和知识的共享是虚拟集成供应链面临的一个挑战。必须指出的是，大量企业的技术知识储存在知识工人的头脑中，无法清楚地表达出来。信息技术要达到什么程度才能够有助于说明复杂的隐性知识，以便它们能够在分散的或虚拟的组织环境下得以分享？

1.9.2 供应链管理的路线图

本书讨论了如何通过协作来管理供应链，全书分为以下 6 个主要部分：(1) 概念与战略；(2) 采购、供应网络和战略采购；(3) 供应链中的需求转换；(4) 配送网络和运输；(5) 电子商务解决方案；(6) 供应链管理绩效与评估。上述内容反应了这些主题，即供应链管理如何通过协作来为市场竞争和持续增长提供有力的基础。

图 1.5 描述了一个横跨供应链各部门和组织的路线图。

在明确供应链管理概念的基础上，我们的讨论将进一步扩展：怎样建立供应网络和战略伙伴关系，如何将顾客的需求转换为产品，如何在恰当的时间、恰当的地点将恰当的产品交付给恰当的顾客。

由于信息技术是近来供应链管理演变的驱动力，因而本书涵盖了触发许多当前供应链管理热点的电子商务解决方案。本书最后的部分将重点放在贯穿供应链各个阶段的绩效评估上。

电子商务的首轮浪潮过后，许多企业认识到互联网应用的背后是采购和配送。供应链管理不仅仅是将原材料从原料生产商转移到制造商,并最终转移到终端用户。供应链管理的目标是在强调终端用户的同时为供应链成员创造价值。这种在供应链中实现价值增值活动的机制是供应链成员间的协同计划、预测和补货。

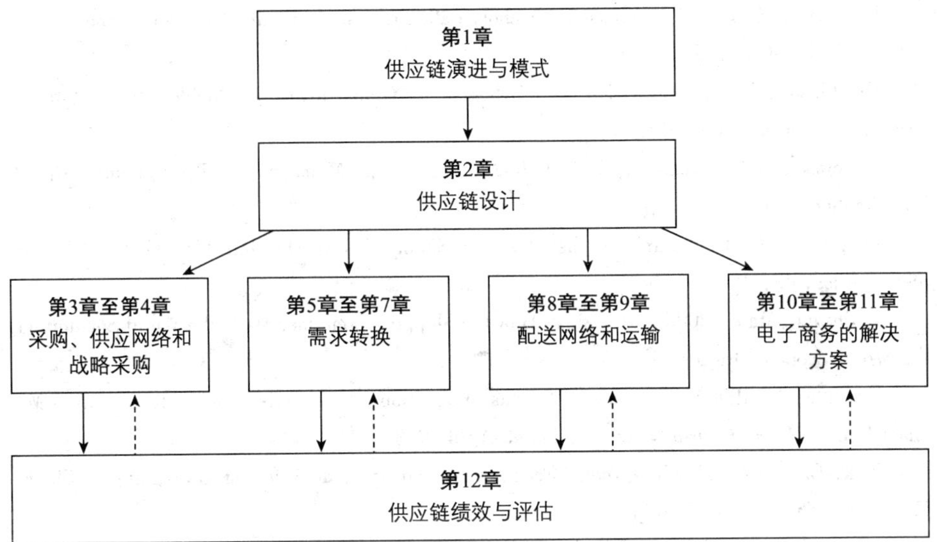

图 1.5 本书的架构

参考文献

Boalow, J. (2000). "Transformation of Economy Real." *Houston Chronicle*, July 16, 2000.

Butler, S. (2000). "The economy downshifts; the Fed tries to do what's never been done before: engineer a soft landing." *U. S. News and World Report*, June 19, 2000.

Chopra, S. and P. Meindl (2001). Supply Chain Management: Strategy, Planning, and Operations. Upper Saddle River, NJ: Prentice Hall.

Deans, P. C. and K. R. Karwan, Eds. (1994). Information Technology and Leadtime Management in International Manufacturing Operations. Global Information Systems and Technology: Focus on the Organization and Its Functional Areas. London, Idea Group Publishing.

Findlay, Charles. "Europe's Unique Supply Chain Opportunities, Challenges, and Innovations." *ASCET*, Vol. 4, May 16, 2002.

Ferrer, James. "European Supply Chain Management Characteristics and Challenges." *ASCET*, Vol. 5, July 26, 2003.

Fine, C. H. (1999) Clockspeed. Reading, MA: Perseus Books.

Fisher, M. L. (1997). "What is the right supply chain for your product?" *Harvard Business Review* (March-April 1997), p. 105 – 116.

Goldman Sacks Group Inc., (2003). Global Economics Paper #99, "Dreaming the BRICs: the Path to 2050."

Handfield, R. B. and J. Ernest L. Nichols (2002). Supply Chain Redesign. Upper Saddle River, NJ: Prentice Hall.

Hutchinson, M. (2008) "Hit the BRICs for a Global-Investing Double Play." http://www.moneymorning.com/2008/08/05/

Krajewski, L. J., Rotzman, L. P. (2002). Operations Management. Upper Saddle River, NJ, Prentice Hall.

Lee, H. (1997). "Information distortion in a Supply Chain: The Bullwhip Effect." *Management Science*, 43, 4.

Levinston, Marc (2006). The Box: How the Shipping Container Made the World Smaller and the World Economy Bigger.

Magretta, J. (1998). "The power of virtual integration: An interview with Dell computer's Michael Dell." *Harvard Business Review*, March-April 1998.

Ptak, C. A. (2000) ERP: Tools, Techniques, and Application for Integrating Supply Chain, New York: The St. Lucie Press.

Simchi-Levi, D., P. Kaminsky, et al. (2003). *Designing and Managing the Supply Chain*, 2nd edition. New York: McGraw-Hill.

Steermann, H (2003) "A practical look at CPFR: the Sears-Michelin experience." *Supply Chain Management Review*, July/August 2003, pp. 46 – 53.

VICS, 2000 VICS, 2000. CPFR Guidelines. Voluntary Inter-industry Commerce Standards, available at http://www.cpfr.org.

http//: www.optimizemag.com/issue/002/custorner4.htm: Domeika, Bill and Crawford, Fred. Focusing on success, December 2001.

http//: www.optimizemag.com/issue/006/management2.htm: The New Darwinism, April 2002.

第 2 章

设计具有竞争力的供应链：案例

2.1　设计恰当的供应链

今天，面对一系列具有前瞻性的供应链战略和商业创新，供应链的主管们感到困惑。因为，这些创新和战略并不适合于每个企业。供应链主管需要理解自身产品的供应约束和顾客需求的不确定性，在此基础上力图将恰当的供应链战略与这些约束和不确定性相匹配。基于各种产业环境的约束，图 2.1 展示了一个分析供应链实践的框架。

图 2.1 集成了以下概念：效率型供应链和响应型供应链、生命周期和在第 1 章论述的供应商协作水平。为了取得成功，企业在电子商务环境下设计供应链时必须集成以下要素：各种竞争焦点、产品的属性和生产流程的复杂程度。在设计供应链时，应该采用价值链的一些基本原则来对动态商业环境做出快速反应。同时，供应链的设计需要不断调整，以便与变化的行业模式相匹配。

当新产品不断上市和产品种类多样时，响应型供应链因其能对市场需求做出快速响应而更具吸引力。当产品生命周期长、需求相对稳定且需求量大时，效率型供应链则更为合适。响应型供应链和效率型供应链都可以应用于快速、中速和慢速时脉速度的产品中。时脉速度也可解释为生命周期。

一个产品的时脉速度可以是快速的、中速的和慢速的。产品生命周期及其制造流程生命周期决定了产量、供应链协作程度和供应链设计的类型。

供应链中的协作程度与产品时脉速度和生产流程密切相关。图 2.1 左边表示了协作程度。在其一端，**虚拟企业**（virtual company）通过市场将其许多商业活动外包出去，并形成了一个虚拟的商业流程。在协作程度的另一端，**纵向集成**（vertical integration）的企业自己管理几乎从原料生产、配送渠道到最终用户的所有环节。

在协作程度的中间是战略联盟和合资企业。在这个协作层面上，企业协同资源、知识、专业技能、地理优势和能力来共担责任、利益、风险和挫折。**战略联盟**（strategic alliance）是指两个或两个以上企业间为协同各自的优势而达成的协议。在今天的供应链市场中，具有互补优势的企业建立联盟以获得竞争优势，降低风险和成本。因此，当全球市场中商业活动的不确定性和复杂性日益提高时，战略联盟就变得尤为适用。**合资企业**（joint venture）是指两个或者两个以上企业为实现特殊商业任务的目的而订立的契约协议。所有成员同意共享收益，共担损失。合资企业和战略联盟有时交替使用。然而，战略联盟中可能包含自己的竞争对手，而且通常比合资企业的生命周期短。

当纵向集成变得越来越复杂时，许多全球公司就会设立内部独立经营的子公司来管理日常运作。附属于一家大公司的子公司通常被授权进行自我管理和运作。独立子公司负责整个生产流程、产品制造或服务提供。这些子公司不仅负责日常运营，而且负责设计和管理工作。

我们在后面的章节中介绍各种供应链模式。

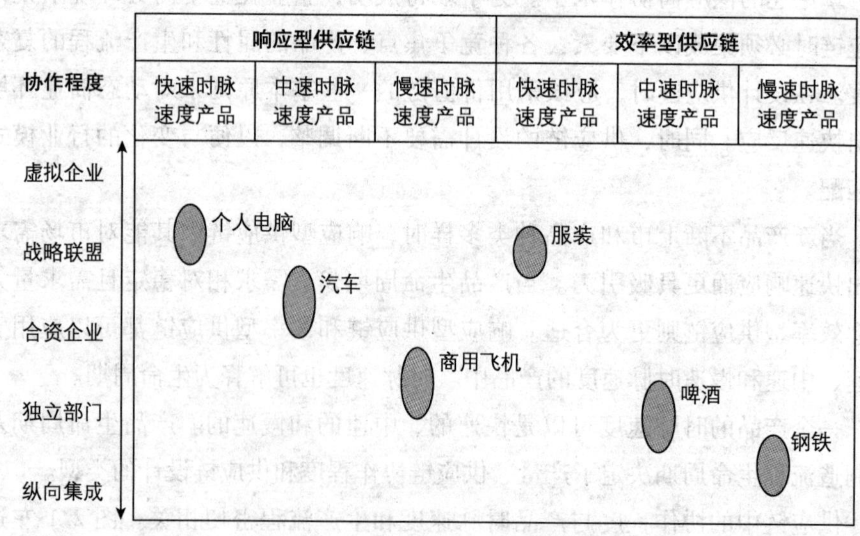

图 2.1 产品生命周期和供应链设计

2.2 制造业的响应型供应链

2.2.1 响应型供应链和快速时脉速度产品：个人电脑

个人电脑业是一个快速时脉速度和短生命周期的行业。这类产品一般通过按订单组装的生产系统制造。面对这种商业环境，个人电脑生产商采取响应型供应链战略来缩短订单履行周期、生产周期和采购周期。下面我们列举戴尔电脑公司的例子。

戴尔电脑设计、制造和销售的产品范围十分广泛，包括台式电脑、笔记本电脑、工作站和网络服务器。戴尔公司还销售软件、外围设备以及服务与支持项目。为缩短产品配送周期并降低成本，戴尔公司努力减少零售商和其他销售商，这其中的关键要素有两个：直销模式和以顾客为中心。戴尔公司通过互联网和呼叫中心向全球市场的顾客直接销售计算机系统和相关服务。

如图 2. 2a 所示，为了缩短订货周期，戴尔公司利用互联网和呼叫中心推广它的直销模式。图 2. 2b 所示的是传统的电脑供应链，因为其中有一个配送网络，所以供应链显得比较长。顾客可以从戴尔公司直接订购个人电脑，并根据自身需求进行定制。订单将直接发送给制造公司，在那里进行个人电脑的生产测试并被发送到顾客手中。从顾客下订单起，整个过程只需要 5 ~ 7 天时间。戴尔的直销模式能够更快地反映顾客的需求。

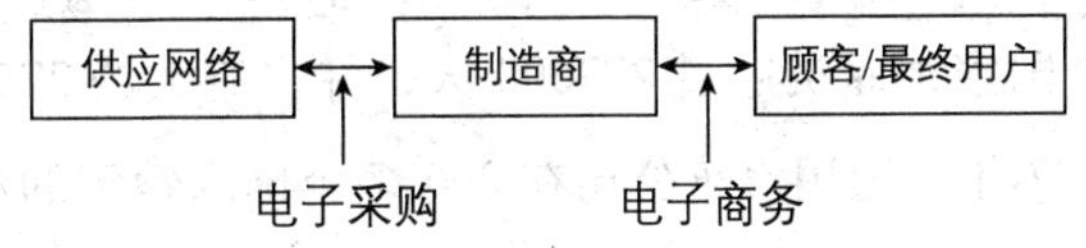

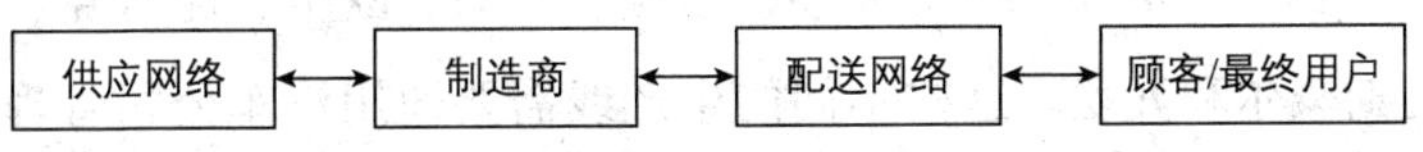

图 2. 2 戴尔公司和传统个人电脑制造商的供应链

为了缩短采购周期，戴尔公司从采用传统的装配生产线转为采用单元制造技术，并与主要的供应商建立战略联盟。戴尔公司与信誉良好的供应商建立合作关系，而不是自己生产零部件。由于新的零部件推出的速度很快，库存可能在几个月甚至更短的时间内过时，所以戴尔公司只持有10天的库存。同时，戴尔公司每天至少向它的供应商提供一次库存数据和产品需求。由于与供应商的密切协作，有些零部件戴尔只需维持几个小时的库存，有些零部件则维持几天的库存。戴尔的直销模式同时具有电子商务和准时制造战略的优点。

作为一个生产快速时脉速度产品的响应型供应链，戴尔公司的核心能力在于虚拟的供应网络、准时生产系统和灵活的按订单装配或按订单配置的制造战略。

2.2.2 响应型供应链和中速时脉速度产品：汽车

汽车业是一个中速时脉速度产业，每隔4～6年才会推出新的车型，并且产品的型号非常丰富。客车以按订单装配（也被称为按订单配置）的方式进行生产。在这种生产环境下，企业所面临的挑战是管理数百个供应商并对市场需求做出快速响应（如图2.3所示）。汽车供应链的大牌企业有通用或丰田这样的汽车制造商，它们在供应链上游拥有众多供应商，在供应链下游则拥有很多经销商。

下面我们以通用汽车公司作为客车制造商的例子。通用汽车公司是全世界最大的工业企业，也是一个能够生产全系列汽车的制造商。通用汽车公司的经营范围覆盖30多个国家，雇员超过277000人，并占有大约27%的全球汽车市场份额。仅在2007年，通用汽车公司在200多个国家销售的汽车和卡车就超过937万辆。通用汽车公司的产品线很多，包括别克、凯迪拉克、雪佛兰、吉姆西（GMC）、通用大宇、霍顿、悍马、欧宝、庞蒂克、绅宝、土星、沃克斯豪尔和五菱。这些不同的生产线需要通用汽车公司管理由数百家供应商生产的数千种零部件。因此，它采用战略联盟和合资企业的形式来管理这个中速时脉速度的供应链。为了更加快速地响应市场需求并减少最初的研发成本，通用汽车公司与供应商建立合作伙伴关系，让供应商设计和生产零部件。战略联盟和合资企业确保通用汽车公司以最低成本保证物料流水线的平稳。这样，通用汽车公司就能把精力集中于它的核心业务——汽车的设计和装配。

在汽车制造中，从车轮盖到传送系统都要用到铝。为了保证铝的稳定供应，通用汽车公司与阿尔坎（Alcan）铝业公司签订了一份长达10年、价值数十亿美元的合同，以便以可预测的价格购买铝。通用汽车公司还和阿尔坎铝业公司组建了一个合资公司，来共同开发铝在汽车中的新应用。通过类似的方式，通用汽车公司同意购买超过10亿美元的再生铝，用于各种引擎和其他汽车零件的生产（如图2.3所示）。在这份长达13年的合同中，伊姆科铝回收公司（IMCO Recycling）耗资2200万美元，在密歇根州的密尔沃基建立了一家工厂，通用汽车公司将购买该工厂生产的所有再生的专用铝合金。

由于与8万多家供应商有业务往来，为了找到快速、高效的方法跟踪供应链中原材料、零部件和产成品的流动，通用汽车公司建立了一套自动的汽车零部件跟踪系统。这个系统有助于减少花费在信息查询和手工信息转录上的时间。采用该系统，经销商可以准确地知道产品的位置和将产品交付顾客的时间。更为重要的是，这个系统可以告知零售商有什么存货和需要补什么货。

通用汽车公司意识到长期预测、均衡生产和减少过剩产成品库存的重要性。随着技术的进步，通用汽车公司实施了准时生产制（JIT）系统，这个系统的功能包括EDI、供应商关系管理、成本削减分析和员工调度。JIT的哲理使通用汽车公司对市场需求能够做出更快速的响应。

作为生产中速时脉速度产品的响应型供应链，通用汽车公司的核心能力在于汽车设计和组装技术、全球采购、可靠的供应网络以及按订单装配的制造战略。

2.2.3 响应型供应链和慢速时脉速度产品：商用飞机

商用飞机是一个慢速时脉速度产品。它一般是按客户要求定制，按订单

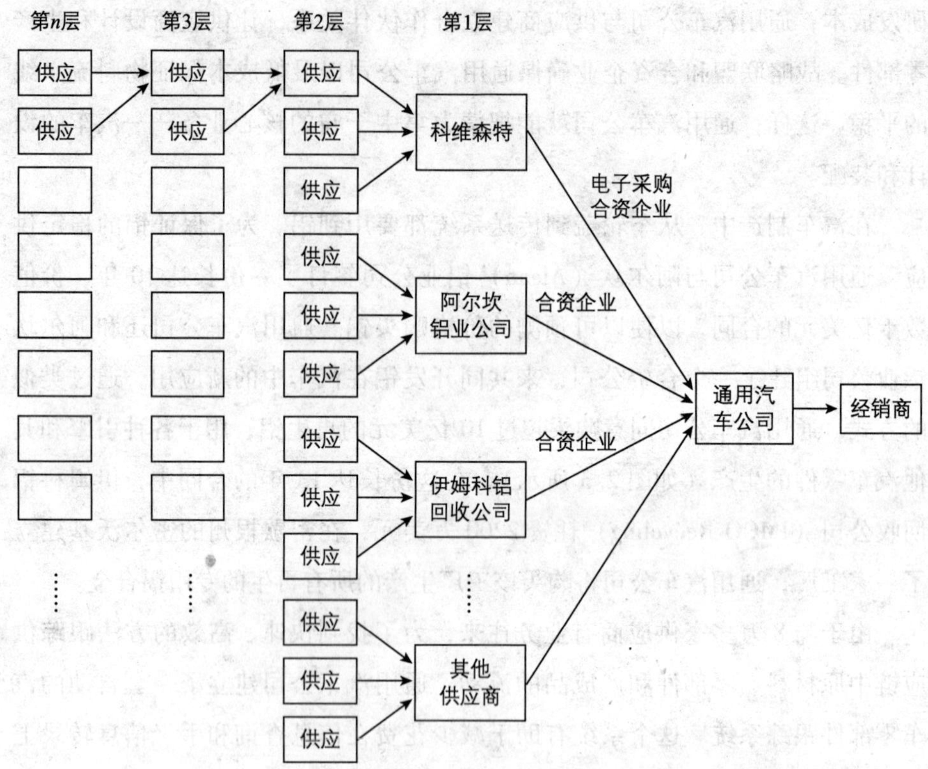

图 2.3　采用合资企业和战略联盟的通用汽车公司的供应链

生产。这类产品能够使用 10～20 年甚至更长，产品的制造术能够持续 20～30 年。

波音公司是一家全球性的企业，也是一个拥有数百家供应商的世界上最大的飞机生产商。它依靠内外部的供应商向其提供 500 万～600 万种零部件（如图 2.4 所示）。波音的供应商有自己的供应网络，因此，民用飞机的供应链长且复杂。供应链的目标是生产恰当的零部件，并将它们按照恰当的顺序安装在恰当的飞机上。

波音公司曾经由于不可靠的供应商而不能准时完成订单。1997 年，由于供应商没有按时发货，迫使波音公司关闭两条主要的飞机组装线长达 1 个月之久，造成了重大的损失。今天，波音公司从根本上重新构建了其供应链和生产系统，以保证不再发生类似的问题。波音公司逐步淘汰了第二次世界大战时期的制造技术，同时大量投资于新的生产系统，这些系统包括博安公司（Baan）的ERP系统、斯姆林克（CimLink）公司的工厂控制系统、爱图技术公司（i2 Technologies）的预测系统，以及泰乐琪公司（Trilogy）的产品配置系统。

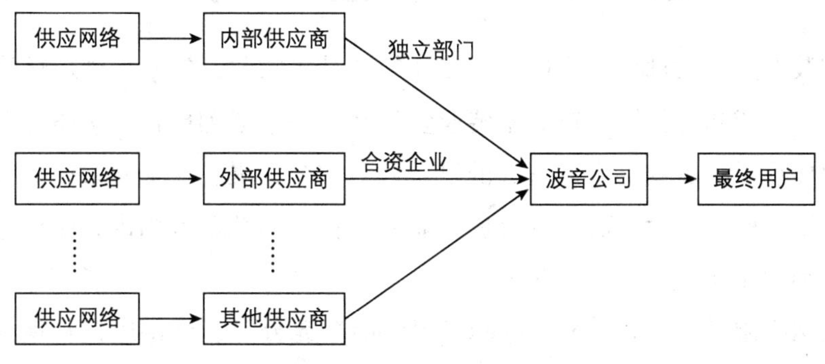

图2.4 商用飞机的供应链

波音公司正在采用小批量生产系统来替代制造客户定制的飞机，这样它就可以在订单到达之前开始制造飞机。这个新系统大幅缩减了生产周期。从客户下达订单到飞机交付，不再需要等待36个月。波音商用飞机公司正力图在8~12个月内完成并交付订单。

波音公司常与其大客户所在国的供应商建立合资企业和合作伙伴关系。日本和中国的航空公司都是波音商用飞机的主要客户。为此，波音公司已经与中国建立了协作的关系。中国有几个工厂为波音公司制造主要的零部件。同时，波音公司还和中国厂商建立了用于零部件制造、飞机改装和维修的合资企业。

由于商用飞机是慢速时脉速度的产品，所以其供应链十分稳定。许多日本公司（如三菱重工、川崎重工和富士重工）30多年来一直为波音公司提供产品。

作为生产慢速时脉速度产品的响应型供应链，波音公司的核心能力在于飞机设计和装配技术、全球的采购伙伴关系和最终产品的组装技术。

2.3 制造业的效率型供应链

2.3.1 效率型供应链和快速时脉速度产品：服装

服装业生产大批量、快速时脉速度的产品。因此，效率型供应链模式是整个服装业成功的关键战略。服装业多年来经历了激烈的市场价格竞争，这一竞争体现了服装业供应链管理的复杂性。如今，服装业普遍采用保留核心业务，即把服装设计和确定流行色的业务留在公司总部或国内，而外包劳动力密集型的制作生产的运作方式。

美国有限品牌公司（The Limited Brands）充分意识到供应链管理的重要性。1963 年，有限品牌公司在美国俄亥俄州的哥伦布市开设了一家女士服装商店。从那以后，除了邮寄销售和在线商务外，有限品牌公司还在美国陆续开设了 2900 多家专卖店，经营着 6 个零售品牌：维多利亚的秘密（Victoria's Secret）、芭芭沃丝（Bath & Body Works）、毕奇洛（c. o. Bigelow）、怀特之家蜡烛公司（The White Barn Candle Co）、亨利班德尔（Henri Bendel）和娜圣莎（La Senza）。为了反映出公司的多种产品线，公司更名为有限品牌公司。为了反映快速时脉速度行业的特征，有限品牌公司通过减少供应链中的配送网络来缩短供应链的长度（如图 2.5 所示）。

为了从传统的按库存生产战略转向按订单制造和按销售补货的商业模式，有限品牌公司与其供应商发展了稳固的合作关系。例如，有限品牌公司与香港利丰公司（Li & Fung）确定了合作关系，利丰公司是香港的纺织品与服装供应商。该公司可以在很短的提前期内与当地原材料供应商一起完成订单。由于有现成的供应商网络，所以能很快得到订单要求的颜色和面料。有时，即使服装正在加工过程中，零售商仍然可以在线更改其订单中衣服的颜色、尺寸和样式。

供应链的关键环节之一就是顾客订单预测和需求管理，这个环节是制定生产计划、产能管理和订单履行的基础。有限品牌公司力图通过延迟生产最终产品来准确预测顾客对服装个性化的需求，这也是服装业的一个趋势。有限品牌公司要求其制造商保留一定数量的生产能力，这样可以推迟制定有关尺寸、颜色、数量、出货期和目的地等决策。以前，服装生产的提前期是 6 个月，但采用这一方法后，服装产品制成后可即刻发送给客户。

(a) 有限品牌公司采用战略联盟的供应链模式

(b) 传统的服装行业供应链模式

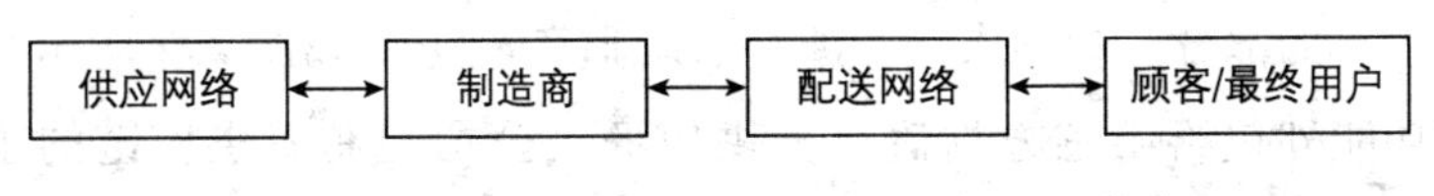

图 2.5 服装产业的供应链模式

有限品牌公司的每一个品牌都有鲜明的特征，因而在各自的服装类别内引领着时尚潮流。例如，当你想起时尚前卫时，就会想到亨利班德尔；当想到女性内衣时，就想到维多利亚的秘密。当你看到一个新款式时，你几乎没有时间考虑是否要买这个款式，因为等你周末和朋友再来时，这些款式都将售完，取而代之的是一个全新的产品系列。

作为生产快速时脉速度产品的效率型供应链，有限品牌公司的核心能力是它的时尚设计、颜色选择、与供应商的战略伙伴关系和 JIT 式的生产与配送系统。

2.3.2 效率型供应链和中速时脉速度产品：安海斯—布西啤酒公司

啤酒业是中速时脉速度的行业。由于它通过内部的纵向集成进行批量生产，所以效率型供应链与之很匹配。啤酒生产是按批量进行计划的。它的产品制造技术时脉速度、组织时脉速度和制造流程技术时脉速度大约为 3 ~ 10 年。

在预制食品行业中，在需求发生之前，制造商已经投入了超过 85% 的生产成本。啤酒是一种由麦精、大麦、啤酒花、大米和水酿造的独特食品，因此整个生产过程必须十分仔细，才能保证最终产品的质量，倘若其中任何一种产品出现问题或是不符合质量标准，就会使整批产品报废。

安海斯—布西公司（Anheuser-Busch，Inc.）是世界上最大的啤酒制造商，从事啤酒酿造已有150年的历史，它采用古老的啤酒酿造方法并结合了现代的工艺。安海斯—布西公司拥有27家啤酒厂，其中12家在美国，15家在世界各地。因为安海斯—布西公司能一如既往地提供优质产品，所以它的品牌声誉很好。它通过与墨西哥的格利普莫德鲁（Grupo Modelo）和中国的青岛啤酒建立合作伙伴关系，从而将其声誉扩展至全世界。

为了在恰当的时间生产出恰当数量的啤酒，安海斯—布西公司控制着供应链中主要的部分，包括农产品原料、酿造和配送（如图2.6所示）。公司只将运输功能外包给第三方物流服务供应商。公司控制着供应链的主要层次，因此很容易互通关键信息、平滑生产和配送流程。

安海斯—布西公司的配送系统是啤酒行业中最为强大的配送系统之一。配送的关键是以最快的速度将啤酒送到顾客手中，因为啤酒越新鲜越好。1998年，安海斯—布西公司实施了名为批发商支持中心的项目。公司集中将几种产品运往44个批发商支持中心中的一个，这样可以更好地控制库存，并减少安全库存。

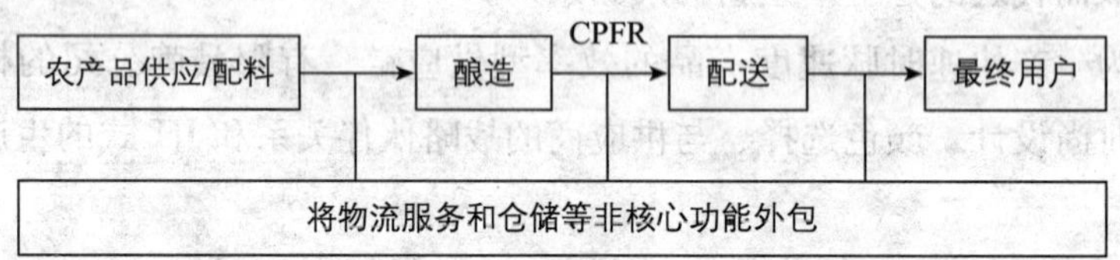

图2.6　安海斯—布西公司的供应链

为了提高配送网络的效率，安海斯—布西公司将运输项目外包给第三方物流提供商。外包非核心、劳动密集型的功能使公司无需雇用一批从事这方面工作的人员。节约下来的管理、人力和运营经费降低了公司的总成本，使得安海斯—布西实现了较高的边际利润。

作为生产中速时脉速度产品的效率型供应链，安海斯—布西公司的核心能力在于优质原料、精细的生产流程、有效链接的配送系统和可靠的需求预测。

2.3.3 效率型供应链和慢速时脉速度产品：钢铁业

钢铁业是慢速时脉速度的行业。钢铁的使用历史已长达数千年之久，它的生产过程十分稳定，据估计，资本密集型钢铁厂的生命周期为20~30年。因此，效率性供应链是被钢铁行业广泛接受的商业模式。

日铁公司（Nippon Steel）是世界上最大的一体化钢铁制造商，主要生产条钢、薄钢板、特种钢、钢管和其他钢铁产品。日铁公司是一家纵向集成化程度很高的公司（如图2.7所示）。

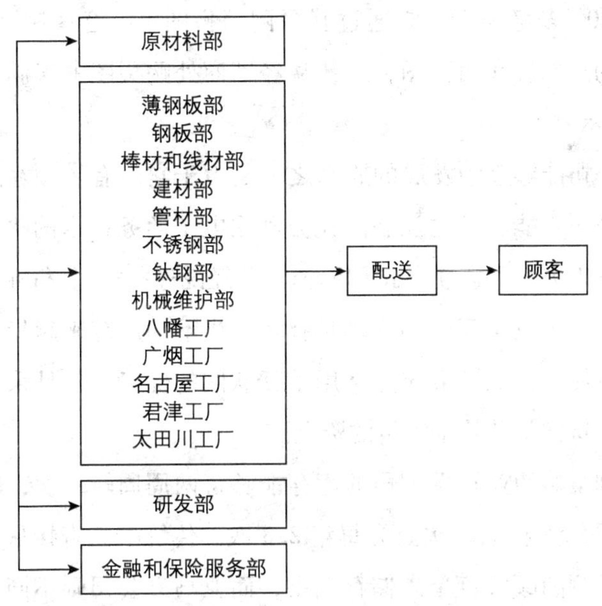

图2.7 日铁公司的供应链①

日铁公司从事从原材料供应到产成品配送的全部工作，生产钢板、薄钢板、钢管、各种管材和特种钢。日铁公司经营的范围包括工程、建筑、化工、有色金属、陶瓷、电子、信息和通讯，以及城市建设。作为一个纵向一体化的公司，日铁公司的业务范围还拓展到了能源、金融和保险服务业。

① 资料来源：www. nsc. co. jp.

作为生产慢速时脉速度产品的效率型供应链，日铁公司的核心能力在于它的优质产品、先进的生产系统、持续的产品改进和顾客服务。

2.4 服务业

2.4.1 图书业：亚马逊公司

亚马逊书店（Amazon. com）在图书行业中创造出了一种新的商业模式，其市值高达200多亿美元。它通过互联网销售图书、音像制品及其他商品。亚马逊公司的总部设在西雅图，最初从经销商处购买图书来满足所有的订单（如图2.8所示）。

亚马逊公司能够蓬勃发展的原因之一是由于它没有供顾客逗留的实体书店。这样，公司就能够通过互联网充分利用电子商务技术的优势。亚马逊公司首席执行官杰夫·贝佐斯（Jeff Bezos）曾经说过："零售行业的基础是不动产，与之相对应，电子商务的基础是技术。当不动产越来越贵的时候，技术却变得越来越便宜。亚马逊充分利用了互联网的优势，并且采用了高效的库存管理策略，这样就节约了大量的资金。"

库存管理策略使亚马逊公司的库存能够每两周周转一次，即每年26次。而图书业的平均库存周转次数为每年2.6次。传统书店直接从出版社购买图书，并根据预测的顾客订单来储存图书，而亚马逊公司则不同，尽管它仍然从经销商那里获得其他图书，但只储存最畅销的图书。亚马逊书店通过美国邮政局和其他像联合包裹服务公司（UPS）、联邦快递公司（FedEx）这样的包裹承运商将图书配送给顾客。

配送中心的配置是图书业一个关键的供应链环节。亚马逊公司对配送中心进行了整合，关闭了7个仓库中的2个，并且对剩余的5个仓库的内部布局进行了改造，以便更容易对顾客的订单进行定位、分类和配送。当前，亚马逊公司合理地在美国国内布局5个配送中心，以便及时地满足顾客的订单。

亚马逊公司形成了独特的采购战略，它与英格拉姆图书集团（Ingram

Book Group）建立了伙伴关系，当亚马逊公司的图书缺货时，英格拉姆图书集团可以直接将该类图书交付给亚马逊公司的顾客。作为回报，亚马逊公司会向英格拉姆图书集团支付订单履行的费用。与玩具反斗城、博德斯书店和塔吉特百货店（Target）建立的伙伴关系不同，亚马逊公司负责库存和运费，作为回报，它收取一定费用和销售额的一定比率。这些合作伙伴则支付库存处理成本并承担库存过剩所带来的所有风险。

亚马逊公司的竞争力在于它利用电子商务技术的能力、创新的库存管理、高效的配送系统和与供应链合作伙伴间的协作关系。

(a) 亚马逊公司的供应链

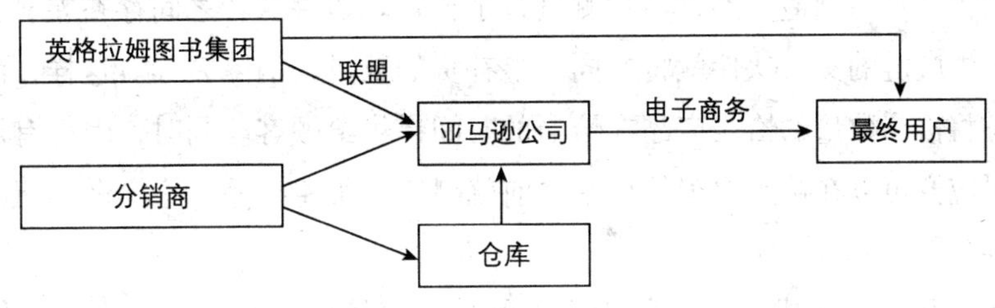

(b) 传统书店的供应链

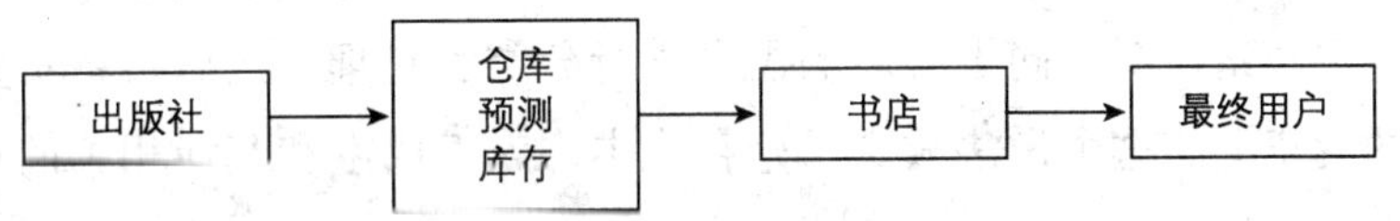

图 2.8　亚马逊公司和传统书店的供应链

2.4.2　零售业——沃尔玛

沃尔玛是一家零售连锁企业，旨在提供无与伦比的顾客价值，它的口号是“节省更多，生活更好”。零售是指直接向顾客销售小批量的商品。沃尔玛是其供应链的主导者，在本质上是其供应链中顾客和制造商之间的纽带。

沃尔玛已经成为建立响应性供应链网络的标杆，它能够快速识别顾客需求的变化，并将这些信息传递给供应商。它的响应水平提高了库存的周转率（如图 2.9 所示）。沃尔玛公司的成功在于它的库存管理、创新的物流系统和配送技术。CPFR、直接转运（cross-docking）和供应商管理库存（vendor managed inventory，VMI）是沃尔玛辉煌成就的一小部分例子。

沃尔玛是供应链管理中协同计划、预测和补货（CPFR）概念与流程创新的开拓者之一。早在 1995 年，沃尔玛公司就会同沃纳兰波特（Warner-Lambert，一家制药公司）、瑟金西（Surgency，一个原来作为对比标杆的合作伙伴）和两个软件公司——思爱普（SAP）和迈极（Manugistics）——率先开展了一个 CPFR 的创新项目，以创造出一种在整个供应链中连接顾客需求和补货需求的供应链流程。这个项目测试了沃尔玛连锁超市中李斯德林（Listerine）漱口水的库存。CPFR 首先是个概念，然后通过信息技术和互联网得以推广。测试的结果让人吃惊：沃纳兰波特的库存可获得性由 87% 上升到 98%，提前期从 21 天缩减为 11 天，销售额在测试期间增加了 850 万美元。通过实施 CPFR，沃尔玛将它的需求和销售计划与制造商的订单预测进行了比较。如果二者之间存在差异，那么这两个供应链的交易伙伴就将共同调整补货的数量并消除差异。这样，沃尔玛就能够将恰当数量的恰当产品在恰当的时间提供给顾客。同时，因为有需求信息，供应商可以在接到促销的订单之前就制造出所需产品，这样做还能减少安全库存。

为了降低物流成本，沃尔玛率先使用了直接转运的方法。作为对使用仓库储存货物的替代，在直接转运的运作方式下，货物首先从进站的货车上卸载，并在中转站根据不同零售店的需求进行分类和整理，然后再将货物装载到出站的货车上。这个做法减少了仓存成本、人工成本和其他相关的经常性费用。

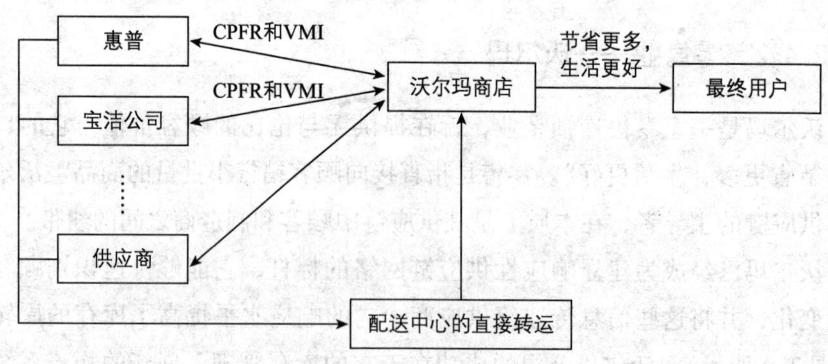

图 2.9　沃尔玛的供应链

库存管理是沃尔玛的供应链系统中最重要的战略因素。沃尔玛采用了由供应商管理库存（VMI）的模式。在库存降低至一定水平时由供应商自动进行补货。根据沃尔玛的库存模式，供应商根据零售商特定的要求补货。

沃尔玛是其供应链的主导者，它要求每一个供应商提交一份商业计划书，说明该供应商的目标消费者、未来的市场需求、对沃尔玛目前销售的相关产品的影响，以及如果沃尔玛销售该产品后可能带来的市场份额增长。另外，沃尔玛要求潜在的供应商证明其财务的稳定性、保险策略、订货提前期和及时发货的能力、产品质量测试、行业知识和完整性、基本技术（如通用商品代码）。供应商还应乐意加入沃尔玛的零售网络（Retail Link）、EDI系统、运输网络（Transportation Link），以建立和维持有效的供应管理。沃尔玛是零售行业公认的最佳实践典范。它的核心能力在于物流、配送、库存管理、有效的客户关系管理和信息技术的开发。

2.5 供应链同步

2.5.1 连接制造商和零售商——惠普和沃尔玛

沃尔玛是惠普发展最快的大客户。20世纪90年代中期，由于销售计算机产品的边际利润率低，沃尔玛几乎放弃了销售计算机产品。惠普提出了一个新的营销战略来帮助沃尔玛销售计算机产品。1999年感恩节后的一周，沃尔玛创出了8个小时内销售几百卡车惠普个人电脑的成绩，这其中也包括惠普扫描仪、打印机和墨盒。

从1996年开始，惠普和沃尔玛联合管理沃尔玛的库存。惠普和沃尔玛一起拟定沃尔玛各超市和仓库的库存水平，预测各超市每周的需求量，并估计惠普公司所需的生产提前期。这样做使沃尔玛超市中惠普打印机的销量和库存周转率在9个月的时间内提高了3倍，所需产品的可获得性由不到80%提高到了超过95%。由于零售商制造商联盟的成功，沃尔玛要求惠普管理它所有电子类产品的库存。因为高库存周转率降低了成本，所以惠普对沃尔玛提供产品时给予更多的价格优惠，从而使沃尔玛可以向其顾客提供天天低价的产品①。

2.5.2 连接供应商和制造商——克维森特

从2000年开始，克维森特（Covisint）成为基于互联网的B2B中心，这个网络中心通过联合制造商和供应商来支持商务流程（如图2.10所示）。克维森特在虚拟环境下将汽车业进行连接，并与最强有力的行业领导者协作来发起纵向垂直的产业电子市场。

克维森特是一个商业交易中心，在这里，原始设备制造商（OEMs）和各种规模的供应商在同一商务环境下，通过用户账号（ID）和密码，使用相同的工具和用户界面进行交易。克维森特有三个主要的目标：（1）利用互联网的通信能力，促进产品的协同开发；（2）通过建立市场机制（如拍卖），来简化汽车公司的采购流程；（3）简化汽车行业的供应链运作。由于购买者和供应商的网络在虚拟环境下相互作用，所以克维森特的成员，如通用汽车公司、福特公司、戴姆勒-克莱斯勒公司、尼桑公司和雷诺公司，都希望汽车行业的商务流程变得更有效率和更符合客户需求②。

通用汽车公司在许多信息技术上进行了投资以提高其核心竞争力。通过使用克维森特的门户，通用汽车公司能够以单一的接口来简化供应链流程。另外，通用汽车公司要求它的供应商利用网络来进行关于物料和零部件的所有交易，以便降低整体采购成本。

克维森特为客户提供了多种网络功能。例如，克维森特订单履行功能是基于电子商务为汽车业提供物料订单履行服务。该功能为实际供需存在的问题提供了实时可视化的快速响应。

克维森特的目标是通过网络手段交换所有的供应链信息，以最优化供应

---

① HP Invent (2003) "Case studies & white papers: Wal-Mart". www.hp.com/country/us/eng/welsome.html.

② e-biz Chronicle.com.

链绩效。通过克维森特的网站，供应商能够访问实时数据，从而优化自己的供应链来更好地为克维森特上的贸易伙伴提供服务。网上交换的信息包括库存水平、历史销售数据及需求模式、预测、在途库存和其他重要的信息。克维森特加快了供应商的决策速度，减少了浪费和降低了成本。在谈到克维森特的好处时，罗宾·梅雷迪思在《财富》杂志上写道：一辆汽车平均需要5000 个零件，汽车业的供应链是世界上最复杂、最原始的供应链之一。一个汽车巨头每年需要处理 100 万个单价为 150 美元的发货单。克维森特公司将每张发货单的成本降至 15 美元。

(a) 克维森特汽车产业的供应链模式

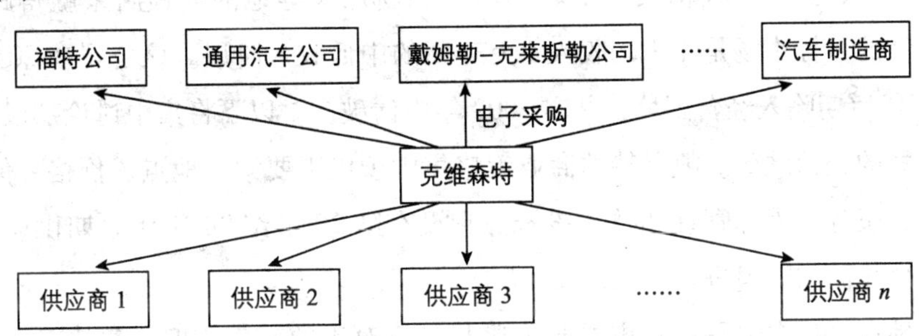

(b) 传统汽车产业的供应链模式

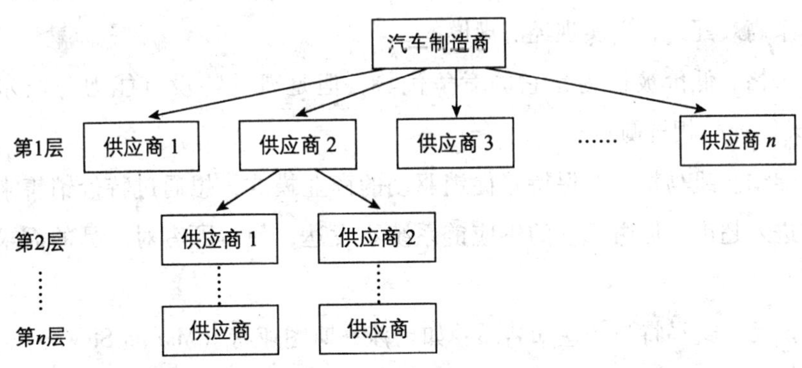

图 2.10 克维森特的和传统的汽车供应链

2.6 需要吸取的一些教训

2.6.1 零售业——凯马特超市

凯马特（K-Mart）曾经是美国零售业的领导者。自 1962 年创立以来，凯马特的主要战略是提供价廉物美的商品。到 2006 年 1 月，凯马特超市已经拥有遍布美国 49 个州、关岛、波多黎各和美属维尔京群岛的 1416 家凯马特连锁店。作为一个连锁的平价百货超市，凯马特通过扩张在美国以及加拿大、波多黎各、捷克、斯洛文尼亚、墨西哥和新加坡等地的连锁店来赢得顾客。凯马特的目标市场是年平均收入 4 万美元的中低收入阶层。该公司在 20 世纪 90 年代后期陷入经营困境，并在 2002 年申请破产。以下将集中讨论那段时期凯马特的经营绩效。凯马特的商业策略集中于以下要素：地点、价格、促销、产品、服务、库存管理和技术投资。它没有随 20 世纪 90 年代后期供应链模式的变化而与时俱进。

地点。许多凯马特超市看起来比其竞争对手的商店陈旧，并位于人气不旺的城郊。这使得凯马特超市对于顾客的吸引力减弱，同时也使得它很难用卡车来高效配送，以实现经济规模。

价格。低价被认为是它的竞争优势，但是凯马特没有能力与沃尔玛的“天天低价”相抗衡。

促销。凯马特依旧保持着促销驱动的商业模式，想通过特价销售来吸引顾客进入超市。但由于它的供应链系统不发达，使得顾客对产品的需求显著下降①。

产品。凯马特与一些知名品牌如玛莎—斯图亚特（Martha Stewart）、杰克林史密斯（Jaclyn Smith）和芝麻街（Sesame Street）签订了特许经销协议。为了通过多元化来进行扩展，凯马特收购了建筑者广场（Builders Square）、博

---

① Steve Konicki, “Now in Bankruptcy, Kmart Struggled with Supply Chain”. *InformationWeek*, Jan 28, 2002.

德斯集团（Borders Group）、运动健将公司（sports Authority）以及奥菲斯（Office Max）22%的股份。另外，一条迪士尼的专有产品线在2001年也加入到凯马特的童装经销中。但是凯马特没有充分利用历史数据来确定哪些产品应该下架，所以在其超市销售的产品种类不断增加。结果，凯马特还得让蓝光网站（Bluelight. com）来促销其滞销库存。

服务。由于定位为平价超市，凯马特没有强调服务的重要性。然而，服务确确实实影响了顾客的满意度和忠诚度。

库存。凯马特的库存管理效率较低，它很难通过其配送系统来满足对促销商品的需求。价格和需求没有通盘考虑，低价的促销产品在促销活动结束前就早早缺货了。

凯马特的库存控制系统并没有提供一种简单的方法来浏览数据，或及时提供有效的信息帮助制定决策。2000年，凯马特的库存周转率为3.6次，而同期沃尔玛和塔吉特的库存周转率分别为7.3次和6.3次。

信息系统。凯马特不断升级其超市、配送中心和总部的技术基础设施及信息系统。为了优化仓库管理系统，凯马特开发了一套供应链执行专家系统，它采取的方法是对现有信息系统进行模块改进，而不是购买最先进的技术来更新整个信息系统。这个技术决策意味着进库商品有时需要在仓库等待24小时才会被登录到中央跟踪系统。

凯马特将低价作为主要的竞争优势是基于这样的假定：降价能够增加产品的需求。但是，这个策略不能让凯马特在平价超市中保持领先位置。许多人都提出了这样一个关键的问题："是什么因素导致凯马特超市快速衰败?"凯马特超市的前任CEO查尔斯·康纳威（Charles Conaway）的回答是："供应链管理的确是凯马特超市的致命弱点，只有优化供应链，才能真正增强凯马特超市的能力。"

2.6.2 个人电脑业——IBM

IBM通过外包和虚拟集成来开发个人电脑的做法是一个值得参考的供应链设计例子。当IBM首次推出个人电脑时，它还是一个完全纵向集成的电脑制造商。IBM 生产微处理器、操作系统、应用软件和配件，还控制着配送渠道和专卖零售店。同时，IBM 面临着三个方面的设计挑战：开发新产品、为生产新产品开发新的制造流程，以及为新产品提供零部件的供应链。

为了加快新产品推向市场的速度，并保持低成本，IBM 采用了模块化的产品设计，并外包生产主要的零部件。20 世纪 80 年代早期，IBM 将它的微处理器外包给了英特尔公司，将它的操作系统外包给了微软公司。这样，IBM 就能在 15 个月内向市场推出新款式产品。到 2000 年，微处理器已经发展了 10 代：4004、8088、286、386、486、奔腾、高能奔腾、奔腾二代、奔腾三代和奔腾四代。就是因为这两个 IBM 一手挑选的供应商，使 IBM 远离了个人电脑行业。IBM 外包的正是顾客在购买个人电脑时最关注的两个技术指标：处理器的速度和操作系统的架构。

IBM 采用开放架构来设计个人电脑，这种开放架构可以广泛地使用各种现有配件，因此吸引了很多有能力开发电脑硬件、附件和应用程序的第三方，这些第三方后来开始组装 IBM 兼容计算机。通过建立硬件、软件和配送的虚拟供应链，IBM 削减了用于个人电脑开发的投资，从而能够对在 20 世纪 80 年代早期成长最快的苹果公司发起挑战。1984 年，IBM 占有个人电脑市场 26% 的份额，到 1985 年，市场份额上升到了 41%[①]。

20 世纪 80 年代，许多人认为 IBM 为配送个人电脑而建立的商业模式将有可能成为未来最值得推广的商业模式。然而到 1995 年，IBM 个人电脑的市场份额却跌至 7.3%，许多 IBM 的第三方供应商和竞争者都超越它了。IBM 做出的与英特尔公司和微软公司建立供应链的决策使其丧失了在个人电脑业的领导地位。这一历史教训告诉我们：无论处在什么行业，当你设计供应链时，都要小心 "Intel Inside"[②]。

---

① Chesbrough, H. W. and Teece, D. J. (2002), Organizing for Innovation: When is Virtual Virtuous? *Harvard Business Review*, August 2002, 5 - 11.

② Fine, C. H. (1999) Clockspeed. Reading, MA: Perseus Books.

2.7 小结

根据本章介绍的案例，我们可以得出以下结论：供应链的驱动力是全球化，推动者是信息技术，运作机制是协作，运作方式是流程管理，目标是收益管理和客户满意。

戴尔公司和沃尔玛都是各自供应链的主导者。戴尔公司供应链的成功之处在于直销模式，它基于按订单生产、有效管理供应商、采用准时生产流程，以及利用技术来整合顾客和供应商。沃尔玛供应链的成功之处在于天天低价的策略。通过供应链始终如一的紧密配合而获得的高效率、应用先进的技术，以及创新的物流方法、配送和库存管理方法，这一策略得以成功实现。

在当今全球市场中，供应链模式是成功的关键。因此，供应链如何形成，工厂和仓库如何布局，每条供应链的柔性程度如何，每家工厂需要保持多大产能，这些都是在设计供应链的过程中需要考虑的核心问题。而供应链不是一成不变的。因此，供应链设计需要不断地调整，以适应行业的动态演变和商业模式的变化。

思考题

1. 像20世纪80年代的IBM公司一样，今天的戴尔公司从英特尔公司购买微处理器，从市场上购买操作系统。为什么戴尔公司是供应链管理的典范，而IBM公司却没能做到？如果回到20世纪80年代初，你有机会成为IBM公司的CEO，你会怎么做？
2. 供应链中的哪些决策造成了沃尔玛、塔吉特公司及凯马特超市之间的差异？
3. 与传统书店相比，通过互联网销售图书和音像制品有哪些优势？有哪些劣势？
4. 电子商务的供应链渠道最适合销售哪些产品？这些产品的特征是什么？

参考文献

Atkinson, H. and Mongelluzzo, B. (2002) "King of the Jungle: Mass Retailers Dictate Terms for Suppliers and Transportation Providers, but Inventories Still Offer Huge Potential for Savings." JoC Week, Feb 4, 2002, Vol. 3, Issue 5, p. 9 - 11.

e-biz Chronicle. com, May 1, 2001.

Fine, C. H. (1999) Clockspeed. Reading, MA: Perseus Books.

Kestelyn, J. (2000) "Delivering the Goods." *Intelligent Enterprise Magazine*, March 2000, Vol. 3, No. 1.

Kinsey, J. (2000) "A Faster, Leaner, Supply Chain: New Uses of Information Technology." *American Journal of Agricultural Economics*, Nov. 15, 2000, Vol. 82, Issue 5, p. 1123.

Lebhar-Friedman, Inc. (2001). Vendor Partnerships Enhance Product Quality and Pipeline Efficiency. (Wal-Mart's Relations with Suppliers). *DSN Retailing Today*, (June 2001), p. 14.

Magretta, J. (1998). "The power of virtual integration: An interview with Dell computer's Michael Dell." *Harvard Business Review*, March-April 1998.

Meredith, Robyn. "Harder than the Hype." *Forbes*. April 16, 2001.

Narendra Mulani, Lee, H. (2002). New Business Models for Supply Chain Excellence, (5/15/2002) *ASCET*, Vol. 4, www. ascet. com.

Neef, Dale (2001). e-Procurement: form strategy to Implementation. One Lake Street, Upper Saddle River, NJ: Prentice Hall PTR.

Nippon Steel Tries SRM by Editorial Staff, www. isourceonline. com.

Reeve, J. M and Srinivasan, M. M. (2005). "Which supply chain design is right for you?" *Supply Chain Management Review*, May/June 2005, 50 - 57.

Stein, T. and Sweat, J. (1998) "Six companies are using supply chains to transform the way they do business." *Killer Supply Chains*, November 9, 1998.

Troy, M. (2001) "Behind-the-Scenes Efficiency Keeps Growth Curve on Course." *DSN Retailing Today*, Vol. 40, Issue 11, p. 80.

Welch, D. (2000) E-Marketplace: Covisint, *Business Week On-line*, June 5, 2000.

www. anheuser-busch. com.

www. covisint. com.

www. dell. com.

www. gm. com.

www. limited. com.

www. nsc. co. jp www. supplysolution. com/newsroom/news_press01_1024. htm.

第二部分

（上游企业）
产品流、服务流、信息流和资金流
（下游企业）
物流
供应网络
第1层
第2层
第n层
电子采购
内部供应链
虚拟组织：共享数据、信息和知识

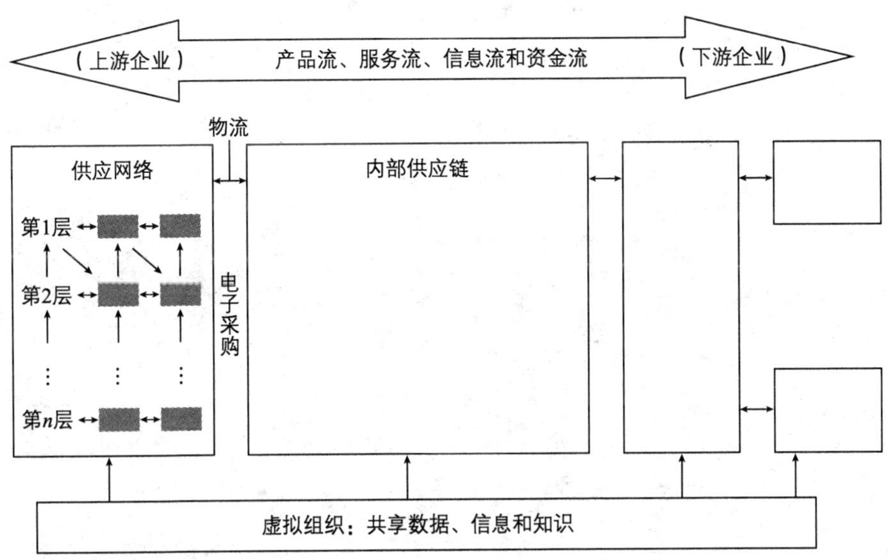

第3章
购买和电子采购

3.1 采购的作用

3.1.1 采购概述

采购的作用是获取原材料、零部件，以及生产产品或提供服务所需的信息。采购过程包括很多方面，如询价（request for quotation，RFQ）、供应商市场分析、供应商选择、合同谈判，以及采购计划的实施。

采购的功能是作为组织内部各部门和外部众多的供应商之间的一个连接。采购的目标是制定和执行一个采购计划，该计划将支持公司的日常运作和总体战略规划。

据估计，购买材料的成本占制造商总产品成本的60%。在零售和批发环节，外买商品的成本可能高达90%。根据美国人口普查局（US Census Bureau）2002年的制造业研究报告，生产过程中购买原材料和零部件的成本超过了在生产过程中价值增值部分的总和。因此，有效管理采购可以提升企业的竞争优势。

以前，采购一直被视为企业内的一个支持功能。今天，在供应链管理时代，采购职能在执行企业的整体经营战略中扮演了重要角色。供应链管理关注的重点包括外包，寻找更优质的产品，强调精益生产和帮助企业盈利。互联网技术、电子商务、网上拍卖和供应商管理库存的引进，大大影响了买方和供应商之间的采购关系。

20世纪80年代以前，将采购和物流功能集中在同一部门是很普遍的。然而，随着采购职能在供应链中扮演的角色越来越重要，采购和物流职能就分开了。例如，在 20 世纪 70 年代和 80 年代，宝洁公司的采购和物流职能属于同一个部门，然而到 20 世纪 80 年代末和 90 年代初，这两个职能就被分开了。到 20 世纪 90 年代末，宝洁公司对这两个职能进行了重新设定。一般来说，物流职能相对单一，因此管理产品的流通是它的主要职责。另一方面，采购人员的职责更为多元化。他们需要选择合适的供应商，以支持公司在成本控制、长期生产能力、产品质量和其他相关方面的目标。

采购通常分为两类：商业采购（commercial purchasing）和工业采购（industry purchasing）。批发商从事商业采购，促进了零售的发展。商业采购利用大批量采购的数量折扣，然后将大批量拆分成小批量进行零售。这一过程为零售商和最终用户提供了物料管理服务。与此相反，工业采购为工业生产购买原材料、零部件等。工业采购还为维护、维修和操作（maintenance，repair and operation，MRO）等购买间接材料。

本章的重点是购买和电子采购，而供应商的市场分析、供应商选择和外包将在第 4 章“合作关系和战略采购”中讨论。

3.1.2　采购和供应链管理的演进

根据美国全国采购管理协会①（National Association of Purchasing Management）和蒙茨卡、特伦特和汉德菲尔德（Monczka，Trent，and Handfield，2005 年）的观点②，采购的演进和供应链管理可划分为 7 个时期，如表 3.1 所示。

采购的历史可以追溯到 19 世纪。查尔斯·巴贝奇（Charles Babbag）③ 在 1832 年出版的著作《论机器和制造商的经济》（*On the Economy of Machinery and Manufacturers*）是最早提及采购职能的书籍之一。这本书对采购职能进行

---

① www. napm-centraltexas. org/History/ISM_ History. htm.

② Monczka, R. Trent, R. and Handfield, R. 2005. “Purchasing and Supply Chain Management,” 3rd edition, p. 20 – 24.

③ Charles Babbage, “On the Economy of Machinery and Manufacturers.” 1832. London: Charles Knight Publishing.

了讨论。从19世纪初至1900年是采购的早期阶段。采购得到较大幅度的发展大约是在1850年后。铁路公司是首次将采购职能作为一个独立部门。到1866年，美国宾夕法尼亚铁路公司（Pennsylvania Railroad）给采购职能赋予了部门的地位，并将其命名为供应部。采购总监直接向公司总裁汇报。因为采购总监在公司的整体业务中扮演了重要角色，所以他被视为公司的高层管理者①。

表3.1　采购的历史

时　　期	演进阶段
早期 （19世纪初～1900年）	工业革命后，大规模生产使采购成为企业的必要职能。美国铁路公司首次设立采购部门。
采购流程规范时期 （1900～1914年）	采购流程和思想得到了完善并正式发表。但是，采购还是被认为是事务性的工作。
第一次世界大战至第二次世界大战期间 （1914～1945年）	由于购买战争所需物资和用品，采购职能的重要性得到了重视。此外，福特汽车公司的大规模生产使采购成为重要职能。
平静时期 （20世纪40年代末至60年代中期）	随着受过培训的采购专业人员数量的增加，采购职能得到更好的完善。
物料管理时期 （20世纪60年代中期至20世纪80年代初）	20世纪60年代末MRP出台。采购职能变成了管理性的工作。从MRP演进而来的制造资源计划（MRPII），不只包括工厂生产和物料需求。20世纪80年代准时生产制（JIT）方法得到推广，它强调与供应商的关系。在此期间，购买演进到采购。
全球化和电子商务时期 （20世纪80年代末至2000年）	科技和互联网的进步改变了采购运作的方式。B2B、B2C和C2B成为新的商业交易模式。供应网络拓展到全球市场。夫妻店被家得宝（Home Depot）和沃尔玛这样的超级零售超市取代。
集成供应链管理时期 （2000年及以后）	供应网络和信息技术不断集成。受到先进技术的影响，流程再造变得具有战略意义。

① H. Fearon, "History of Purchasing," *Journal of Purchasing*, February 1968, p. 44－50.

在采购流程规范时期（1900～1914 年），工业采购职能开始出现。工业杂志对合格的采购代理和材料规格进行讨论。1905 年出版的《论采购》（*The Book on Buying*）介绍了采购的原则。但是，采购还是被视为事务工作。

在第一次世界大战至第二次世界大战期间（1919～1945 年），由于要为军事任务购买材料和用品，采购职能得到了重视。另外，在此期间，福特汽车公司引入了大规模生产。采购成为大规模生产的重要组成部分。

在整个平静时期（20 世纪 40 年代末至 60 年代中期），采购职能变得更加完善，经过培训的专业采购人员数量增加。采购的主要职责包括账目管理、采购订单执行，以及供应商的选择与合作。

在物料管理时期（20 世纪 60 年代中期至 80 年代初），人们提出了物料管理的概念。在 20 世纪 60 年代后期，乔治·普勒瑟尔（George Plossl）和约翰·奥尔利茨基（John Orlicky）开发出了物料需求计划（MRP）。后来，由 MRP 演进而来的制造资源计划（MRPII）包括了财务和其他资源。与此同时，准时制生产方式得到推广，该生产方式强调与供应商的关系。采购从日常运作工作上升到具有战术意义的职能，并从单纯的购买发展到采购。**采购**（procurement）包括了一系列的职能：购买、服务需求开发、供应商质量管理和市场分析等。

全球化和电子商务时期（20 世纪 80 年代末至 2000 年）是采购更深入地集成到企业整体战略中的时期。20 世纪 90 年代采购继续朝电子采购的方向发展。采购需求由计算机处理，采购订单由电子方式传递。电子商务缩短了国家和地区之间的物理距离。夫妻店被类似家得宝和沃尔玛这样的零售巨头所取代。这些零售巨头进一步将购买转变为采购，使得全球采购成为一种普遍的做法。

集成供应链管理时期（2000 年及以后）发生了更多的变化。小型供应商店和手动打字机正在成为历史。此外，采购正经历着与供应网络和信息技术日益融合的过程。采购从战术职能演进到作为战略供应管理团队的一部分。除了采购活动，战略采购还参与长期采购计划的制定、持续改进、企业战略制定和供应商开发。

经过 150 多年的演进，采购取得的成果包括采购部门的正规化、采购人员的专业化、参与企业内部的跨职能团队，以及与外部贸易伙伴建立供应链。

3.1.3 商品类型和采购战略

采购战略是根据各种商品的性质确定的。主要商品采购的战略目标包括：为支持企业整体业务目标的各种商品进行战略定位，根据产品特征、购买与保存产品总成本的评估，为每种商品制定采购战略。商品的特征有以下4种：普通商品（non-critical commodity）、杠杆商品（leveraged commodity）、关键商品（key commodity）和战略商品（strategic commodity）。图3.1所示的图形是一个二维矩阵，一个维度反映了产品的商业影响，另一维度反映了供应来源的复杂性。在制定商品采购战略时，应该考虑整体业务战略，同时需要分析供应市场。采购战略应当与公司的整体经营战略相匹配。图3.1提供了一个应用商品地图的例子。

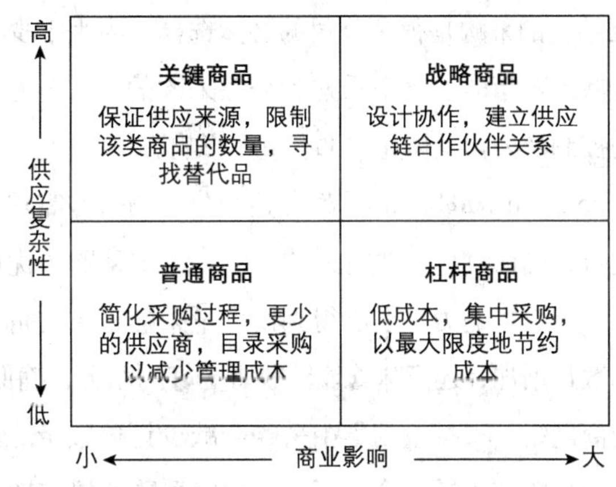

图3.1 商品的特点和采购战略

图3.1中的关键商品具有较小的商业影响和较大的供应挑战。这种类型的产品具有复杂的制造流程。替代品和合格的供应商较少。管理这类产品的目标是最小化它的种类数量。采购战略包括长期合同、整体供应链管理，以及新供应商开发。

战略商品同时具有较大的商业影响和较大的供应挑战。战略商品有复杂的产品设计规范，并往往对一家公司的盈利能力产生重要影响。该类商品的质量非常重要。这类商品的目标是实现产品差异化。符合这类商品的合格供应商很少。采购战略包括长期协议、产品设计协作和贸易伙伴间的无缝供应链流程。此外，管理这类商品需要一个备用的应急计划。

杠杆商品有较大的商业影响和较低的供应挑战。这类商品通常需要大量的支出，如维护、修理及操作（MRO）。该类商品供应源丰富，可替代供应商多。其采购战略包括竞争性招标、实现批量折扣的集中采购，以及由供应商提供的增值服务。

普通商品具有较小的商业影响和较低的供应挑战。这类商品的价值较低。市场上有很多现有的供应源。其采购战略包括简化获取流程，以提高效率和降低成本。这类产品采购可以考虑长期合同、供应商管理库存，以及目录采购。

3.1.4 集中采购和分散采购

集中与分散相结合的采购是很多公司的必然选择，因为很少有公司单纯采用集中采购策略或分散采购策略。集中采购和分散采购的方法各有利弊。此外，采购决策对供应链的控制及公司整体业绩都有重大影响。

集中采购（centralized purchasing）整合整个公司的采购需求。采购部门确定潜在的供应商，进行合同谈判，并执行采购计划。集中采购的优点包括使采购更加专业化，并使买方更有影响力，还能得到由大量采购带来的折扣优惠。通过合并订单带来的采购数量增加，还意味着能够获得更好的服务，确保长期供应来源，以及开发新的供应商网络。大批量的集中采购会减少订单数量。集中采购的一个缺点是对基层部门的采购需求缺乏全面了解。集中采购的提前期比分散采购的提前期长。一般情况下，对于图 3.1 中提到的杠杆商品，集中采购是一个选择。

分散采购（decentralized purchasing）给基层业务部门更多的权利去选择最好的供应商，并更有效地利用当地资源。分散采购的优点包括更好地理解用户的需求和产品规格、更容易沟通和协调，并能够缩短采购提前期。分散采购的缺点包括数量折扣和整车运输费率的损失。对于图 3.1 中提到的关键商品来说，分散采购方法可以是一个选择。

考虑到集中采购和分散采购的优缺点，对有多个部门和业务单元的企业来说，集成集中采购和分散采购的混合采购系统可能是比较理想的选择。混合方式可以兼顾集中采购和分散采购的优势。例如，企业可以采用集中采购的方式采购批量大的商品和杠杆商品，利用分散采购的方式采购关键商品和战略商品。

实例3.1

一个大学书店出售课本、杂志、参考书、贺卡、口香糖，以及杯子、帽子、T恤等校园纪念品。使用图3.1讨论的采购方法，确定商品的采购战略和伙伴关系。

答案

对大学书店来说，教科书是战略商品，如图3.2所示。出版社和书店通常结成战略伙伴关系。出版社的代表与教授和大学书店保持着紧密的联系，以推销新书、了解具体的教学需求，以及大学的课程要求。它们提供广泛的服务，以确保在恰当的时间、以恰当的数量提供恰当的教科书。

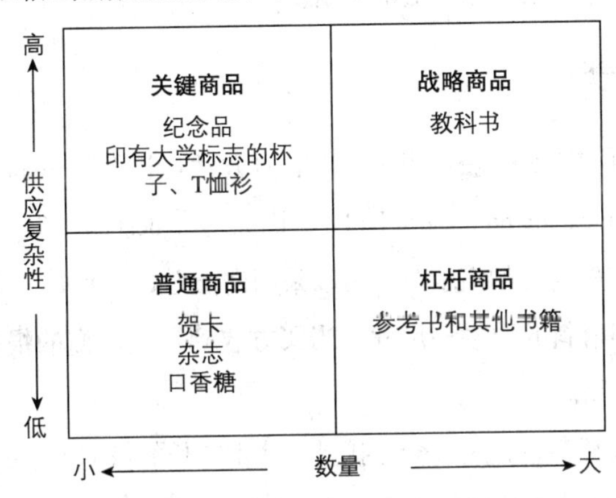

图3.2 大学书店

字典和GMAT学习指南等参考书是大学书店的杠杆商品。许多大学将书店外包给像福莱特（Follett）高教集团这样的零售连锁店，这个集团2009年管理着超过750家美国书店。像学术能力评估考试（SAT）复习书籍这样的杠杆商品不用通过定制要求即被所有学校采用。在这种情况下，集中采购是针对这种商品的一种常见的采购战略，通常在企业层面进行合同谈判，以获得批量折扣和更好的服务。

印有大学标志的杯子和T恤衫是纪念品。由于这些商品有特殊要求，可以采用分散采购的办法。大学书店一般在本地寻求具有特定技术或能提供令人满意服务的供应商，并把生产纪念品的业务外包给本地供应商。

杂志、背包、口袋、口香糖、巧克力是大学书店的普通商品。供应商关系是公平交易导向，这意味着在交易完成后，关系也就结束了。

3.2 采购流程

3.2.1 供应商市场分析

供应商市场分析（supplier market analysis）为采购决策提供了重要信息。如备选供应商的数量、供应商的技术能力、供应商的地理位置等。进行供应商市场分析后，买方将对市场有一个更好的了解。

3.2.2 需求类型

一般从潜在供应商处获得报价有几种方法：询价（request for quotation, RFQ）、报价（request for proposal, RFP）、询标（request for bid, RFB）。

当买方能够明确自己的需求时，可以采用询价方式。例如，采购劳保手套时，买方能够详细说明材料的质量和尺寸。当买方收到各供应商的报价时，他将决定与哪家公司进行交易。

当采购要求较复杂时，买方会寻找具有技术专长的供应商，并采用报价方法。采用该方法时，双方将就价格、质量、交货时间和服务进行谈判。例如，当购买维修服务时，买方可能指定每个不同功能领域的维修时间表，并就价格和服务标准进行谈判。

询标与报价类似，都是寻找特定服务的方法。当买方为了获得最低价格（或其他要求）而进行竞争性投标时，可以采用询标。询标方法不需要谈判，最低报价即被接受。使用询标方法时，需要考虑的其他问题包括报价是否密封，或者提交投标后是否还有谈判的机会。

3.2.3 采购计划的实施

采购流程包括由用户向采购人员传递物料需求信息，然后由采购人员将采购信息传递给供应商。在采购单传递给合适的供应商后，供应商把所购物料交付给用户，把发票送到会计部门。同时，采购方对购买物品的质量和数量进行核实与验收。一般来说，采购流程有6个步骤，如图3.3所示。

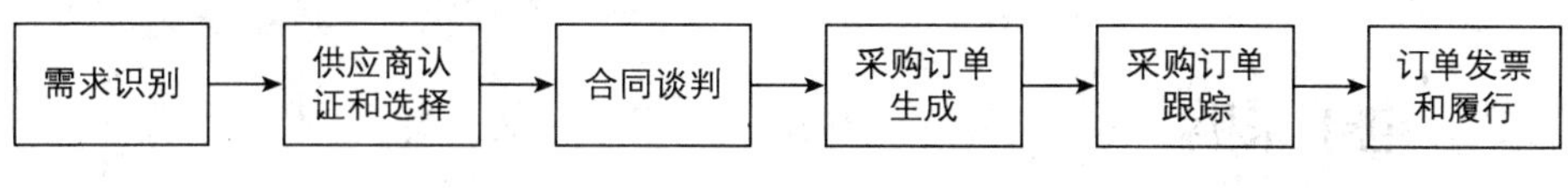

图3.3 采购流程

第1步：需求识别。采购始于个人或公司部门的需求识别。需求可能包括物料种类、数量、交货时间，以及质量标准。

第2步：供应商认证和选择。供应商选择对企业来说非常重要。用户同采购人员沟通需求后，采购人员将对价格趋势、供应商可靠性和市场状况等进行分析。一般来说，成本是重要的竞争因素之一。需要考虑的其他因素包括原料质量、准时交货和服务等。本书4.2节将对供应商选择进行详细讨论。

第3步：合同谈判。在对采购合同进行谈判前，采购人员利用商品特征地图（详见3.1.3节）或ABC分析法，对他们想采购的商品进行分类。例如，A类物资通常占20%的用量和80%的总采购价值；B类物资占30%的用量和15%的总采购价值；C类物资通常占50%的用量和5%的总采购价值。因此，采购方可以就C类物资同供应商签订一份长期合同，并就数量折扣进行谈判。对于B类物资，采购方或者企业可以使用集中采购的方式进行一次性采购。A类物资的用量非常少，因此发起需求的部门可以直接联系供应商，以确保产品规格被清楚地传达给供应商。

第4步：采购订单生成。采购方和供应商签订了采购合同后，采购方就发出采购订单。采购订单中的信息包括采购的产品、数量、单价、总成本、公司地址、配送安排、支付条款、离岸价格条款（FOB）及其他相关信息。一旦供应商收到买方的订单，采购订单就成为一个有效的法律文件。

第 5 步：采购订单跟踪。供应商收到订单后，采购方应该跟踪订单状态，并确保订单的及时履行。如果有来自用户的任何数量和交货日期的变化，采购方应立即联系供应商。

第 6 步：订单发票和履行。采购人员收到订货后，应核实和验收数量与质量。如果数量或质量与采购订单上的要求不符合，应该立即对错误进行纠正。当交付的数量和质量与订单上规定的相符时，该订单就得到履行。

3.3 电子采购

3.3.1 电子技术在采购中的作用

B2B 电子商务有一系列广泛的应用。这些应用方法把一个企业与其分销商、供应商和其他合作伙伴连成了网络。B2B 电子商务的买卖双方都是商业实体，而 B2C 电子商务中的买方是个体。

电子采购应用网络技术，以简化订单处理流程，并提升采购管理职能。然而，电子采购不仅仅是在线采购。电子采购系统实施可以将一个企业及其业务流程同供应商及其业务流程连接起来，并管理相互间的所有交易，包括投标、竞价和向参加者发送电子邮件，以及与供应商和顾客进行在线交流。通常，电子采购网站允许符合条件的注册用户寻找提供商品和服务的买家或卖家。根据该办法，买方或卖方可以指定价格或邀标。

电子采购系统的优点包括：相关信息的可获得性、经过整理的数据、标准化的交易流程、更好地遵守合同、更少的库存，并可以降低物料和流程成本。对买方公司来说，电子采购的优点是更多的供应商选择、更容易获得卖方的产品清单、订货速度更快、交易成本更低、无纸化办公和效率的提高。对卖方公司来说，电子商务的优点是销量增加、运营成本降低、买卖双方的协作更顺利、与顾客的沟通更便捷，以及绩效的提高。

电子采购也面临着一些挑战，如系统间的集成和兼容性、对硬件和软件的初始投资、系统维护、信息安全、数据的准确性、采购流程再造等。

3.3.2 纵向和横向伙伴关系

供应链合作伙伴可分为两类：纵向合作伙伴和横向合作伙伴。纵向合作伙伴具有互补性和能力的非重叠性，对附加价值的贡献是相对均等的。横向合作伙伴之间的能力通常会有重叠。

表3.2展示了供应链伙伴关系的趋势。横向合作伙伴是供应链同一层级的合作伙伴。合作伙伴的技能和专长可能会重叠。例如，敦豪（DHL）和美国邮政服务公司（US Postal Service）这两个分销商通过建立伙伴关系来降低配送成本，缓解配送安排的复杂性，并提供更好的地域覆盖。在这种情况下，分销商的专业知识发生了重叠。

纵向伙伴关系没有重叠的能力和技术专长。一个例子是有限品牌公司与其香港的布料和服装供应商利丰集团的伙伴关系。有限品牌公司向利丰集团提供销售点信息和服装设计的要求。利丰集团作为供应链的上游企业，同原料生产商接触，安排生产，并配送货物到有限品牌公司的商店。纵向伙伴关系反映了在许多供应链中存在的集成趋势。

混合的伙伴关系集成了横向和纵向伙伴关系。合作伙伴双方的能力和专业知识同时在横向和纵向进行扩展。

表3.2 伙伴关系的趋势

伙伴关系趋势	描述
横向伙伴关系	合作伙伴在供应链的同一层级
纵向合作伙伴	合作伙伴在供应链的不同层次
混合伙伴关系	集成了横向和纵向伙伴关系，并在横向和纵向上扩展能力和专业知识

3.3.3 单一关系或多重关系

供应链中的单一关系或多重关系反映了合作伙伴间关系的相对强度和可以协作的伙伴数量。表3.3使用数据管理术语描述了这种伙伴关系。在表3.3的第一列中确定了供应关系，第二列则描述了可用的供应商及其选择。

表 3.3 单一关系或多重关系

供应关系	描 述
多对多	每个公司都有很多合作伙伴可供挑选，没有一个是当前的主导公司
一对多	一个大公司对应着多个可选择的供应商
多对一	多个市场份额低的公司竞争一个强势企业的订单
一对一	这是一个两边都占主导的同等伙伴关系，可供选择的伙伴很少

多对多关系。在这种情况下，公司拥有大量的可以发展成为伙伴关系的潜在候选企业。没有任何一个伙伴是当前的主导公司。服装行业属于这种情况。有许多专门从事服装生产的公司，如香港的利丰集团、印第安纳州伯尔尼（Berne）的伯尔尼服装公司（Berne Apparel Company），以及位于巴基斯坦、孟加拉和南美洲的许多制衣厂。同时，也有许多销售服装的零售商和品牌，如梅西百货公司（Macy's）、诺德思特龙公司（Nordstrom）、塔吉特公司（Target）、有限品牌公司和塔尔博特公司（Talbots）等。

一对多和多对一的关系。在商用航空业中，空客公司（Airbus）是“一对多”的公司。它有许多供应商。另一方面，一个供应商是空客的“多对一”公司。“一对多”公司在采购方面有很多权利，而“多对一”公司只有通过激烈的竞争才能获取订单。

一对一的关系。在市场上一对一的关系不是很普遍，这种关系对许多公司来说意味着不可预知的风险。例如，约翰迪尔公司（Deere & Co.）是全球农业设备的主要供应商之一，在 160 个国家设有制造工厂和办事处。爱克赛西奥（Excelsior）是为数不多的几个拖拉机配件制造商之一。约翰迪尔公司从爱克赛西奥公司购买拖拉机配件。约翰迪尔公司的业务占爱克赛西奥公司收益的 95%。另一方面，爱克赛西奥公司为约翰迪尔公司设计并生产所需配件①。当约翰迪尔公司希望爱克赛西奥对一个新的制造流程进行投资时，爱克赛西奥因为投资成本而犹豫不决。如果两家公司打破它们之间的关系，那么

① Howard Forman, "Supplier development at Deere & Company." Penn State University, 2001 Case Writing Workshop.

对双方来说损失都将是巨大的。约翰迪尔公司一时很难找到一个替代伙伴，而爱克赛西奥也将失去其业务。

3.3.4 电子市场

电子市场或电子中心在互联网上展示的产品或服务就如同打印出来的商品目录一样。通过使用电子市场，企业能够找到新的供应商，进行服务谈判，同时简化供应链。

3.3.5 供应商导向的市场

最常见的B2B模式是供应商导向的市场。在这种模式下，个人客户和商业买家同时是供应商提供的市场中的客户。因此，供应商可以专注于寻找对其最有利的贸易伙伴和合同。

戴尔、英特尔、思科（Cisco）和IBM之类的公司已经成功实施了供应商导向的商业模式。据报道，戴尔公司把它90%的电脑卖给了企业买家。1998年，思科公司通过其网上电子市场向商业客户和企业买家出售了价值10亿美元的路由器、交换机和其他网络互联设备。

只要信誉好并有忠诚的顾客，供应商导向的电子市场就会成功。这种模式对于大型的和重复购买的商业买家来说不一定合适，因为大买家的信息存储在供应商的服务器上而不是存储在自家的服务器上。在供应商导向的市场平台下，大买家的采购部门还要动手将订单信息输入到自己的企业信息系统中去。对于在网上购买上千种商品的企业来说，搜索电子商店和电子商场以寻找供应商并比较供应商和产品既费时又费钱。

像计算机经销商英迈国际有限公司（Ingram Micro）之类的专有拍卖网站是卖方市场的另一个应用。只有注册客户才能访问这些网站。这些网站可以在公司及其固定买家之间建立良好的业务关系。利用这类电子交易站点很容易解决过剩商品的促销和销售问题，使商业客户能够得到较大的折扣。

3.3.6 买家导向的市场

大买家往往向潜在的供应商开放自己的市场，并让供应商就其所需的产品报价、竞标。例如，沃尔玛的电子市场要求潜在供应商报价。在这种情况下，买方的采购部门需要确定要购买的产品范围，并邀请合适的供应商。

随着越来越多的公司转向这种模式，跟踪所有买方导向的网站将越来越困难。在网上提供列有公开询价的在线目录可以改善这种情况。另外，可以使用软件来减少投标过程中的人力负担。

3.3.7 中介导向的市场

中介导向平台是电子中介公司。中介导向平台的特点是为买家和卖家提供一个能够接触的市场。这个概念类似于基于中介的电子商店和电子商场。

由通用、福特、戴姆勒－克莱斯勒、雷诺和尼桑形成的汽车贸易集团科维森特（Covisint）就是中介导向市场的一个例子。在航空业，波音公司的PART（part analysis and requirements tracking，零件分析和需求跟踪）就是一个中介市场。波音公司的PART将500多个航空公司同300个波音维修零部件的主要供应商连接起来。PART的客户在线下订单，订单可以在当天或第二天送达。与纸质采购订单、传真和电话相比，无纸化电子采购交易使采购成本大幅度降低。

起源于1995年的互联网拍卖建立了一个中介导向市场。像e-Bay这样的门户网站充当了中间商的角色，它让卖方列出所出售的商品，同时让买家对这些商品竞标。大多数拍卖从卖家愿意接受的最低价格开始。网站上陈列出每种商品的详细信息。投标人察看这些信息后，通过发送电子邮件或填写电子申购表格开始竞价。在持续数天内，投标结果会显示在门户网站的页面上，并不断更新显示目前的最高投标价。

3.3.8 去中介化和再中介化

去中介化（disintermediation）是通过减少了一个或多个中介来减少一个

或多个供应链的环节。例如，戴尔公司因在线向企业和个人销售计算机及其他电脑相关电子产品而闻名。通过其直销模式，戴尔公司将零售功能从其供应链中砍掉了。

再中介化（reintermediation）是在供应链中引入一个新的中介。例如，在供应链中引进一个付费交易网站就是引入一个新的中介。旅行网站 Travelocity. com 就是旅游供应链中的一个新中介。Travelocity. com 整合并筛选有关酒店、度假区、飞机航班、汽车租赁和当地旅游景点等信息，这样，客户就可以在线安排自己的整个旅行。

另一个再中介化的例子是于在线拍卖价值链中引入第三方担保服务。参与网上拍卖的客户常常抱怨他们收到的商品与卖方的展示品大不相同。为此，亚马逊在推销其拍卖服务时向客户保证：提供一份担保，保证顾客满意，或退还价值在 250 美元及以下的产品货款。价值更高的商品则需另外雇用第三方担保服务。由此可见，担保服务提供商是网上拍卖供应链中的一个新的中介。

3.4 绿色采购

过去几十年环境的快速恶化，大大提高了企业的环保责任意识。越来越多的企业，如杜邦、可口可乐、百事可乐、宝洁、亨氏，正在开发环保的“绿色”产品①。

因为绿色采购可能提高原材料的成本并减少合格供应商的数目，所以制定绿色采购战略很具有挑战性。根据在美国进行的一项关于绿色采购的调查结果②，我们得知可以用于减少上游废弃物来源的战略有三种：（1）减少难

① Hokey Min & William P. Galle. *International Journal of Purchasing and Materials Management*. 33 (3), 10 – 18.

② Hokey Min & William P. Galle. *International Journal of Purchasing and Materials Management*. 33 (3), 10 – 18.

以处理的或对生态系统有害的商品采购量；（2）通过采购回收或再利用比率高的原材料来减少有害原材料的使用；（3）要求供应商最大限度地减少不必要的包装，使用更多的可降解或可回收的包装材料。

回收和再利用是绿色采购战略和废弃物管理计划的重要组成部分。回收是减少废弃物最常用的方法。可回收的物品包括软饮料罐、报纸、纸板、铝、塑料和有色金属。为了有效地实施回收战略，买方企业需要指定回收政策，并参与到收集、分离、贮存、运输、再加工和再制造等过程中去。采购专业人士应确定可回收的物品，指出如何分拣可回收物品，并找到可以回收物品或再加工的地方。

再利用与回收不同。再利用可能会导致“非耐用”产品或零件不能被再度使用。因此，再利用似乎只限于更耐用的商品，如托盘、纸板和纸张。

目前的绿色采购战略看起来是被动的，因为企业尽量避免违反环保条例，而且并不主动地将环保目标融入到企业的长期政策中。绿色采购和供应商的质量保证之间的连接仍然很薄弱。

3.5 采购的总持有成本分析

总持有成本方法（total cost of ownership，TCO）可以用来估算机器、企业信息系统和计算机等资本投资的收益，并用来评估与采购相关的直接或间接成本。总持有成本给企业提供了一个综合的评估。这个评估不仅反映了最初采购成本，还反映了有关仪器设备或系统的进一步利用和维修的成本。总持有成本包括维修、保养、升级、服务和支持、联网、安全、用户培训、软件许可，以及其他费用。

1987 年，加特纳集团（Gartner Group）首先提出了总持有成本这一概念。从那时起，这一概念就得到广泛的应用。例如，一辆汽车的总持有成本包括购车费、保险费、油费、维修费和最后的转售价。各种汽车款式的成本比较分析可以帮助消费者选购一辆能满足其需求和预算的汽车。

总持有成本的研究可以作为决策的基础，如自制还是购买决策、如何选择供应商，以及购买还是租赁决策。为了确定总持有成本，需要找出所有重要的成本驱动因素，特别是一些隐性成本，如管理成本、升级成本、技术支持成本和最终用户的维系成本等。

实例3.2：总持有成本

一个买家收到两个供应商为其最新产品专门设计的发动机的报价。使用下面的信息确定选择哪家供应商。营运资金成本是每年10%（如运营资金来自银行贷款，利息就是10%）。假设一年为360天。

	供应商A	供应商B
发动机购买价格	1000美元/台	1200美元/台
条款	2/10，30天	1/15，30天
需要的发动机数量	20	20
每个发动机重量	55磅	58磅
运费	5美元/吨英里	4.5美元/吨英里
距离	200英里	150英里
安装费	3000美元	免费

注：每吨英里=2000磅每英里

答案

表3.4给出了结果。供应商1的现金折扣条款（2/10，30天）是指如果买方收到发票后在10天内付款，供应商将给予2%的折扣。否则，买方须在收到发票后的第30天全额付款。此外，如果买方在第10天付款，它还将获得等于10天借款的利息。供应商2提供的条款是1/15，30天，这意味着如果买方收到发票后在15天内支付账款，供应商2将提供1%的优惠。否则，买

方须在收到发票后的第 30 天全额付款。

表 3.4 总持有成本分析的例子（单位：美元）

名　称	成　本	供应商 1
发动机购买价格	1000 × 20	20000
现金折扣	20000 × [10% × (10/360) + 2%]	(455.56)
运费	5 × [(55 × 20 × 200)/2000]	550
安装费		3000
		23094.44
		供应商 2
发动机购买价格	1200 × 20	24000
现金折扣	24000 × [10% × (15/360) + 1%]	(340)
运费	4.5 × [(58 × 20 × 150)/2000]	391.50
安装费		0
		24051.50

供应商 1 收取 3000 美元的安装费，供应商 2 不收取安装费。根据总持有成本分析的结果，买方将从供应商 1 处采购发动机，因为它提供了比供应商 2 更低的总持有成本。买方将节省 957.06 美元。

3.6 通过电子采购增值

近些年来，电子采购为供应链管理增加了价值。自 1996 年以来，通用电气照明公司（General Electric Lighting）与供应商结成了战略伙伴关系，并试用贸易伙伴网（TPN）来引导网上采购①。公司内部顾客的需求以电子方式传送给采购部门，采购部门将询价单以电子方式发送给可选择的供应商。采购部门利用互联网与世界各地的供应商联系。该网络系统能将申购单与准确的

① http://tpn.geis.com.

产品样图一起发送。采购部门在两个小时内通过电子邮件、传真或电子数据交换的方式把询价通知传送给供应商。供应商将有7天时间进行投标准备，并将标书发送回通用电气照明公司。标书直接发给指定的评估人，合同可在同一天确定。

1997年，通用电气照明公司通过互联网采购了超过10亿美元的商品和服务。通过简化采购流程，估计每年可节省大约5亿~7亿美元。通用电气照明公司及其供应商利用电子采购获得的好处包括：

1. 参与采购过程的员工数量下降了30%。同时，由于可选用的供应商数目增加，原材料成本下降了5%~20%。
2. 参与采购过程的员工中有60%被重新调配。采购部门一个月至少有6~8天集中于具有战略意义的工作。以前这些时间被用于完成事务性工作。
3. 以前从寻找供应商、准备询标、价格谈判到与供应商签订合同需要18~23天，而现在只需要9~11天。
4. 随着交易从开始到结束都以电子方式进行，系统会自动核对发票与采购订单，采购过程中出现的误差得到改正。
5. 通用电气照明公司在世界各地的采购部门能够共享最好的供应商信息。仅在1997年2月，通用电气照明公司就通过因特网找到了7个新的供应商，这其中包括那个报价最低的公司。它的报价比报价次低的公司低了20%。

战略合作伙伴关系使通用电气公司和供应商同时获益。例如，由于对供应商非常了解，通用电气公司为其供应商介绍了其他的潜在顾客。

3.7 采购绩效指标

建立采购的关键绩效指标有助于保持采购工作与公司总体目标一致，找出差距，并持续改进。一般来说，采购绩效指标可分为两类：效率指标（effective metrics）和效益指标（efficiency metrics）。

3.7.1 采购的效率指标

效率指标度量的是采购流程的效率。为了对各个产业进行分析，需要一些必要的信息。分析的重点是采购费用和部门运作费用[①]。

1. 采购费用占销售额的百分比。
2. 采购运作费用占采购费用的百分比。
3. 采购运作费用占销售额的百分比。
4. 人均采购运作费用。

将上述结果与前一阶段的结果和行业平均水平相比较，就会得到一些有关采购职能效率的信息。

在审核采购成本和价格时，需要考虑外部市场和经济状况。采购价格应该分别与以下指标进行比较：(1) 采用会计方法得出的标准成本；(2) 市场报价；(3) 由市场价格指数决定的目标成本（市场价格指数反映了原料和产品的变化）。然而，这些指标没有提供有关采购职能效益的信息。

3.7.2 采购的效益指标

效益指标是指采购结果的好坏。这些指标包括采购物品的质量、准时交货、顾客满意度、缩短产品上市时间、对公司整体利润的贡献和销量的增加等。

一些库存投资的指标可以作为评估采购绩效的替代指标。评估供应链管理中的采购时，供应天数、库存投资占总销售额的比例和库存周转次数等都是可用来计算采购效益的指标。

---

① CAPS Research, www.capsresearch.org, August 2004.

采购部门和供应商的协作活动为衡量采购绩效提供了有用的信息。及时交货比例、成本降低比例、订单变化的次数、收到并处理的订单数量、员工的工作负荷和效率、缺货次数和周期服务水平等都是可用的指标。

效益指标要求同时从买方和卖方的角度考察双方的关系。如果采购是为了提升公司的竞争力，那么就必须注重质量、柔性、成本、服务、周期时间，以及按时交货。

3.8 小结

在本章中，我们讨论了采购的演进和电子采购的出现。传统上，采购被认为是一种事务性工作，对企业的整体经营战略贡献不大。然而，近几十年来，采购职能已演变成为供应链管理的一个主要组成部分，并为公司的整体绩效和供应链增值做出了贡献。

本章所描述的商品和采购战略可以用于分析各种商品的特点，并制定适合企业特点的采购战略。另一方面，总持有成本模型考虑了采购总成本，并考虑了其他定性和定量因素。

思考题

1. 叙述下列企业的采购目标：（1）大型快餐连锁店；（2）医院的急诊室；（3）政府部门。什么是战略商品、杠杆商品、关键商品和普通商品？
2. 讨论以下企业中的供应链管理者面临的挑战：（1）高度集中的组织结构；（2）高度分散的组织结构。
3. 沃尔玛零售连锁店从供应商处采购数以千计的物品，并拥有巨大的购买力。另一方面，有限品牌公司拥有马斯特工厂（Mast Industries）。后者生产时尚品并在有限品牌公司的商店销售。比较这两个零售巨头的采购战略。它们为什么要采用不同的采购战略？

4. 解释用什么方式和在什么时候进行设备采购是具有战略意义的。
5. 描述自己网上购物的经验。什么因素使你倾向于在网上购物？什么因素阻碍你在网上购物？在网上购物时你为什么会犹豫？
6. 在互联网上找出 3 个电子采购的例子。描述这 3 个例子的目标、实施机制及其绩效表现。
7. 根据图 3.1 所示的商品地图，为每个象限找一个例子，并讨论该商品的特征和采购战略。

问题

1. 根据下面的信息，使用总持有成本分析法确定哪个供应商更具成本效益。营运资金成本是每年 12%。假设一年为 360 天。

	供应商 A	供应商 B	供应商 C
设备采购价格	65100 美元/个	71200 美元/个	68500 美元/个
条款	2/10，30 天	1/15，30 天	3/10，20 天
需要的发动机数量	10	10	10
每个发动机的重量	150 磅	130 磅	170 磅
运费	10 美元/吨英里	9 美元/吨英里	12 美元/吨英里
距离	200 英里	150 英里	120 英里
安装费	2000 美元	免费	1500 美元

注：每吨英里 =2000 磅每英里

2. 表 3.5 列出了 4 种车型的各种费用。根据表 3.5 提供的成本信息，进行为期 4 年的总持有成本分析。假设用户用现金购买汽车，每年行驶 1 万英里。营运资金成本是每年 10%。假设一年有 360 天。

a. 顾客应该购买哪种车？

b. 找出对顾客选车可能非常重要的其他隐性因素？

c. 同时考虑表 3.5 的成本和隐性因素，重新进行车型的选择。

表3.5

	本田雅阁 LX	丰田凯美瑞 LE	宝马 525 Xi	梅赛德斯－奔驰 E350
价格（美元）	20825	20500	45395	50825
维修	3 年/45000 英里	3 年/36000 英里	48 个月/50000 英里	48 个月/50000 英里
每升油的城市英里数/每升油的高速公路英里数	24/34	28/36	20/30	19/27
4 年后的转售价（美元）	10000	10000	30000	32000
可选颜色	6 种	8 种	11 种	15 种
轴距（英寸）	107.9	109.3	113.7	112.4

参考文献

APICS, 1998. *Dictionary*, 9th edition. Falls Church, VA.

Ayers, J. B. 2001. *Handbook of Supply Chain Management*, New York: The St. Lucie Press.

Chen, I. J. and Paulraj, A. (2004) Understanding supply chain management: critical research and a theoretical framework. *International Journal of Production Research*. 42(1), 131 – 163.

Chesbrough, H. W. and Teece, D. J. 1996. "Organizing for innovation: When is virtual virtuous?" *Harvard Business Review*, p. 6.

Chopra, S. and Meindl, P. 2002. *Supply Chain Management*. New Jersey: Prentice Hall.

Leenders, M. R., Johnson, P. F., Flynn, A. E., Fearon, H. E. 2006. *Purchasing and Supply Management*. New York: McGraw-Hill/Irwin.

Monczka, R. Trent, R. and Handfield, R. 2005. *Purchasing and Supply Chain Management*, 3rd edition. Ohio: South Western.

Neef, D. 2001. "*e-Procurement: From strategy to Implementation.*" New Jersey: Prentice Hall.

O'Brien, Kevin "Value-Chain Report-Strategic Sourcing." Retrieved on February 17, 2006 from http://www.industryweek.com.

"Purchasing Activity Analysis." Retrieved on February 17, 2006 from http://www.strategicpurchasingservices.com.

Schneider, Gary P. 2004. "*Electronic Commerce: The Second Wave.*" 5th edition. Canada: Thomson Course Technology.

http://en.wikipedia.org/wiki/Total_cost_of_ownership.

www.ingram.com.

第 4 章
供应商关系和战略采购

4.1　供应商关系的基础

一家公司无论规模有多大，实力有多强，都会有一些供应商和合作伙伴作为其业务整体的一部分。从这个意义上讲，供应链关系或许是供应链管理中最困难的方面。供应链管理是指企业寻求与外部供应商或业务伙伴合作以更好地维持其运作并履行顾客订单。良好的伙伴关系在供应链中可以为企业提供加快新产品开发和生产的重要机会。相反，缺乏良好的供应商关系可能会对公司和供应链产生消极的影响。

4.1.1　供应商关系的类型

当一个企业注重分散经营（decentralizing）、缩小规模以及寻求合作伙伴来开发和生产产品或提供服务时，它需要根据自己的产品和生产系统的性质来制定外包决策，或与供应商建立虚拟集成系统。当一个产品的开发可以不依赖于供应商时，纵向集成和分公司自治是很好的选择。然而，当一个产品需要由供应商提供配套零部件时，合作和虚拟集成将是更好的选择。

当一个公司选择纵向集成的供应方法，并很少依赖供应商时，其内部协调和解决冲突的能力就会提高，但是其承担风险的积极性则会降低。反之，当一个公司选择外包其大部分业务时，其市场竞争的能力就会增强。表 4.1 列出了 6 种可能的供应商关系。产品生产或服务交付的方式包括纵向集成、分公司自治、一臂距离交易、合资企业、战略联盟和虚拟集成。

表 4.1 供应商关系的类型

供应关系	组织结构	说 明
纵向集成	垂直一体化集中式组织	公司直接拥有多个增值阶段
分公司自治	适度集中	介于纵向集成企业和合资企业之间
一臂距离交易	买卖双方之间没有共同的承诺和合作	当交易完成后，关系终止
合资企业	一定水平的承诺	就共担权益资本风险达成共识
战略联盟	适度分散	长期关系、共担风险和共享利益
虚拟集成	分散式组织	通过市场机制来协调大部分业务

纵向集成（vertical integration）：纵向集成是指一家企业直接参与从原料生产到把产品销售给最终消费者的多个增值阶段的程度。参与的步骤越多，纵向集成的程度越高。制造商向通常需要采购的零部件方向集成，被称为后向一体化。同样，制造商向分销和销售方向集成，被称为前向一体化。我们在第 1 章中讨论的裴顿禽蛋公司就是一个纵向集成的例子。

分公司自治（autonomous divisions）：分公司自治是介于纵向集成企业和合资企业之间的一种供应关系。此类企业可以使用总公司旗下的自治分公司生产的零部件进行独立生产。在第 2 章中讨论的世界上最大的综合钢铁生产商日铁公司就是一个分公司自治的例子。

一臂距离交易（arm's length）：一臂距离交易是一种交易关系。卖方通常为大众顾客提供标准化的产品。谈判的重点是价格。当交易完成后，关系便终止。

合资企业（joint venture）：合资企业是两个或两个以上的企业为实现特定的业务目标而分担权益资本风险的一种协议[①]。波音公司与其大客户所在国的企业建立了合资企业关系。例如，日本是波音公司的大客户，许多日本公司（如三菱重工、川崎重工和富士重工）为波音公司供应零部件的历史已经已有 30 多年。

战略联盟（strategic alliance）：战略联盟是两家公司之间的一种长期的、目标导向的伙伴关系，它们共担风险、共享利益。例如，丰田与其供应商之

① APICS, Dictionary, p. 47.

间的战略联盟关系是基于企业价值观，而不是向供应商压价。通过这种做法，丰田公司在汽车市场上的销量长期名列前茅。

虚拟集成（virtual integration）：虚拟公司通过市场来协调自身大量的业务。许多企业和供应商在电子市场里买卖彼此的产品和服务。因此，虚拟企业可以利用市场力量来开发、制造、销售、配送和支持其产品，而纵向集成的公司无法复制这种方法①。戴尔公司的直销模式就是一个虚拟集成的例子。

4.1.2 战略采购

战略采购不仅仅局限于采购和电子采购。战略采购对于公司总体方向和业务目标的实现起着积极的作用。战略采购的重点是建立与本企业竞争目标相匹配的供应商关系。因此，采购的绩效是通过它对企业整体业绩的贡献来衡量的。

战略采购合作伙伴通常对彼此的目标和业务有深刻的理解。合作企业间往往有信心和愿望就有关利益和风险等问题达成共识。战略合作伙伴在业务、资源和目标等方面能高度地协调。合作伙伴之间的沟通往往是及时和可信的，涉及双方的业务也能顺利进行。

战略采购影响着企业的每一个职能。因此，企业需要考虑自己与供应商的关系，并认真考虑从供应商到顾客的整个供应链。战略采购的复杂性致使企业重新考虑对其原材料和服务进行采购、外包，还是自制。一旦做出这些决定，下一步就是选择适合这种采购模式的计算机系统。

当今，战略采购已经推广到了服务业。例如，阿拉巴马电力公司（Alabama Power）与一些关键供应商结盟，包括优先为其提供原材料的供应商。它们成立了一个名为应急物资互助联盟（Mutual Emergency Material Solutions，MEMS）的组织。该联盟的成员不仅在有突发事件和发生紧急情况时进行合作，还共享物资来源的信息。

---

① Chesbrough & Teece，1996.

4.1.3 供应源的开发

供应源（supply base）是指为某一企业提供原材料、零部件、服务或信息的供应商。越来越多的企业已经认识到拥有可靠的供应源的重要性。依靠供应源提供的材料和服务，企业可以生产出符合设计规范的产品，提供具有市场竞争力的价格，同时按时配送产品。供应源依赖于可靠的战略伙伴。战略伙伴不仅愿意为对方着想，而且在质量、价格、承诺、交货期等方面有诚信度。这种关系促进了伙伴间的互相信赖，并提高了供应链的财务业绩。

许多企业逐渐认识到，如果使用数量较少的供应源，就可以获得批量折扣、降低管理成本，并在开发产品方面进行协作。近期有一些报道阐述了减少供应源的优势。例如，在整个 20 世纪 90 年代中期，一些世界一流的汽车制造商将供应源减少了 50%，并采用单一采购模式，由一个供应商提供一个部件[①]。在 20 世纪 80 年代，施乐公司（Xerox）减少 90% 的供应源，使用一个或少量几个供应商提供所需的各种材料。

丰田公司在供应源管理方面很有知名度。不像有些大型制造商过度给供应商施加减价压力，丰田公司通过建立供应源的企业价值观来保持与供应商的合作关系。这种做法使丰田在市场上更具竞争力。

针对加工层面的成本和质量控制，丰田公司认识到，要实现丰田生产方式的企业潜力，就需要有一种强调供应商协作和持续改进的企业文化。例如，丰田在美国得克萨斯州有一家价值 8 亿美元的组装坦途（Tundra）大型车的工厂。丰田在此组装厂附近建立了一个可以容纳 21 个供应商的供应园区，解决了供应商靠近制造商的问题[②]。丰田公司平时非常注意提高供应商的能力。当伟世通公司（Visteon）和德尔福公司（Delphi）分别从福特公司和通用汽车公司脱离出来时，丰田汽车公司继续保持与这两家公司的密切合作，并增

---

① Asmus, David and John Griffin, "Harnessing the Power of Your Suppliers," *The McKinsey Quarterly*, No. 3 (1993), pp. 63 - 78.

② John Teresko, learn from Toyota again. IndustryWeek. com, February 1, 2006. http://www.industryweek.com/PrintArticle.aspx? ArticleID = 11301.

购了这两家公司的股份。

要想培养一个成功的供应源，企业必须对自己的核心竞争力有很好的认识，并对自己的业务进行全面分析。确定核心竞争力后，企业才能够确定哪些产品应该外包，哪些产品应该自制。然后，通过分析自己的运营工作来确定基线成本和绩效。例如，喜达屋酒店（Starwood Hotels）与度假村国际集团（Resorts Worldwide）是酒店业的大牌企业，其竞争成功与否取决于吸引新顾客和保持回头客的能力。在分析了核心竞争力后，喜达屋认识到 IT 基础设施不是它的核心业务。因此，喜达屋转而与惠普结成伙伴关系。这两家公司整合各自的资源和专业知识，建立了一个由惠普公司管理的新的全球客房预订系统。通过协作，喜达屋大幅降低了营运成本并提高了灵活性。公司甚至在惠普服务器的基础上重新设计、部署了新的预订系统。新的客房预订系统每年处理数以百万计的顾客交易。喜达屋的所有配送渠道，包括其世界级的全球顾客联络中心、网站和遍布全球的 750 家酒店，都使用该系统①。

制定可行的合作目标是管理供应源的重要环节。麦当劳和可口可乐的合作目标是提高它们的市场占有率。麦当劳是可口可乐最大的客户，而可口可乐是麦当劳最大的饮料供应商。当麦当劳在印度开设新的分店时，可口可乐印度公司专门为麦当劳品牌旗下的“乔治亚黄金”（Georgia Gold）推出了冰咖啡和冰茶②。可口可乐印度公司的研发中心还为此开发了相关的生产设备。“乔治亚黄金”这一品牌是可口可乐首次为麦当劳开发的自动出售冰咖啡和冰茶的品牌。该品牌在日本市场已有超过 20 年的历史，并占有日本即饮咖啡市场的最高份额。麦当劳 2002 年 7 月在印度特别推出的“乔治亚黄金”热咖啡和至尊研磨热咖啡也被视为成功的例子。

麦当劳通过扩大现有的供应源，以及开发新的供应商关系来提高供应商的多样化。麦当劳的顾客越多样化，供应商的多样化就越重要，这样麦当劳就可以更好地回馈顾客。

---

① Susan Twombly, “HP wins in strategic outsourcing,” November 2004, www. hp. com.

② McDonald's, Coca Cola ready ice tea & cold coffee, http://www. indiantelevision. com/mam/headlines/y2k4/may/maymam100. htm.

麦当劳惯于向专业供应商采购所需商品。麦当劳的主要马铃薯生产商——辛普劳公司（J. R. Simplot）——就是一个很好的例子。当辛普劳公司开发了一个更好的马铃薯冷冻流程时，麦当劳为了奖励辛普劳公司，就与其签了一个更优惠的合同，同时将新的冷冻流程在其他供应商中进行推广。这种做法建立了持久的伙伴关系，从而改善了产品和财务状况①。

4.2 供应商选择

因为供应商选择涉及企业的各个职能部门，所以，采购经理需要与工程师、生产经理、营销经理和车间主管共同来选择供应商。

供应商选择的标准通常包括价格、质量、交货承诺和服务等。但是有时候沟通的便利性和关系的质量等定性标准比价格等定量标准更为重要。因此，选择供应商时应采取统筹兼顾的方法。

4.2.1 价值分析

供应链中的价值分析是指系统地分析整个业务流程，以通过降低成本、改进产品质量和提高顾客服务水平来改善产品和服务的绩效。

价值分析着重于解决企业与供应链相关的战略目标问题。这些问题包括：

1. 什么是核心和非核心的供应链活动？
2. 供应链每个职能的作用是什么？
3. 该职能是否能使生产或服务流程增值？
4. 流程是否可以被简化？
5. 如果可以，哪些环节可以被省略或外包？
6. 能否更高效地生产某些零部件？
7. 是否可以采用成本更低的标准组件去代替目前所使用的零部件？

---

① http：//www. mcdonalds. com.

价值分析是一个供应链的持续改进过程，其目的是提高供应链绩效。

价值分析可以用于内部供应链管理和外部供应链管理。价值分析中供应商的参与程度很广，可以从提出辅料变更计划到提供主要流程的再造建议。例如，摩托罗拉在新产品研发的早期阶段就让供应商参与进来。买方和供应商共同研究并解决新产品开发中的问题，如产品设计、产品开发速度、材料问题和制造流程等。通过信息共享，买方和供应商都能够更准确地预测需求、更有效地制定生产计划和更高效地补充物料。

“20－80原则”是各行业用来制定外包与采购决策的一个便利的方法。该原则的内容是：对一家企业来说，大约80%的采购量占总采购值的20%，大约20%的采购量占总采购值的80%。用量多、价值低的商品，可以使用集中采购方法，并签订一份集中采购协议，确定价格折扣、准时交货和优质服务的条款。价值高、用量少的商品应在使用部门层次进行采购。这样用户可以同供应商直接交流特定的要求。

4.2.2 方法：供应商选择的决策模型

4.2.2.1 偏好矩阵

对供应商的评估通常使用多个标准。在这种情况下，多个绩效指标需要转换为一个单一的评分来对一些供应商进行比较。偏好矩阵（preference matrix），又称加权评分法（weighted score method），就是一种将多个标准转换为单一指标的方法。

偏好矩阵是一个可以根据多个绩效指标来评价供应商的表格。绩效指标可以任意尺度进行打分，如1～7，1代表最差，7代表最好，然后根据每个绩效指标的重要程度对其赋予权重，这些权重之和通常为100。总加权分数等于每个绩效指标的分数乘以其权重后再加总。下面就是一个例子。

实例4.1

苹果公司正在寻求一个IT服务提供商。以下是苹果公司已联络的3个供应商的评级。绩效指标评分从 1 ~5，1 代表最差，5 代表最好。此外，管理者根据历史经验确定每个属性的权重。苹果公司应该选择哪一家企业作为其 IT 供应商？下面用偏好矩阵法来解决这个问题。

	A	B		C		D	
绩效指标	**权重**	**供应商 1**		**供应商 2**		**供应商 3**	
		得分	A×B	得分	A×C	得分	A×D
质量	20	3	60	3	60	5	100
柔性	30	5	150	3	90	2	60
供应链成本	20	2	40	1	20	5	100
资产利用情况	10	5	50	5	50	4	40
响应能力	20	5	100	3	60	2	40
总加权得分	100		400		280		340

答案

A 列给出了每个指标的权重。所有权重之和等于 100。例如，供应商 1 的质量得分是 3，质量的权重是 20。供应商 1 的质量加权得分是 3 ×20 =60。按此方式计算所有供应商的加权得分。最后，对每个供应商的加权得分进行加总。

供应商 1 的总加权分数是 400，是 3 个供应商中最高的。因此，供应商 1 被选定为苹果公司的供应商。

这种方法的优点是可用于比较供应商的定性指标。

4.2.2.2 自制或购买决策

盈亏平衡分析是确定何时考虑进行组件或职能外包的一种便利的方法。在盈亏平衡点处总收入等于总成本。计算公式如下：

$$Q = \frac{F}{p - c}$$

$$\text{总成本} = F + cQ$$

$$\text{总收入} = pQ$$

其中：

p = 单价

c = 单位变动成本

F = 每年的固定成本

Q = 每年的生产或销售数量

实例 4.2

考克斯产品公司的总裁茱莉·考克斯正在评估是把一种新产品外包给供应商还是自制。经过生产成本分析后，茱莉·考克斯估计每年的固定成本是 75000 美元，包含原料和劳动力成本的单位变动成本是 20 美元，产品售价为每单位 35 美元。茱莉·考克斯是否应该外包这种新产品？

答案

$$Q = \frac{F}{p - c} = \frac{75000}{35 - 20} = 5000 \text{ 单位}$$

总成本 = 75000 + 20 × 5000 = 175000 美元

总收入 = 35 × 5000 = 175000 美元

盈亏平衡点是 5000 单位，这是总成本等于总收入时的盈亏平衡量。如果能够卖出 5000 单位或更多的产品，这种新产品就应该自制。反之，如果年销售量不足 5000 单位就应考虑外包。

4.2.2.3 决策树

决策树（decision tree）是一种用图解的方式来表示解决方案的模型，它包含了所有可能的结果。图 4.1 显示的是一个简单的决策树模型。该模型的符号定义如下：

方框节点：代表决策点，分支代表可供选择的决策。

圆圈节点：代表方案点，从一个圆圈出去的所有分支的概率之和必须是 1.0。

条件收益：每种可能选择的收益。收益显示在每种组合的末端。

根据提供的信息从左至右画完决策树后，从右至左求解，计算每个节点的预期收益。

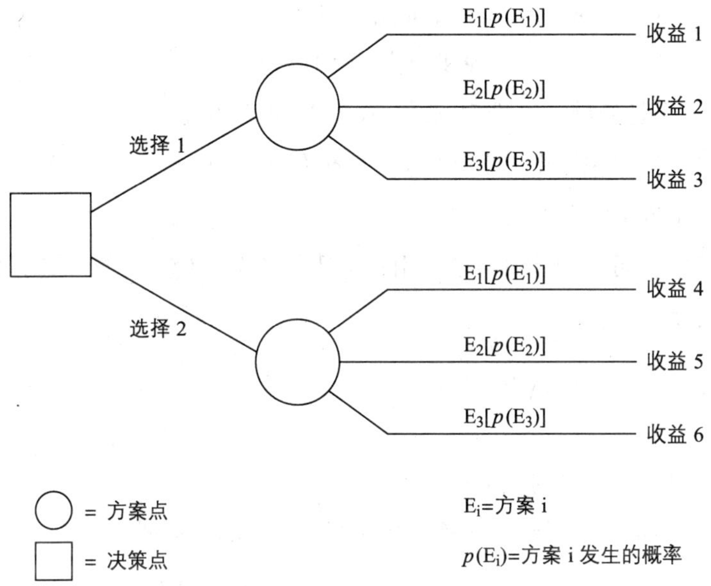

图 4.1　一个决策树模型

实例 4.3：供应商选择

城堡之光公司的总经理需要决定是选用一个供应商还是两个供应商。如果只选用一个供应商，当需求过高时可以再加一个供应商。由于生产特殊灯具的提前期为 5 个月，所以如果以后再增加第二个供应商，该公司将失去一些销售收入。

同时选用两家供应商的成本会更低，因为所聘用的咨询公司只收取一次费用。根据预测，低需求的概率约为 30%，高需求的概率约为 70%。

如果一开始就选用一个供应商，管理者将考虑与需求高、低相关的情况，分析如下：

如果需求低（即 30%），则选用一个供应商，净现值为 24 万美元。

如果需求高（即 70%），则有 3 个选择：

（1）不采取措施，净现值为 24 万美元。

（2）增加第二家供应商，收益为 28 万美元。

（3）转包（subcontracting），收益为 32 万美元。

如果一开始同时选用两家供应商，净现值是：

（i）如果是低需求（即 30%），收益为 18 万美元.

（ii）如果是高需求（即 70%），收益为 36 万美元。

a. 画出这个问题的决策树。

b. 这家公司一开始时应该选用一个还是两个供应商？这一选择的预期收益是多少？

答案

a. 画出这个问题的决策树。

图 4.2 显示了根据给定的信息从左至右绘制的决策树。

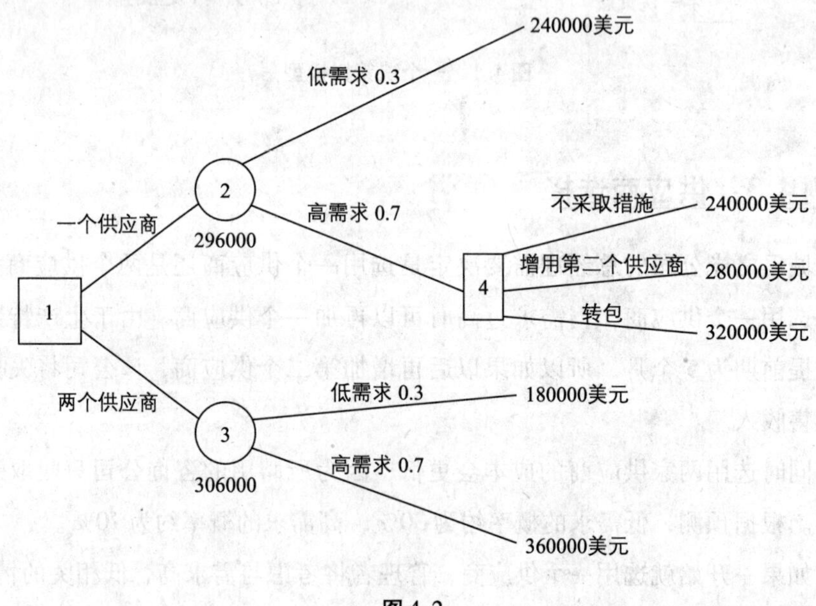

图 4.2

b. 公司一开始时应该选用一个还是两个供应商？这一选择的预期收益是多少？

从右至左求解，并计算出每个节点的预期收益。图 4.3 提供了决策树的答案。

决策节点 4：通过比较 3 种选择得到："不采取措施" 和 "增加第二个供应商" 的预期收益低于 "转包"，因为 "转包" 有更高的净现值，所以将 "不采取措施" 和 "增用第二个供应商" 这两个选择排除掉。

下一步，我们将评估两个方案节点（节点 2 和节点 3）。在计算方案节点的收益时，应该考虑每个分支的概率。

方案节点 2：$240000 \times 0.3 + 320000 \times 0.7 = 72000 + 224000 = 296000$

方案节点 3：$180000 \times 0.3 + 360000 \times 0.7 = 54000 + 252000 = 306000$

决策节点 1：比较方案节点 2 和 3 的结果，我们应该在开始时就选用两家供应商。预期的净现值是 306000 美元。

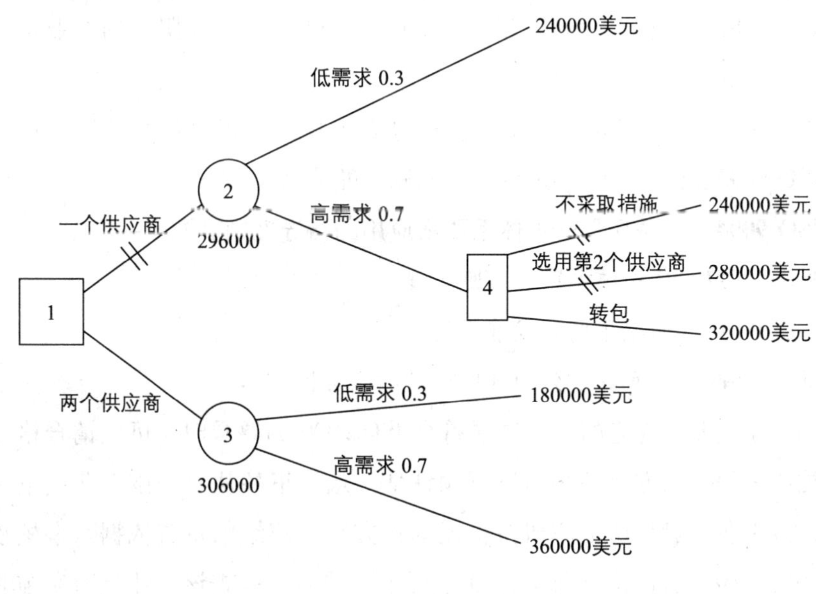

图 4.3

4.2.3 供应认证——ISO 系列

最普遍的供应认证是 ISO 9000 系列。ISO 9000 是 1978 年提出的一个质量管理和质量保证的国际标准，最近一次修订是在 2001 年进行的。世界各地的许多公司都要求它们的供应商通过 ISO 9000 认证，以确保所采购的产品符合标准。

ISO 9000 标准要求企业记录生产过程中每一步的质量控制系统（原料接收、产品设计、过程监控等），这样企业就能够找出导致质量问题的环节并及时进行改进。ISO 14000 标准从 3 个主要方面——管理系统、运营系统和环保系统——对公司的环境绩效进行评估。企业需要记录影响商品和服务质量的所有信息。

ISO 9000：帮助企业确定 ISO 9001、9002 和 9003 中的哪一个标准合适其使用。

ISO 9001：为从事设计、开发、生产、安装和产品及服务的企业提供指导准则。

ISO 9002：与 ISO9001 类似，但不包括从事设计和开发的公司。

ISO 9003：包括了从事最后检验和测试的公司。

ISO 9004：有关质量管理体系要素应用的指导准则。

ISO 10011：质量体系审核准则。

ISO 10013：质量手册开发准则。

ISO 14000：一套评估公司环保绩效的国际标准。

当一家企业认为它的质量体系符合 ISO 9000 的要求时，可以请合格的认证机构或其他第三方审核小组进行预评估。最终审核从审查该企业质量手册开始，该手册一般是认证注册机构或第三方审核小组的审查依据。审核小组先检查质量体系是否符合 ISO 9000 的要求，然后再检查该企业是否实施其质量体系。当认证机构对审核小组提交的评价感到满意时，就将通过对该企业的质量认证，并向其颁发认证证书。

4.2.4 信任与承诺

供应链建立在信任和承诺的基础上。信任通过供应合作伙伴之间的信仰、信念、依赖或信心进行传递。信任同时是建立在放弃投机行为的意愿上。信任有多种形式，如计算型信任（calculative trust）、关系型信任（relational trust）、组织间信任（inter-organizational trust）等。计算型信任对买卖双方的关系和供应链绩效有重大影响。关系型信任不需要正式的合同，它可以成为一种有效的管理机制，这种机制通过简化供应商选择、合同签订和监控等过程，能够在长期内降低交易和执行成本。组织间信任可以提升供应商的绩效，降低谈判成本，并减少冲突。

另一方面，承诺意味着贸易伙伴愿意投入资源，以维持伙伴关系。忠诚的伙伴会投入资源以维持和促进供应链的目标。有了承诺，供应链合作伙伴就能更好地融入相互间的工作流程，并把双方的目标结合在一起。

4.3 外包

外包（outsourcing）是指让外部承包商生产它们擅长的特定零部件或提供特定的服务，如软件开发。

另一方面，业务流程外包（business process outsourcing，BPO）涉及的不只是为合作伙伴生产零部件。一个承包业务流程的供应商能够使其客户以不同的视角、知识、经验和技术来观察现有的职能，并与其协作对流程进行再造，以实现流程改善或建立新的流程。业务流程外包是一个基于结果的产物，而并非单纯的成本降低问题。新的流程会渗透到各个部门，这样就可以为企业增加更多的价值。

4.3.1 确定外包潜在商机

当一家企业外包其业务或 IT 基础设施时，它希望利用外包进行业务流程再造，以取得更好的经营业绩。然而，旨在业务转型的外包，则将重新思考关键管理流程以获得彻底改善的机会。

外包并不都出于同一动机。通过外包来追求价值有两种大相径庭的途径：

(1) 企业战略转型。

(2) 提高生产效率。

正在进行战略转型的行业通常将外包作为一种实施战略计划的典型方法。例如，思科系统公司将其整个物流功能外包给 UPS 物流公司。UPS 物流公司协调思科公司的生产界面、进出货物，以及顾客的订单履行。这类外包业务很复杂，也更趋成熟。与此同时，双方都期望得到较高的潜在价值。

相反，注重生产效率的企业主要将业务和 IT 基础设施的外包看成是降低成本和提高生产率的工具。例如，安海斯—布希啤酒公司将其运输职能外包给第三方物流供应商，从而提高了其配送网络的效率。外包非核心的劳动密集型职能使安海斯—布希啤酒公司节省了运输队的开支。降低管理成本、劳动力成本和间接成本使安海斯—布希公司保持了良好的边际利润率。

企业外包业务的原因有多种，如提供现有和额外服务的需要、缺乏生产某些产品的专业知识和降低运营开支。不管出于什么原因，外包不仅是为了降低成本，而且还是为了实现增值机会。

4.3.2 外包实施模型

要成功地实施外包，需要建立一个管理所有相关步骤的机制。图 4.4 阐述了一个 4 步外包模型：(1) 外包的动机；(2) 买卖双方组织特征的兼容性；(3) 外包执行机制；(4) 外包结果评估。这个模型是根据兰伯特（Lambert）的合作模型改编的①。

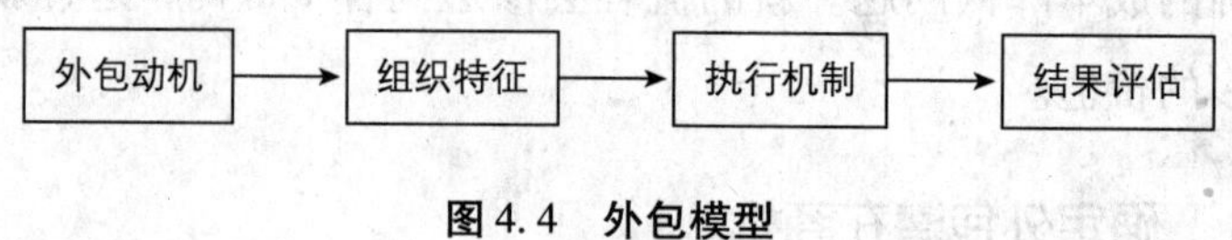

图 4.4 外包模型

① Douglas M. Lambert, Margaret A. Emmelhainz and John T. Gardner, "Developing and implementing partnerships." *The International Journal of Logistics Management*, Vol 7, No. 2 (1996), p. 3.

第一步是外包动机，这一步确定外包业务职能或产品的原因。例如，如果外包非核心业务的原因是为了专注于核心能力，那么需要确定采取下面两种外包途径中的哪一种：是组织战略转型还是提高生产效率。

第二步是外包所涉及的两家公司组织特征的兼容性。需要考虑的因素包括兼容性、管理理念、利益共享、风险共担、接近性和共享顾客等。如果企业环境不支持伙伴关系，那么外包或伙伴关系带来的潜在利益将会减少。在这里我们可以应用SWOT模型（优势、劣势、机会和威胁模型）来确定合作伙伴的兼容性。

第三步是执行机制，它包括外包任务和实施外包任务的流程。生产计划、作业控制、沟通、风险共担、利益共享和合同谈判等都是执行机制的组成部分。

第四步是评估外包的结果。评估外包的指标包括投资回报率、资产利用率、库存周转率、库存持有成本和客户满意度等。

该模型可用于评估潜在的外包项目和诊断现有的外包关系。供应链随着时间的推移而不断变化，因此应该对外包项目进行评估。通过重新评估外包动机、组织特征和执行机制，买卖双方可以判断供应链是否有足够的能力来保持公司在市场竞争中的地位，找出供应链的薄弱环节，并强化这种关系。

实例4.4：大学书店

考虑第3章中大学书店的例子。用图4.4中的采购模型分析战略商品——教科书。对这个书店来说，与出版社合作的动机是为了确保在开学之前可以获得能最好的反映课程内容的所有教科书。对出版社来说，与书店和教授合作的动机是确保课本内容是最新的，并能满足市场需求。此外，出版社希望保持和扩大其市场份额。

书店和出版社的企业特征应该相互兼容。出版社应该承诺其出版的教科书能够满足大学教学需要，并为大学书店提供服务，以支持相互间的伙伴关系。

该外包执行过程包括大学书店和出版社之间的合同谈判。此外，还需要协调需求预测、生产计划、运输和交付、业务控制和书店与出版社之间的及时沟通。

伙伴关系或外包的结果应该使用适当的指标来衡量。投资回报率、资产利用率、库存周转率、库存持有成本、客户满意度、安全库存水平、紧急订单量或缺货率等指标都可以作为评估结果的指标。

4.3.3 外包的优势和风险

外包是双方就共同业务或目标而达成协议的一个流程。外包的优势包括降低采购成本、提高生产柔性、简化人事管理、降低采购管理费用、完善合同条款，并以一种双赢的模式共享利益。

近年来，随着外包变得越来越普遍，大部分供应链比 10 年前更加复杂。因此，一个企业外包给其供应商的零部件、服务、职能和流程越多，对自己业务的控制力和问题的能见度就越低。此外，当发现隐藏在供应链中的潜在问题时，企业会感到难以解决。

相互冲突的目标是供应链中的一个风险。例如，一家企业为避免突发事件而制定的风险管理战略，往往与其伙伴旨在改进供应链的战略相冲突。例如，一家北美的保健和消费品制造商在美国有 10 个配送中心。为了提高供应链的效率，它在亚特兰大建立了一个大型的集中化配送中心，并逐步将 80% 的销售产品汇集到该中心来。在没有飓风袭击、房屋和电源供应都正常的情况下，这一战略是成功的。然而，第三方物流顾问公司建议制定一个两周的额外库存应急风险管理计划，但是这个计划并没有被采纳①。当飓风真的袭击亚特兰大时，这家保健和消费品公司束手无策。这是因为第三方物流顾问公司提出的应急计划与制造商的成本节约观念相冲突。

供应商的稳定与否是供应链管理者需要切实考虑的风险。买方应该知道自己在采购什么，向谁采购，以及供应商的财务状况，如盈利能力、增长率、资金实力、管理效率、生产能力，以及备用的供应计划。

---

① Source：Chris Holt，UPS Consulting，Vice President.

从低生产成本国家采购物品变得越来越普遍。零售商巨头沃尔玛向低成本国家的供应商采购成百上千种产品。然而，从低成本国家采购也存在着潜在的风险。这些风险包括提前期管理、质量问题、安全问题、供应中断问题、政治环境问题和一些隐性成本问题。

4.4 第三方物流与第四方物流

第三方物流是用来描述物流管理外包的术语，包括提供基本服务或增值服务。基本服务的一个例子是租用存储空间给客户。增值服务的一个例子是租用存储空间给客户，并帮助其管理库存。第三方物流是资金密集型的产业。在对价格敏感的市场上主要关注“投资回报率”和“财务表现”。

第四方物流是一个集成商，它通过整合服务提供商及其客户的资源、能力和技术，来设计、开发和实施全面的供应链解决方案①。第四方物流填补了由第三方物流所造成的服务空白，并在第三方物流的理念上得到了完善。第三方物流到第四方物流的演进反映了从大众服务市场到专业服务市场的转变。第四方物流的资产基础远远低于第三方物流，但更注重协调。第四方物流供应商是一个拥有计算机系统和智力资本的技术服务供应商。第四方物流将流程、技术和人力资本结合起来，为客户进行流程管理或再造。一个第四方物流甚至可以管理客户使用的第三方物流。

4.4.1 第三方物流实践

第三方物流的出现为物流公司提供了一条通过捆绑式服务来获取更高利润的途径。1996 年，第三方物流公司代表顾客在美国购买了价值约 250 亿美元的物流服务②。第三方物流依靠其发货、运输或仓储等核心业务，转而为顾客提供其他服务。最初，进行外包的公司是那些需要减少资产或追赶竞争对

---

① http：//en. wikipedia. org/wiki/4PL.

② *Distribution* April 1996.

手的公司。今天，第三方物流的顾客可能是一个想通过削减非核心职能来提升优势的大公司。新兴的公司更可能外包其仓储、运输职能，因为它们不擅长这些职能或无法在这些职能方面盈利。

在供应源和市场全球化的今天，外包部分物流职能成为许多公司的普遍做法。企业一般要求供应商支持其在全球范围内的大规模运作。例如，网上书店亚马逊公司使用美国邮政服务和其他的包裹运输商如 UPS 和联邦快递公司作为第三方物流供应商向客户配送书籍。

4.4.2 第四方物流实践

第四方物流公司可以为顾客提供掌管其供应链的服务。它们以最好的方法来构建关系和流程以满足客户需求。UPS 物流公司为思科系统公司创造的第四方物流商业模式就是一个很好的例子①。UPS 物流公司与思科系统公司之间的合作始于一个第三方物流项目，并发展成为一个协调制造界面、进出货物和顾客订单履行的第四方物流。

对于入站货物，UPS 提供增值的专业服务。当 UPS 物流公司收到世界各地的思科工厂和签约制造商的产品装运通知时，它将在 24 小时内接收产品。同时，UPS 物流公司安排飞机将货物配送到 UPS 自己拥有和经营的欧洲物流中心。

对于出境货物，UPS 物流提供更多特制的服务。当需要把一批货物运送给顾客时，UPS 的信息系统就会生成一个解决方案。这个解决方案不仅是基于价格、在途时间和服务水平的优化方法，而且还基于邮政编码。然后，UPS 信息系统提供一个询价，从有兴趣承担业务的运输商名单中挑选最合适的运输公司。在整个流程中，订单状态被录入到 UPS 和思科公司的信息系统中，因此思科能够与其顾客沟通订单履行状态。此外，UPS 合并同一目的地的货物，以最小化货物的运输次数并降低装卸点的拥塞情况。

---

① Remko I. can Hoek, "UPS Logistics and to move toward 4PL-or not?" Cranfield School of Management, UK.

4.5 通过供应商关系和战略采购增值

战略伙伴关系和外包不仅通过合作使供应链增值，而且创造了一个可行的虚拟企业组织。战略外包的优势包括提升核心竞争力、节约人力成本、平衡生产能力、改善柔性、缩短产品上市周期、降低信息系统成本、减少技术过时风险、再造流程、转化固定成本为可变成本和许多其他优势。

第三方物流和第四方物流的出现在很大程度上是因为企业注重核心业务流程。第三方物流与第四方物流有助于降低配送成本，有效地利用资本，缩短产品生命周期并改善顾客服务。这样企业在发展过程中就可以在供应链中获得更好的位置。

供应链竞争日益成为供应链能力的竞争。特别是包括供应商和供应商网络的供应链上游被认为具有节约成本和提高质量的潜力。例如，沃尔玛打算到 2012 年推行新的供应商创新计划（supplier initiative plan），以确保产品质量和安全。一个三层次的审核系统将被用来审核供应商：（1）供应商自行审核；（2）第三方审核；（3）沃尔玛审核。实施这个新计划后，沃尔玛将向审核得分最高的制造商采购大约 95% 的产品。因此，供应商创新计划将使沃尔玛同更少的制造商建立更忠诚、更长期的合作关系①。

随着时间的推移，商业竞争日趋全球化。先进的技术再加上全球贸易区域之间壁垒的打破，将商务活动推上了异常活跃的全球市场。全球定位使得外包、第三方物流和第四方物流的需求量更大。在很长一段时期，增加的成本被分摊到最终用户头上。今天，即使能源成本、材料成本和其他间接成本都在上升，最终用户仍然期望价格逐年下降。因此，将业务职能外包给低成本国家已成为一种普遍的做法。企业必须逐年削减成本来保持盈利能力。

---

① Kirby Chien, read from the link, http://www.reuters.com/article/marketsNews/idUSPEK33777420081022, Oct 22, 2008.

4.6 采购绩效指标

采购绩效通过对公司整体绩效做出的贡献来衡量。以前，绩效评估的重点是成本。现在，质量、柔性和交货的可靠性都是重要的绩效指标。下面是可以考虑的一些采购绩效指标：

- 缩短采购周期。
- 降低采购成本。
- 加强预算控制。
- 消除录入错误。
- 提高买方生产率。
- 通过产品标准化来降低价格。
- 通过集中采购降低价格。
- 改进信息管理。
- 改善支付流程。

4.7 小结

在这一章中，我们讨论了供应链关系、战略伙伴关系和外包的类型。有效的供应商管理始于挑选最合适的供应商，选择供应商的标准为包括能够提供高质量的零部件、有竞争力的价位和可靠的配送等。选择供应商的标准可以根据各企业的情况而定。

本章描述的外包实施模型提出了建立具有前瞻性的伙伴关系和恰当的实施方式。另外，本章介绍的许多决策模型为评估潜在供应商提供了定量工具。

思考题

1. 为什么单一采购对企业有吸引力？你知道单一采购有哪些风险吗？

2. 使用 4.3.2 中的外包实施模型分析：（1）汽车制造商的采购战略；（2）选择一个公司，并加以分析。
3. 任选一种你认为可能对某一公司具有战略意义的商品，并制定相应的采购战略。
4. 比较第三方物流和第四方物流的优势和风险。
5. 根据你读过的报纸、杂志或专业期刊上的最新文章，列出一份使用第三方物流服务的公司名单。
6. 根据你读过的报纸、杂志或专业期刊上的最新文章，列出一份使用第四方物流服务的公司名单。
7. 制作一份可用于评估供应商的调查问卷。说明有效的供应商调查有哪些特点。
8. 解释后向一体化。外包和后向一体化相比有哪些优势和劣势？

问题

1. 东海岸公司正在为分包合同筛选三个供应商，只有一个供应商将被选用。以下是管理层指定的 5 个绩效指标。

	评　分		
绩效指标	供应商 A	供应商 B	供应商 C
产品质量	6	8	3
计划灵活性	7	3	9
单位成本	4	7	5
市场响应能力	10	4	6
交货可靠性	2	10	5

a. 计算每个选择的总加权分数。使用偏好矩阵，并假定每个绩效指标的权重相同，哪个供应商是最好的？

b. 假设单位成本的权重是其他指标权重的 2 倍（总权重仍然是 100）。这个改动是否会影响三个潜在供应商的排名？

2. （决策树）分析下面的决策树。最佳选择的预期收益是多少？首先要标出缺失的概率。

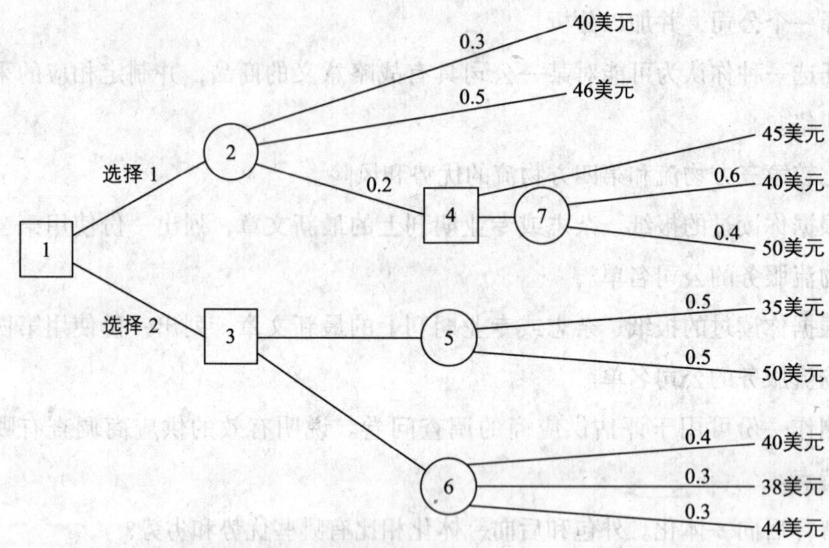

3. （利用财务分析进行供应商选择）

伊莱克托公司（Electro）是一家电子元器件制造商，它正在寻找单一的原料供应商。公司用这些原料来生产其主要产品——三重锁，这是手机中的一个新部件。EXUL 和 ARC 这两家公司可以提供这些必要原材料。

EXUL 公司的产品声誉良好，并因其供应和配送的可靠性而收取更高的价格。EXUL 公司致力于向每一位顾客投入足够的生产能力，因此供应是有保证的。该公司生产的三重锁定价为每个 1.30 美元。

ARC 公司是一家产能有限的小型原材料供应商。它生产的三重锁的单价是 1.10 美元。然而，它没有足够的产能来始终满足其所有顾客的需求，这就意味着提供给 ARC 公司的订单得不到保证。在市场对原材料需求高的年份里，ARC 公司可以给伊莱克托公司供应 105000 单位的产品。在市场对原材料需求低的年份里，伊莱克托公司的需求都能得到满足。

如果伊莱克托公司在自己的供应商那里买不到原材料，就需要向分包商购买。对一次性大量采购（如果伊莱克托公司需要的话），分包商给出的原材料价格是每单位 2.00 美元。

今年伊莱克托公司售出了 120000 个三重锁。与今年的需求相比，明年的需求有75%的概率增加20%，有25%的概率下降10%。伊莱克托公司使用的贴现率为20%。公司希望只选用一家企业作为其供货商。

a. 明年的预测需求是多少（同时考虑高需求和低需求）?

b. 每种可能的需求的净现值是多少（使用附录4.1讲述的贴现现金流分析法）?

c. 伊莱克托公司应该选择哪一个供应商?

d. 你在制定决策时还需要其他哪些信息?

参考文献

Alonso, A., Donenberg, D., Gamba, D. and Vely, D. under the supervision of Professor Sunil Chopra, 1996. "Third Party Logistics: Current Issues and World Wide Web Resources," Kellogg Graduate School of Management, Northwestern University.

APICS, 1998. *Dictionary*, 9th edition. Falls Church, VA.

Ayers, J. B. 2001. *Handbook of Supply Chain Management*, New York: The St. Lucie Press.

Chen, I. J. and Paulraj, A. (2004) Understanding supply chain management: critical research and a theoretical framework. *International Journal of Production Research*. 42(1), 131-163.

Chesbrough, H. W. and Teece, D. J. 1996. "Organizing for innovation: When is virtual virtuous?" *Harvard Business Review*, p. 6.

Chopra, S. and Meindl, P. 2002. *Supply Chain Management*, New Jersey: Prentice Hall.

Neef, D. 2001. "e-Procurement: From Strategy to Implementation." New Jersey: Prentice Hall.

Fitzgerald, K. R. (2005). Big savings, but lots of risk, *Supply Chain Management Review*. 9(9), 16-20.

Lambert, D. 2006. *Supply Chain Management: Process, Partnerships, Performance*. 2nd edition, Sarasota, Florida: SCMI.

Lemke, F., Goffin, K., Szwejczewski, M., Pfeiffer, R., Lohmuller, B. (2000). Supplier base management: Experiences from the UK and Germany: *International Journal of Logistics Management*. 11(2), 45-59.

"Outsourcing in government is growing and getting more sophisticated, finds new research." *eGovernment News*, 20 May 2003.

附录 4.1
贴现现金流分析

供应链设计决策通常在长时间内保持不变。因此，应该用这个时期的现金流来评估这些决策。贴现现金流分析用来计算未来现金流的现值。它也被称为资本回报率或资本机会成本。

现金流的现值是指该现金流在当前的价值。

$$贴现因子 = \frac{1}{1+k}$$

$$净现值 = C_0 + \sum_{t=1}^{T}\left(\frac{1}{1+k}\right)^t C_t$$

其中：

k = 回报率

t = 贴现期

C_t = t 时期的现金流

问题

a. 假设利率是5%，如果你今天投资100美元，一年以后你有多少钱？

答案：100×（1+0.05）=105（美元）

b. 假设利率是5%，如果你想在明年拥有105美元，那么今天你应该投资多少钱？

答案：现值：$\left(\frac{1}{1+0.05}\right) \times 105 = 100$（美元）

第三部分

（上游企业）
产品流、服务流、信息流和资金流
（下游企业）
物流
物流
物流
内部供应链
配送
市场/
销售
生产
会计/
财务
采购
ERP—企业资源计划
虚拟组织：共享数据、信息和知识

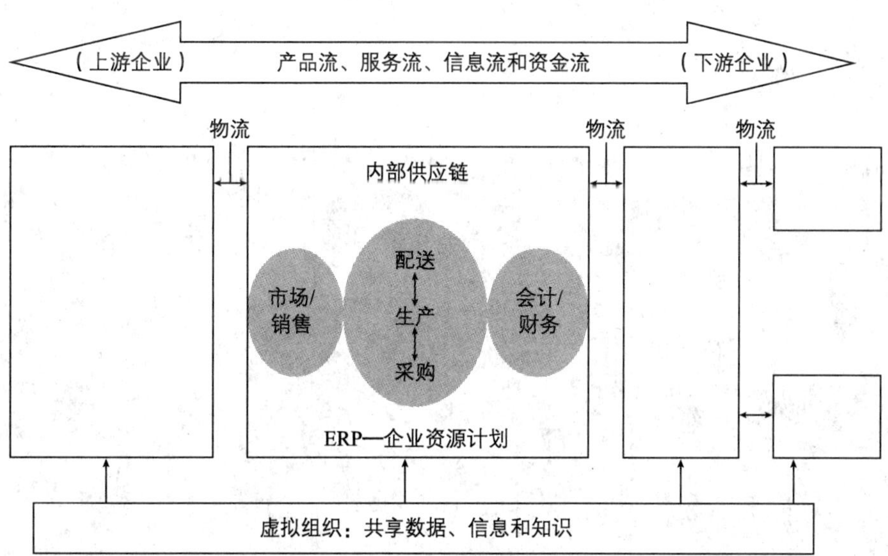

第 5 章

需求管理：顾客需求预测

5.1　通过协同预测的需求管理

需求管理的目的是调整顾客对产品需求的时间和数量。需求管理包括需求预测、订单处理和订单履行。此外，当需求量低的时候，供应链管理者可以通过促销来刺激需求。当需求量高于产能时，管理者可以延长交货提前期和提高产品价格。促销也适用于提高市场份额、推出新产品、改变需求时机以减轻产能压力。当整个供应链协调工作时，需求管理将会是有效的。

在供应链中进行协作、计划和预测时，需要对顾客需求进行很好的估计。预测就是估计需求的一种形式。预测对某些计划问题（如库存控制、经济采购、库存成本和提前期等）都很有用。本章将介绍企业如何利用需求管理方法和预测手段来管理生产和顾客需求之间的关系。

在供应链中协同预测就是收集和整理公司内外部不同来源的信息，为公司和整个供应链提供一个统一的需求报告。在第 1 章中，我们提到了物流、服务流、信息流和资金流，这 4 个流在供应链中往复运动。因此，预测是利用历史需求信息流来预测物流和资金流。许多公司把焦点放在使用协同计划、预测和补货的供应链模型上，以平衡需求和供应能力，并在顾客和商业伙伴之间共享信息。协作预测的作用是解决供应链管理者面临的两个最大的挑战：

（1）战略或杠杆产品的缺货导致销售损失。

（2）过量安全库存和不当库存占用的资金。

第一个挑战与服务水平和收益管理有关，第二个挑战影响了供应链的总成本。为了防止持有过量库存，对未来需求的预测必须尽可能准确。尽管顾客不能准确地说出他们未来需求的产品，但协同预测能够提高整个供应链的生产力和盈利能力。

5.1.1 预测的特点

顾客订单预测和需求管理是供应链中非常重要的部分。需求预测是生产计划、产能规划和库存管理的前提。尽管我们对未来需求预测的方法各不相同，但它们都有几个共同的特点。

第一，由于是使用历史数据来进行需求预测，所以预测会有误差。例如，在过去的美国市场，绿茶不是一个大众化的饮料。然而，由于顾客对健康饮食的关注，近年来绿茶的需求量比其他软饮料需求量的增长要快得多。

第二，预测时间的间距长短会影响预测的精确度。通常来说，长期预测没有短期预测准确。就像天气预报，预测明天的天气要比预测一个月后的天气准确得多。

第三，对产品族的预测要比对单个产品的预测准确得多。例如，由于无糖百事可乐的需求量不稳定，所以预测就很难准确，但市场对软饮料的需求量却是相对稳定的，所以对软饮料总需求量的预测就比较准确。

第四，在一条供应链中，远离终端用户的公司得到的需求信息的失真度要比靠近终端用户的公司高。比如，宝洁公司的帮宝适尿布在零售店的需求是稳定的。然而，分销商对宝洁公司的订单波动比零售商销售的波动大很多。此外，宝洁公司对它的供应商（如 3M 公司）的订单波动比分销商的订单波动还要大。所以，3M 公司得到的帮宝适尿布的需求信息失真程度要比零售商店的大很多。

5.1.2 响应型供应链与效率型供应链的预测

在效率型供应链中（与第 1 章讨论的响应型供应链相比），顾客需求稳定，预测误差小，产品生命周期长，新产品上市频率低，并且产品单一。在这种情况下，供应链管理者将主动地管理顾客需求。如图5.1所示，当需求不确定性低时，时间序列预测法很适于用来预测需求。在效率型供应链中，最终用户的需求通常用库存来满足。例如，裴顿禽蛋公司注意到鸡肉的需求量几年来呈稳定增长的趋势，因此公司就预测需要孵化的鸡蛋数量，并沿着供应链方向把产品推向最终用户。当遇到类似禽流感这样的突发事件时，促销和发放优惠券都是用于提升需求的主动需求管理方法。

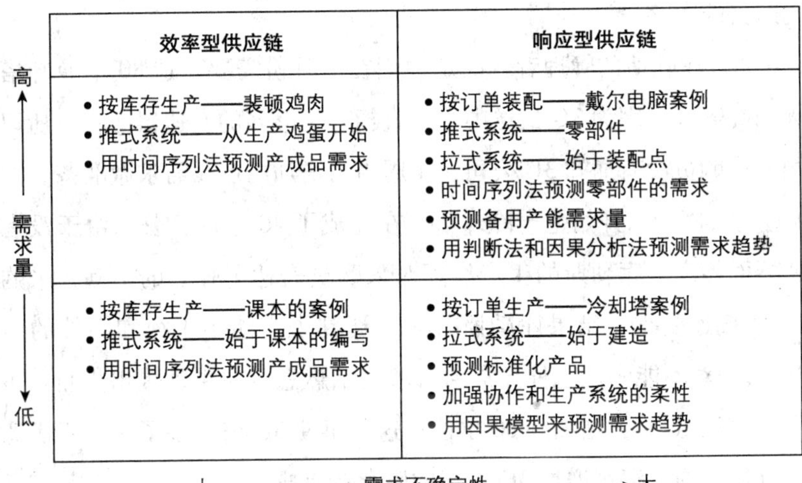

图5.1　效率型供应链与响应型供应链的预测方法

另一方面，响应型供应链是对不确定需求做出快速反应。在这种情况下，需求的可预测性低，预测误差大，产品生命周期短，新产品上市频繁，并且产品多样化。为了满足顾客需求，供应链将会预测系统柔性和备用产能的需求量。如果需求的变动性和销售量的波动性都很高，预测焦点将集中在零部件上。用户将会拉动最终产品的生产。例如，由于每台电脑都需要芯片，因此芯片的可变性低。戴尔公司使用推式系统来预测电脑芯片的需求。同时，戴尔公司预测所需的备用产能，以支持来自最终用户的直接订单，这是一个拉式生产系统。零部件库存的需求是基于历史数据进行预测的，但是最终装配却是由顾客订单拉动的。推式系统和拉式系统的分界线是在装配开始之前的阶段。

5.1.3 一个更好的方法：供应链的协同预测

让我们来考虑一个供应商和库存的案例。库勒斯（Culex）是一家冷却塔制造商，3G公司是它的变速器供应商。假设库勒斯工厂生产冷却塔时需要使用G32变速器。库勒斯公司平均每月可以建造20个冷却塔。因为G32变速器对于库勒斯公司的生产十分关键，所以它的供应商3G公司通常保有40个G32变速器的库存。

3月初，库勒斯的管理者就决定他们在4月份需要建造80个冷却塔以满足夏天的高需求。因为3G配送中心一直拥有足够多的变速器库存，所以库勒斯公司的采购员没有通知3G公司在4周内为增加的产品需求做准备。

4月初，库勒斯开始生产冷却塔。在完成了40个后，公司由于没有更多的变速器而停产。库勒斯的生产经理对采购员表达了强烈的不满。采购员在3G公司中接连受挫。结果库勒斯公司遭遇到了产能不平衡和额外的生产成本。3G公司对不能满足这种异常的需求表示歉意，并主动提出把自己的G32变速器库存从40单位增加到80单位。这件事使3G公司多了一个不满意的客户，并且额外的库存将增加3G公司的库存持有成本。

这种情况的发生是由于制冷系统的季节性需求、制造商的促销计划以及贸易伙伴间沟通不畅所造成的。如果库勒斯公司和3G公司实施了协同计划、预测和补货系统，那么，库勒斯公司会在开始制定4月份的生产计划时就通知3G公司4月份的需求量会增加，3G公司将会生产更多的变速器来满足夏季促销的需要。从库勒斯公司的例子中我们可以得出以下结论：

(1) 贸易伙伴之间需要理解和沟通预测所需要的数据。

(2) 确定适合该产品特性的预测方法。

(3) 供应链中不同贸易伙伴间需要同步预测。

近年来，供应链协调已经成为一种管理需求的普遍方法。协同预测包括估计所有参与公司的顾客需求，识别和解决所有参与公司的需求差异，并开发一个可行的销售预测系统。例如，在2001年的春天，西尔斯（Sears，一家美国百货连锁公司）和米其林（Michelin，一家法国公司）开始讨论协作。年末，它们实施了一个协同计划、预测和补货系统。这两家公司的共同目标是提高订单满足率和降低西尔斯配送中心和米其林仓库的库存。实施协同计划、预测和补货系统后，两家公司的预测效果都有了提高，西尔斯配送中心对商店的订单满足率提高了 10.7%，西尔斯和米其林的联合库存水平降低了 25%。这个事实说明，装备先进的信息技术、协作和共同决策，可以为企业提供一个从根本上提高供应链绩效的机会。这个转变带来了巨大的收益并创造了竞争优势①。

5.2 需求预测的构成

5.2.1 需求特征

1. 空间需求与时间需求。空间需求关注的是需求发生的地方。在仓库选址、平衡整个供应链网络的库存水平、根据地理情况分配运输资源时，需要知道需求的空间位置。

时间需求关注的是需求发生的时间。时间是最重要的预测结果之一。需求随时间的变化是由销售率升降、季节需求变化等多个因素引起的总体波动的结果。短期预测通常采用的时间序列预测法将在本章的后面进行讨论。

2. 规则需求和不规则需求。需求模式可以被分解为趋势因素、季节因素和随机因素。主要的需求模式如图 5.2 所示。顺时针方向观察 4 种方式我们可以得出：

（1）表示一个平滑的或者没有趋势或季节性因素的随机需求模式。

（2）表示伴有上升趋势但却没有季节性因素的随机需求模式。通常，趋势可能是上升或下降的，也可能是线性或非线性的。

---

① Steermann，H（2003）．“A practical look at CPFR：the Sears-Michelin experience.” *Supply Chain Management Review*，July/August 2003，pp. 46 – 53.

（3）表示伴有季节因素的随机需求模式。在时间周期基础上需求量有连续的上升或者下降。

（4）表示周期性的需求模式。周期性往往比一年的时间更长，因此，需求量会呈现长时间的连续上升或者下降。

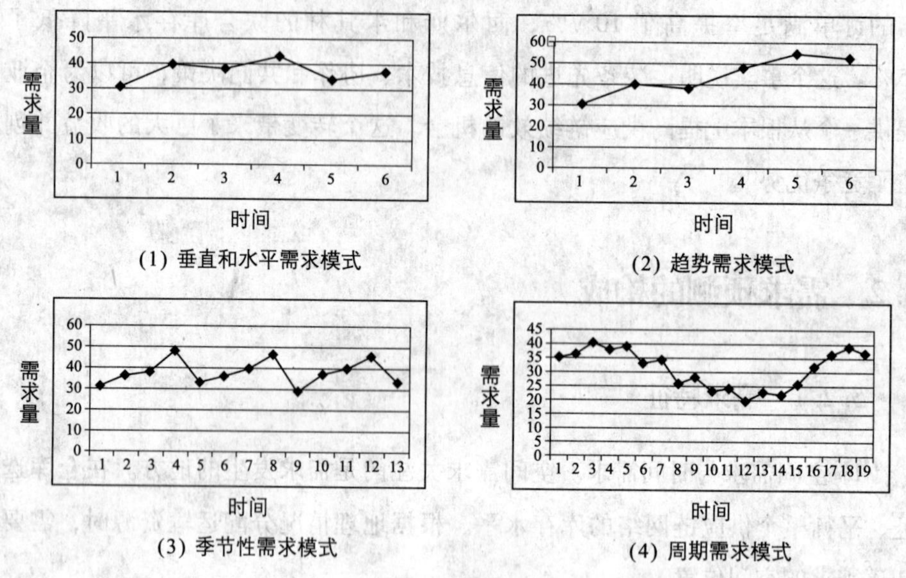

图 5.2　需求模式

3. 独立需求和非独立需求。独立需求是靠预测得来的。例如，家具店的桌子库存需要在开始销售之前就进行了预测。非独立需求是派生的，比如，制造商需要生产桌腿和桌面的数量来源于它需要生产的桌子数量。

5.2.2　预测流程

不管预测什么产品，采用什么方法，在预测流程中都有一些通用的步骤，如图 5.3 所示。

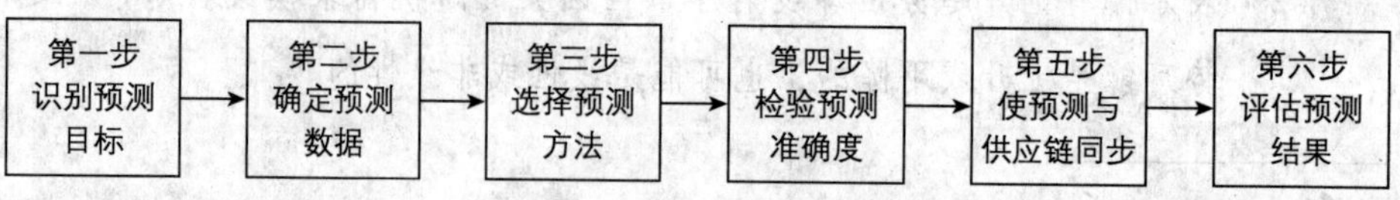

图 5.3　预测流程

步骤一：识别预测目标。预测是利用历史数据去反映未来的需求。因此，我们需要确定预测的对象。例如，在供应链中或在一个企业的不同层级上预测的对象会不一样：

- 销售人员希望基于销售限额进行预测。
- 制造部门可能为了管理生产计划而预测每种产品所需的生产量。
- 财务部门可能通过预测销售额去编制预算。
- 分销和运输部门可能通过预测产品族以实现车辆的满载量。

步骤二：确定预测变量和数据。首先确定用于预测的数据。例如，需求量和出货量是两种不同类型的数据。如果某些产品缺货，那么一部分需求将不会被满足。因此，顾客可能会使用替代品或简单地从竞争者那里购买商品。所以，实际需求可以高于出货量。预测数据可能包括：

- 需求——对某一产品的市场总需求。
- 供应——可获得的产品数量。
- 产品特性——影响需求的产品特点。
- 市场竞争——来自于生产相似产品的生产商的市场竞争、促销和降价。
- 历史数据、销售预测、促销计划等。
- 市场份额数据、交易清单和市场调查。

步骤三：选择预测方法。一般来说，预测方法可以分为两类：定性方法和定量方法。

(1) 定性方法。这种方法被认为是判断预测。预测是基于有根据的推测或专家经验。当一家公司试图去预测一种没有历史信息的新产品的需求时，这是一个有用的方法。

(2) 定量方法。定量方法是基于数学模型的。最常用的方法是时间序列法和因果分析法。

(i) 时间序列法。时间序列预测法是基于一系列有规律且可重复观察得到的数据。历史数据是已知的，然而未来需求则要预测。预测是根据已有的需求数据的特征产生的。例如，超市根据顾客对牛奶需求数据的特征来预测牛奶的需求量。

(ii) 因果分析法。因果分析法是假设需求数据是和一些环境因素相关联的。例如，销量与产品价格有关，因此促销和优惠券可以用来增加销量。

经调试后能很好地反映一组历史数据的预测模型，不一定能准确地预测未来的需求。一个复杂的模型能够很好地拟合历史数据，但是对未来需求的估计可能很糟糕。

如果选择使用时间序列法或者回归分析法，可以使用软件来进行计算。现在市场上有许多可供选择的预测软件①。

步骤四：检验预测的准确度。准确度衡量的是预测值和实际数据之间的差距。偏差是指预测值持续地高于实际需求或低于实际需求。因此过大的预测偏差可能表示使用的预测方法不恰当。

预测的结果会由供应链各层中的管理人员进行评估，以确保预测结果是恰当的。如果需求是季节性的，就应该选择融合了季节性因素的预测方法。同时还可以采用自上而下或自下而上的预测方法。自上而下的预测方法首先对产品族进行总体预测，然后再对单样产品库存单位（SKU）进行具体预测。自下而上的预测方法首先对单样产品库存单位进行具体预测，然后再对产品族进行总体预测。

步骤五：同步预测结果。在一个企业中不同的部门都有自己关注的预测对象。营销部门的预测对象是市场变化趋势，财务部门的预测对象是预算，销售部门的预测对象是销售额。虽然从理论上讲，所有这些预测的结果应该是相同的，但事实并不是这样。因此，可以分别预测生产计划、营销和销售、会计和财务，然后把预测的结果整合起来，以减小预测变差，同时为生产柔性制定计划。

罗仕产品部（Roth Products）是雅培公司（Abbott Laboratories）的一个部

---

① Elikai, Fara, Rvija Badaranathi and Vince Howe (2002). "A review of 52 forecasting software packages." Journal of Business Forecasting and Systems, Vol. 21, no. 2, p. 19 – 27.

门，工作人员发现公司的总预测需来自三个方面的预测：市场、生产和财务①。

步骤六：评估预测结果。预测结果需要定期评估，并不断完善预测过程和所用数据②。例如，斯波特奥波米耶公司（Sport-Obermeyer）是一个滑雪服装生产商和零售商，它持续不断地完善它的预测。除了预测产成品的需求外，还预测对产能的需求，这样就可以预定其供应商的产能来满足今后所需的生产量。

5.3 确定预测方法

预测模型有很多。这些模型包括时间序列法、因果分析法、仿真以及定性方法（qualitative method）。选用哪种模型取决于需求观察值的属性和行业的类型。比如，对尿布的需求是恒定的，所以可以选择移动平均法。另一方面，抗过敏药物、防晒霜以及圣诞物品都是季节性产品，因此可以采用季节性预测方法。

当新产品、时尚产品或者高科技产品没有历史信息时，判断法和专家经验是合适的方法。

时间序列法通常用于进行周期为3个月到1年的短期预测。在本书中，我们主要关注的是时间序列法。

5.3.1 简单移动平均法

简单移动平均法是运用算术方法计算观察到的 n 个时间段中的需求数值的均值。每当加入一个新的观测值时，最早的一个观测值就要被除去。移动平均时间段 n 的大小用来反映实际需求量的变动幅度。

---

① Helms, M. M., Ettkin, L. P., and Chapman, S. (2000). "Supply chain forecasting-Collaborative forecasting supports supply chain management." *Business Process Management Journal*, 6 (5), 302.

② Fisher, M. L., Hammond, J. H., Obermeyer, W. R., and Raman, A. (1994). "Making supply meet demand in an uncertain world." *Harvard Business Review*. May-June 1994, 83 - 93.

$$F_{t+1} = (\sum L_t)/n \quad (5.1)$$

其中：n = 计算均值所用的移动平均时间段

L_t = t 时期的需求观测值

F_{t+1} = 下一时间的预测值。

实例 5.1：简单移动平均法

对尿布的需求已在下表给出。用移动平均时间段（n）=4 的简单移动平均法对 2004 年 12 月的需求进行预测（计算结果取整数）。

实例 5.1 的答案

2004 年	销　量	预测值
6 月	97	
7 月	112	
8 月	98	
9 月	96	
10 月	102	101
11 月	94	102
12 月		98

使用 6～9 月这 4 个月的销售量计算出均值，这个均值是 101，也就是 10 月份的需求预测量。12 月份的预测值可以通过计算 8～11 月的平均销售量得到，所以 12 月的需求预测值是 98。

一般来说，用于预测未来需求的历史数据时期数越少，预测就能越准确地反映出近期的需求趋势。相反，使用的历史数据时期数越多，预测值就越多地反映出历史需求均值。

5.3.2 加权移动平均法

在上面提到的简单移动平均法中，每个需求观测值的权重是相等的。例如，对于一个 n =4 的问题，每个观测值的权重都是 0.25。有的时候，分析人员希望为某个特定的观察值赋予更大的权重以反映真实的情况，这种方法被称为加权移动平均法（weighted moving average）。加权移动平均法的公式如下：

$$F_{t+1} = \sum_{t=1}^{n} W_t \times L_t \tag{5.2}$$

其中：W_t = 时期 t 的权重；所有权重的和是100%

L_t = t 时期的需求观测值

F_{t+1} = 下一时间的预测值

实例5.2：加权移动平均法

约翰想用加权移动平均法来预测4月、5月和6月的地板清洁剂的销量。1~4月的销售信息如下表所示（计算结果取整数）：

实例5.2的答案

月　份	销　量	预测值	权　重
1月	650		0.50
2月	600		0.25
3月	700		0.25
4月	680	650	总权重 =1.00
5月		645	
6月		681	

$$F_{t+1} = \sum_{t=1}^{n} W_t \times L_t$$

$F_4 = 0.50 \times 650 + 0.25 \times 600 + 0.25 \times 700 = 650$

$F_5 = 0.50 \times 600 + 0.25 \times 700 + 0.25 \times 680 = 645$

$F_6 = 0.50 \times 700 + 0.25 \times 680 + 0.25 \times 645 = 681$

4月份的预测值是650，5月份的预测值是645。由于我们没有5月份的实际销售数据，所以在计算6月份的预测值时有一点不同。我们使用5月份的预测值来预测6月份的销量，得到的值是681。

5.3.3 指数平滑法

指数平滑法是一种在预测中加权的加权移动平均法。在使用指数平滑法进行预测之前需要知道三个条件。

(1) t 时期的实际需求量。

(2) t 时期的预测值。

(3) 平滑系数。

指数平滑法的公式是：

$$F_{t+1} = F_t + \alpha(D_t - F_t) \tag{5.3}$$

其中：D_t = t 时期的销售量

F_t = t 时期的预测值

F_{t+1} = 下一时间的预测值

α = 平滑系数

以下是使用指数平滑法时要注意的关键问题：

1. α 的值介于 0 到 1 之间（$0 \leqslant \alpha \leqslant 1$）。

2. α 的值越接近于 1，预测结果对实际需求数据的动态反应越快。

3. ($D_t - F_t$) 是 t 时期实际需求量和预测值的差值，即预测误差。我们选用的 α 值越大，这个模型对最近差值的反映就越灵敏。

4. 合适的 α 值是多少？这取决于实际需求数据。

- 较大的 α 值强调近期的实际需求水平，因此得到的预测值较敏感地反映近期的需求变化。
- 较小的 α 值意味着历史需求数据的权重更高，因此得到的预测值更多地反映历史的需求均值。

实例 5.3：指数平滑法

具体的销售数据已在下表“销量”一列给出。假设 7 月份的预测值也是 56。如果 α 取值为 0.2，计算今年 8 月到明年 1 月的预测值（结果取整数）。

月　份	销　量	预测值
7 月	56	56
8 月	67	
9 月	62	
10 月	58	
11 月	65	
12 月	60	
1 月		

实例 5.3 的答案

由公式 5.3 得：

$F_{t+1} = F_t + \alpha(D_t - F_t)$

$F_{8月} = F_{7月} + \alpha(D_{7月} - F_{7月}) = 56 + 0.2 \times (56 - 56) = 56$

$F_{9月} = F_{8月} + \alpha(D_{8月} - F_{8月}) = 56 + 0.2 \times (67 - 56) = 58$

重复以上步骤，直至完成到 1 月份的预测。1 月份的需求预测值为 60。

月　份	销售量	预测值
7 月	56	56
8 月	67	56
9 月	62	58
10 月	58	59
11 月	65	59
12 月	60	60
1 月		60

5.3.4　趋势数据的双指数平滑法

下面的模型说明了处理线性趋势的一种方法。首先从趋势数据中分离出平均值，然后再对每个部分做出评估。为了完成趋势数据的双指数平滑预测（double exponential smoothing），我们需要使用以下三个公式。

$$L_t = \alpha D_t + (1 - \alpha)(L_{t-1} + T_{t-1}) \tag{5.4}$$

$$T_t = \beta(L_t - L_{t-1}) + (1 - \beta)T_{t-1} \tag{5.5}$$

$$F_{t+1} = L_t + T_t \tag{5.6}$$

其中：L_t = 平均需求，也就是需求水平

T_t = 需求趋势

α = 平均需求的权重

β = 趋势权重

F_t = t 时期的预测值

以下是关于双指数平滑法的两个条件：

1. α 和 β 的值都在 0 到 1 之间。

2. α 或 β 的值越接近于 1，产生的预测值对数据的变化反映越灵敏，但不稳定；α 或 β 的值越接近于 0，产生的预测值就越稳定。恰当的 α 或 β 值常常是通过实验得到的。

实例 5.4：趋势数据的双指数平滑法

下表给出了从 7 ~ 12 月的需求数据。我们假设 7 月的平均需求为 300，趋势需求为 150。如果 α 取值为 0.6，β 取值为 0.6，计算 8 月份到下一年月份的预测值（保留一位小数）。

月　份	需求值	平均需求	趋势需求	预测值
7 月	310	300	150	
8 月	400			
9 月	380			
10 月	485			
11 月	550			
12 月	535			
1 月				

实例 5.4 的答案

由于 7 月份的趋势值和均值已经给出，那么 8 月份的预测值为：

$F_{t+1} = L_t + T_t$

$F_{8月} = L_{7月} + T_{7月} = 300 + 150 = 450$

从9月的预测开始我们需要使用公式5.4、5.5和5.6：

$L_t = \alpha D_t + (1 - \alpha)(L_{t-1} + T_{t-1})$

$L_{8月} = \alpha D_{8月} + (1 - \alpha)(L_{7月} + T_{7月})$

$= 0.6 \times 400 + (1 - 0.6) \times (300 + 150) = 420$

$T_t = \beta(L_t - L_{t-1}) + (1 - \beta)T_{t-1}$

$T_{8月} = \beta(L_{8月} - L_{7月}) + (1 - \beta)T_{7月}$

$= 0.6 \times (420 - 300) + (1 - 0.6) \times 150 = 132$

$F_{t+1} = L_t + T_t$

$F_{9月} = L_{8月} + T_{8月} = 420 + 132 = 552$

月　份	需求值	平均需求	趋势需求	预测值
7月	310	300	150	
8月	400	420	132	450.0
9月	380	448.8	70.1	552.0
10月	485	498.6	57.9	518.9
11月	550	552.6	55.6	556.4
12月	535	564.3	29.2	608.1
1月				593.5

重复以上步骤，直到完成至1月份的预测，1月份的预测需求为593.5。

5.3.5 增加季节性数据的豪特—恩特法

许多产品有季节性需求。例如，防晒霜在夏天的需求量要高于其他季节的需求量。豪特—恩特方法（Holt-Winter's method）是我们可以用来估计趋势和季节性需求的方法之一。豪特—恩特法的步骤如下：

$$L_t = \alpha(D_t - S_{t-p}) + (1 - \alpha)(L_{t-1} + T_{t-1}) \quad (5.7)$$

$$T_t = \beta(L_t - L_{t-1}) + (1 - \beta)T_{t-1} \quad (5.8)$$

$$S_t = \gamma(D_t - L_t) + (1 - \gamma)S_{t-p} \quad (5.9)$$

$$F_{t+n} = L_t + nT_t + S_{t+n-p} \tag{5.10}$$

其中：L_t = 平均需求

D_t = 实际需求

T_t = 需求趋势

S_t = 季节性需求

p = 一年中的时期数。例如，如果季节性需求时间为一个季度，那么 p 取值为 4，因为一年有 4 个季节

α 是平均需求的权重

β 是趋势需求的权重

γ 是季节性需求的权重

F_t = t 时期的预测值

豪特—恩特方法采用以下 4 个步骤来完成预测：

(1) 利用公式 5.7 计算出 t 时期内的平均需求 L_t。

(2) 利用公式 5.8 计算出 t 时期内估计的趋势值 T_t。

(3) 利用公式 5.9 计算出 t 时期内估计的季节性因子 S_t。

(4) 利用公式 5.10 计算出 $t+n$ 时期内的预测值 F_{t+n}。

为了能够计算预测值，我们需要在预测之前设定初始平均需求值、趋势需求值和季节性因子。我们可以利用以下的方法来估计初始的季节性因子。公式 5.11 说明了初始季节性因子的计算方法：用 t 时期实际需求值减去在第一个 p 时期内的平均需求值。例如，如果我们发现某一季度的需求受季节性因子影响，我们将会为 p 赋值为 4。

$$S_t = D_t - \sum_{i=1}^{p} \frac{Di}{p}, t = 1, 2, \cdots, p \tag{5.11}$$

其中：S_t = 季节性需求

D_t = 实际需求

p = 一年中的时期数。例如，如果季节性需求时间为一个季节，那么 p 取值为 4，因为一年有 4 个季节

实例 5.5：豪特—恩特方法

下表为 2007 年和 2008 年每个季度的防晒霜销量。管理者想要预测 2009 年各季度的防晒霜销量。我们使用 $\alpha=0.2$、$\beta=0.1$ 和 $\gamma=0.8$ 来计算预测值。

季　度	2007 年	2008 年
1	114	212
2	384	418
3	312	388
4	222	218

实例 5.5 的答案

为了运用公式 5.7 ~5.10 计算 2009 年防晒霜的预测值，我们需要用 5.11 来估计每个季度的初始季节性因子。由于一年有 4 个季节，因此我们设 $p=4$。

$S_1=114-(114+384+312+222)/4=-144$

$S_2=384-(114+384+312+222)/4=126$

$S_3=312-(114+384+312+222)/4=54$

$S_4=222-(114+384+312+222)/4=-36$

为了使用公式 5.7 ~5.10 预测第 5 ~8 时期的值，我们需要知道上期（即公式 5.7 中的 $t-1$ 时期）的平均需求。这样，我们假设第 4 时期的平均需求 $222-(-36)=258$ 不同于第 4 时期的实际销量和季节性因子。我们设置第 4 时期的趋势需求为 0。

由于我们已知第 4 时期的平均需求值和趋势需求值，所以我们可以计算第 5 时期的预测值（2009 年第一季度）。

$F_{t+n}=L_t+nT_t+S_{t+n-p}$

$F_5=258+0+(-144)=114$

接下来，我们将要使用公式 5.7 ~5.10 计算第 6 时期的预测值。

$L_t=\alpha(D_t-S_{t-p})+(1-\alpha)(L_{t-1}+T_{t-1})$；其中 $t=5, p=4.$

$$L_5 = 0.2 \times [212 - (-144)] + (1 - 0.2) \times (258 + 0) = 277.6$$

$$T_t = \beta(L_t - L_{t-1}) + (1 - \beta) T_{t-1}$$

$$T_5 = 0.1 \times (277.6 - 258) + (1 - 0.1) \times 0 = 2$$

$$S_t = \gamma(D_t - L_t) + (1 - \gamma) S_{t-p}$$

$$S_5 = 0.8 \times (212 - 277.6) + (1 - 0.8) \times (-144) = -81.3$$

$$F_{t+n} = L_t + nT_t + S_{t+n-p}$$

$$F_5 + 1 = 277.6 + 2 + 126 = 405.6$$

（注意：S_{t+n-p} 是 $S_{5+1-4} = S_2$，季节性因子 $S_2 = 126$）

年份	季度	时期（t）	销量	平均需求（L_t）	趋势需求（T_t）	季节性因子（S_t）	预测值
2007 年	1	1	114	－－	－－	－144.0	－－
	2	2	384	－－	－－	126.0	－－
	3	3	312	－－	－－	54.0	－－
	4	4	222	258.0	0.0	－36.0	－－
2008 年	1	5	212	277.6	2.0	－81.3	114
	2	6	418	282.0	2.2	134.0	406
	3	7	388	294.2	3.2	85.8	338
	4	8	218	288.7	2.3	－63.8	261
2009 年	1	9	－	－	－	－	210
	2	10	－	－	－	－	427
	3	11	－	－	－	－	382
	4	12	－	－	－	－	234

现在请你利用以上步骤完成第 7 时期和第 8 时期的预测。我们将继续运用公式 5.10 来计算 2009 年（第 9 时期至第 12 时期）的预测值。

$F_{t+n} = L_t + nT_t + S_t + n - p$；$n$ 的值是由季节转换而来的。

$$F_9 = L_8 + 1 \times T_8 + S_5 = 288.7 + 1 \times 2.3 - 81.3 = 210$$

$$F_{10} = L_8 + 2 \times T_8 + S_6 = 288.7 + 2 \times 2.3 + 134 = 427$$

$$F_{11} = L_8 + 3 \times T_8 + S_7 = 288.7 + 3 \times 2.3 + 85.8 = 382$$

$$F_{12} = L_8 + 4 \times T_8 + S_8 = 288.7 + 4 \times 2.3 - 63.8 = 234$$

5.3.6 专家评价法

在供应链环境中，不一定有现成的历史需求数据可供我们预测未来的需求。当一个公司推出一种新产品时，预测者经常综合使用专家评估、主要市场指标和第三方发布的新闻报道来进行预测。预测者可以使用的方法有多种：他们可以利用自己的判断去修正统计预测得到的结果，也可以根据其他人的预测对自己的初始预测值进行调整。例如，一个大学书店的管理者可能基于历史数据对多种教科书进行一系列统计预测。随后，在他收到学生的入学信息、某个专业的学生数量、喜欢或者不喜欢某些教师等信息后，再调整他的预测。从供应链管理的角度看，综合自己的初始预测、从其他相关来源获得的预测，以及专家知识来进行预测是估计需求量的有效方法。当预测者对市场、顾客和需求特点比较了解时，使用专家评价法可以提高预测的准确度。在这种情况下，专家评价预测可以更好地对供应链中的统计预测进行补充。但是，有时候专家评价预测也可能导致偏差。

将专家评价预测和统计预测相结合的方法有许多。经常使用的评价预测方法有独立评价预测、互动式群体预测以及评价与统计预测联合使用。

（1）独立评价预测法（individual judgmental forecasts）。一个预测者在这个领域工作了很长时间并且知道需求的特点。基于他的专业经验，当他注意到了市场的变化时，他可能会增加或者减少库存订购量。

（2）互动式群体预测法（interactive group forecasts）。有两种对独立预测进行分组的方法。

第一种是行为聚合方法（behavioral aggregation）。预测者、销售员、市场分析人员和供应链管理者们讨论产品的需求、产品的生命周期阶段和潜在竞争者的渗透，然后达成一致的预测结果。这就是我们经常说的一种互动式群体预测。

第二种是数学方法（mathematical approach）。把专家评价预测数据放到统计模型中进行运算，从而得出预测均值。这种方法也叫做并行数据运换群体预测法（staticized group forecast）。

（3）评价与统计预测联合法。当使用不同的预测方法得到的结果的相关度不高时，同时使用这些预测方法会十分有效的。因此，当专家评价和统计预测相关度低时，同时使用这两种方法就会很有帮助。另外，当预测组成部分的准确度提高时，就有望提高总体预测准确度。

5.4 减小预测误差

5.4.1 误差的来源

需求误差的来源有两个：一个是可识别误差；另一个是随机误差。

可识别的需求误差可以加以控制和减小。例如，圣诞节期间玩具的预期销售量会较高。玩具反斗城（Toys – R – Us）提前准备了预期库存以满足在假期那段时间的高需求量。同时，玩具反斗城积极地管理需求，通过在10月份进行促销，把圣诞期间高峰期的需求移至淡季。这样可以减少库存，并均衡生产能力。

随机需求或者供应误差是不可避免的，就像由飓风造成的石油生产中断一样。因此，唯一的解决方法是想办法减小随机误差。

为了减小需求和供应误差，我们需要了解误差的来源。以下是一些误差来源的例子。

- 需求的时间、数量和地点的不确定性。很难精确地预测顾客想要买什么、什么时候买以及购买了什么。
- 供应的数量、时间和质量的不确定性。不能保证供应商将会以恰当的数量、恰当的时间和恰当的质量交付产品。
- 由外部因素（如促销）引起的高需求量。
- 由季末促销引发的高需求量。
- 由市场竞争（如新产品或者代替品）引起的需求变化。
- 预测度量单位的不一致会导致误差。例如，生产部门以库存单位（SKU）的数量来进行预测，销售部门以订单的数量来进行预测，财务部门以销售额来进行预测。这些预测的结果将差异很大。

需求的误差是一个普遍的现象，也是不可避免的。因此，我们需要测定误差程度，并确定可接受的误差度和不可接受的误差度。5.4.2 节将讨论误差的度量。

5.4.2 误差的度量

供应链中的需求和供应误差总是存在的。所以，不要掩饰误差，而应该测定误差，并最小化或者消除误差。

在 5.3 节中我们讨论了一些预测模型。不同的预测模型会得到不同的预测结果。我们的问题是："哪种预测方法更好?" 通常管理者倾向于选用预测误差较小的方法。以下是几种我们可以用来度量预测误差的方法。

- 预测误差（e_t）是 t 时期实际需求和预测需求的差值。

$$e_t = D_t - F_t \tag{5.12}$$

- 平均绝对误差（mean absolute deviation，MAD）。平均绝对误差是测定预测误差的一个常用指标。平均绝对误差很容易计算和解释。它测定了预测方法的准确度。

$$MAD = \frac{\sum_{t=1}^{n} |e_t|}{n} \tag{5.13}$$

- 均方误差（mean squared error，MSE）。均方误差测定了预测误差的情况。

$$MSE = \frac{\sum_{t=1}^{n} e_t^{\,2}}{n} \tag{5.14}$$

- 平均百分比误差（mean percentage error，MPE）。平均百分比误差测定了偏差，并用百分比来表示预测误差。

$$MPE = \frac{\sum_{t=1}^{n} \frac{e_t}{D_t} \times 100\%}{n} \tag{5.15}$$

- 平均绝对百分比误差（mean absolute percentage error，MAPE）。平均绝对百分比误差测定了预测的准确度，并用百分比来表示。例如，当你比较两个不同需求的预测误差时，一个需求量大，一个需求量小，高需求量趋向一个较大的误差值，而低需求量趋向一个较小的误差值。这时使用平均绝对百分比误差方法比较合适，因为这一方法使用了一个标准化的指标——误差的百分比。

$$MAPE = \frac{\sum_{t=1}^{n} \frac{|e_t|}{D_t} \times 100\%}{n} \tag{5.16}$$

5.4.2.1 **偏差和准确度的度量**

实例 5.6：预测误差的度量

下表给出了克利公司 6 个月的需求和预测值。计算预测误差。

月份	需求量	预测值	误差	|误差|	误差^2	误差%	|误差%|
1	623	620					
2	512	660					
3	624	620					
4	590	660					
5	695	620					
6	723	660					
总计							

实例 5.6 的答案

以第一个月为例。

误差 = 623 − 620 = 3

绝对误差，|误差| = |623 − 620| = 3

误差^2 = 3^2 = 9

误差% = 3/623 = 0.0048 = 0.48%

绝对误差的百分比，| 误差% | =| 0.48% | =0.48%

下表给出了完整的答案：

月份	需求量	预测值	误差	| 误差 |	误差^2	误差%	| 误差% |
1	623	620	3	3	9	0.48%	0.48%
2	512	660	-148	148	21904	-28.91%	28.91%
3	624	620	4	4	16	0.64%	0.64%
4	590	660	-70	70	4900	-11.86%	11.86%
5	695	620	75	75	5625	10.79%	10.79%
6	723	660	63	63	3969	8.71%	8.71%
总计			-73	363	36423	-20.1%	61.4%

误差		说明
累计预测误差（CFE）	-73	累计预测误差测定预测的偏差。在这一例题中，预测高估了需求。实际需求低于预测值。
平均误差（MD）	(-73)/6=-12	平均误差测定预测的偏差；预测平均高估需求大约12单位。
平均绝对误差（MAD）	363/6=61	平均绝对误差测定预测的准确度；预测和实际需求的差值是61单位。
均方误差（MSE）	36423/6=6071	均方误差很难解释，它被用于确定下一行的均方根误差。
均方根（RMSE）	$\sqrt{36423/6}=78$	均方根误差测定预测的准确度；预测值和实际需求量的差值是78单位。
平均百分比误差（MPE）	(-20.1%)/6=-3.4%	平均百分比误差测定预测的偏差；预测值高估实际需求大约3.4%。
平均绝对百分比误差（MAPE）	61.4%/6=10.2%	平均绝对百分比误差测定预测的准确度；预测误差大约为10.2%。

5.4.2.2 跟踪信号

跟踪信号（tracking signals）是总预测误差（预测需求与实际需求的差别）与平均绝对误差（MAD）的比率。跟踪信号是用于当预测模型需要被修改时给预测者的一个信号。

$$跟踪信号（TS）: TS = \frac{\sum_{t=1}^{n}(D_t - F_t)}{MAD} \tag{5.17}$$

跟踪信号可以用来监测预测的质量。一般来说，当跟踪信号的值位于 ±4 与 ±8 之间时，对于大多数的指数平滑预测法来说是可以接受的。通常使用的跟踪信号方法有多种。上面介绍的是一个较简单的方法（公式 5.17）。以下是使用跟踪信号的一个例子。

实例 5.7：跟踪信号

下表给出了销售值和预测值，利用公式 5.17 计算每个时期的跟踪信号，并使用跟踪信号的临界值 4 来确定这个预测方法是否应该被重新考虑。

时期	销量	预测值	误差	累计误差	绝对误差	平均绝对误差	跟踪信号
1	89	88					
2	102	121					
3	108	112					
4	99	108					

实例 5.7 的答案

我们利用公式 5.17 来计算跟踪信号。以下是时期 1 和时期 2 跟踪信号的计算步骤。

$$TS1 = \frac{\sum_{t=1}^{1}(D_t - F_t)}{MAD} = \frac{(89 - 88)}{1} = \frac{1}{1} = 1$$

$$TS2 = \frac{\sum_{t=1}^{2}(D_t - F_t)}{MAD} = \frac{(89 - 88) + (102 - 121)}{(1 + 19)/2} = \frac{-18}{10} = -1.8$$

重复以上步骤来计算出时期 3 和时期 4 的跟踪信号值。

时期	销量	预测值	误差	累计误差	绝对误差	平均绝对误差	跟踪信号
1	89	88	1	1	1	1	1
2	102	121	-19	-18	19	10	-1.8
3	108	112	-4	-22	4	8	-2.75
4	99	108	-9	-31	9	8.25	-3.76

4 个时期的跟踪信号符合上面讨论的 ±4 的临界值，所以不需考虑调整预测方法。当累计实际需求量与预测值不同时，就会存在偏差。问题是要推断哪些是随机误差，哪些是可找出原因的偏差。如果误差是随机的，那么这个误差将会自行修正。如果误差是可找出原因的偏差，那么预测方法就需要修正。

在这个例子中，如果任何时期的跟踪信号不在 ±4 范围之间，就意味着预测结果有偏差。如果这个预测方法低估了需求量，那么某个趋势条件就有可能没有被包括在内。在这种情况下，应该考虑换用趋势预测方法。

5.4.3 理解产品的生命周期

5.4.3.1 新产品的预测

当一种新产品被推出，但却没有任何历史数据作为参考来对需求量进行预测时，预测往往会不准确。一系列研究的结果都表明，新产品的预测是不会很准确的。例如，塔尔（Tull）研究了来自 16 家公司的 53 种新产品，结果表明平均预测误差是 58%。58% 对一位管理者意味着什么？它意味着公司要么存储 2 倍于销售量的库存，要么只能满足一半的实际需求。在高科技领域，新产品的预测就更富挑战性。一份研究报告表明，个人电脑、光纤通讯和人工智能设备的实际销量与预测销量的平均比率为：第一年 79%，第二年 60%，第三年 51%①。

因为新产品预测的准确度低，所以大家采取了一些方法来提高对新产品预测的准确度：（1）认识到新产品预测的重要性；（2）找出与新产品有关的

① Shelley and Wheeler.

市场数据资源来帮助预测；（3）用多种方法来预测新产品的需求，这些方法既包括定量方法（统计方法），也包括定性方法（专家评价法）；（4）将顾客购买行为因素和新市场的变动性考虑在内。

当对新产品进行预测时，不管产品对公司来说是新的，还是对全球市场来说是新的，只使用时间序列法是不够的。对公司来说，新产品可能是一个全新的创造，也可能是产品改进、生产线拓宽、市场拓展、新种类加入等。以下列出了几种在进行新产品的需求预测时可能使用的方法。这些方法可以与统计预测方法结合使用。

- 顾客调查和市场调查（Customer research and market research）。
- 行政管理人员评判法（Jury of executive opinion）。
- 销售人员意见法（Sales force opinion）。
- 德尔菲方法（Delphi method）。
- 焦点群体（Focused group）。
- 趋势线分析法（Trend line analysis）。
- 时间序列法（Time series）。
- 线性回归法（Linear regression）。
- 专家系统法（Expert systems）。
- 仿真（Simulation）。
- 决策树（Decision tress）。
- 神经网络（Neural metwork）。

新产品预测并不仅仅是使用某种预测方法。新产品的预测应该被看成是一个流程，这个流程包括对相关预测数据的录入、预测方法的选择和预测准确度的测定。对新产品进行预测时，要尽量提高预测的准确度以确保新产品上市成功，改善企业绩效并改进顾客服务。

5.4.3.2 衰退期产品的管理

对许多零售商、分销商和制造商来说，有效地管理衰退期的产品对供应链库存成本和生产线收益率具有很大的影响。然而，大多数公司把主要资源用于新产品的开发和产品上市初期的成长机会上，其实这些公司对那些已经过了成长期和成熟期的产品也要加以关注。过了成熟期的产品通常处于衰退期，并将退出市场。当库存增加是由产品线拓宽、产品改进和市场竞争引起时，那么企业就应该考虑再造处于衰退期的流程，以有效地应对销量下滑、库存增加，并提出终止产品线的有效方法。一般来说，衰退期产品的管理不善将导致利润损失。当一种产品在一年内没有销售订单时，库存管理人员就应在这个产品完全报废前把它作为衰退期产品处理掉。以下提供了一些处理衰退期产品的方法：

- 对这些产品进行促销或者提供折扣。
- 对于那些还可用但因新产品上市或有竞争力的替代品的出现而过时的产品，应转手给外部中间商以获得一个最好的价格。
- 在其他地区寻找替代市场来促销产品。
- 有效地终止这些产品的生产。

更好地管理衰退期产品可以改善现金流，减少间接运作成本以及公司和供应链内部管理这些产品的其他可变成本。

5.4.4 降低需求波动和提高生产柔性

需求波动是一种普遍的现象。因此，并没有什么办法能够消除它。如果实际需求量高于平均需求量，缺货问题就出现了。反之，如果实际需求量低于平均需求量，那就会导致库存过剩。库存过剩也是一个问题。企业要花费相当多的时间和资源来应对需求的波动。下面是管理者能做的三件事：

(1) 增加安全库存来对冲需求在数量和时间上的不确定性。例如，零售商不能准确地知道顾客什么时候、购买多少桂格燕麦片，所以要增加安全库存来避免缺货。

(2) 增加生产系统的柔性，以便在订单到达时能立即装配最终产品。例如，戴尔公司就是通过运行一个具有柔性的制造系统来满足顾客的需求。

上述两种情况都需要投资。

(3) 主动管理需求。比如可以在淡季进行促销来降低需求的波动。

一般来说，平均需求的管理比较容易。然而，问题就在于实际需求量常常偏离平均需求量。管理者首先应该想办法降低和消除可识别的预测误差，然后尝试通过增加供应链的柔性来降低随机误差。降低误差和增加预测的准确度可以使供应链在市场中保持竞争优势。

5.5 需求管理：电子商务环境下的预测

5.5.1 运用同步需求预测增值

在一个电子商务环境中，协同计划、预测和补货系统（CPFR）适用于同步需求预测。对于一个成功的CPFR系统来说，至关重要的是所有的贸易伙伴一起监测协作预测的准确度。换句话说，就是确定系统的预测是否接近顾客的日常购买量。下面是一些能够提高供应链同步需求预测的方法。

(1) 基于供应链的周期长度来进行订单履行预测。首先，估计一个初始的生产量。当需求稳定时，可以基于销售订单数据来进行更合理的预测。例如，斯波特奥波米耶公司尽可能推迟产成品的生产，到订单确定后，再向生产商下单。奥波米耶公司自己存储原材料，并向生产商预定生产高峰期的产能。在预定产能时并不指定随后确切要生产什么款式的产品。奥波米耶对提供准确的原材料的成本负责，工厂则对留用的产能负责。通过这种方法，奥波米耶公司降低了产成品需求的波动性，因为产成品的储存成本比原材料高。但是，这要求制造商对生产柔性负责。

(2) 用恰当的预测方法来支持制造战略。一个公司向市场交付产品方式的选择影响着它的需求管理。这些选择包括按库存生产、按订单生产、按订单装配或按订单设计。制造战略的选择影响了预测方法的选择。如果它是一条按库存生产的供应链，预测对象将是最终产品。然而，如果它是按订单生产的供应链，预测将聚焦于备用产能和交货速度。

(3) 促进供应链内部的交流。在协同计划、预测和补货情况下，顾客和供应商之间相互交流需求数据和预测结果。但是，什么数据和预测结果可以与其他供应链成员分享则要认真考虑。例如，最小存货单位水平（SKU - level）预测是由零售商和下一级供应商联合进行的。即使当电子协作预测系统还没有实施，交易伙伴也可以就未来需求计划定期与供应链中的其他成员沟通。

(4) 根据来自需求和供应的不确定性来调整供应链战略。对于供应商来说，不确定性可能来自提前期、数量和质量。对于顾客来说，不确定性可能来自购买时机和数量。不确定性增加了波动性。供应链管理者应该致力于减少不确定性或通过建立机制来控制不确定性，同时需要利用数据和信息来进行预测，使用数据仓库和数据挖掘等方法来提高预测的准确度。

5.5.2 个性化延迟与延迟策略

个性化延迟与延迟策略（delayed differentiation and postponement）是相对较新的主动管理需求不确定性的方法。最近，许多制造商和零售商都使用延迟策略或延迟个性化的战略来减少预测误差，以达到恰当的库存水平。通过像戴尔公司那样持有零部件的库存，公司就能够提供定制的产品。然而，延迟策略意味着推迟产品的最终装配，这就要求供应链中的所有成员能够在计划和预测方面高度地协作。

设计标准化和生产可配置的产品是延迟产成品生产的两种方法。使用这两种方法，生产商在接到需求订单时，可以快速而低成本地完成订单。甲骨文/凯捷安永通过调查发现，成功实施延迟策略的公司可以降低高达40%的库存成本[①]。这种模式能使企业从推式供应链转为拉式供应链，即需求驱动的供应链。

---

① Matthews, P. and Syed, N. (2004). "The power of postponement." *Supply Chain Management Review*, 8(3), 28 - 34.

5.6 需求管理绩效指标

我们应该对预测流程的绩效进行评定，因为预测绩效指标是用来提高预测的准确度、减少库存投资和提高顾客服务水平的。下面是一系列能够用于评估需求管理绩效的指标。这些指标包括：

- 误差管理——错误的产品或规格、错误的数量、错误的送货时间。
- 回单数。
- 客户服务政策。
- 订单履行能力。
- 订货提前期管理。
- 订单计划。
- 顾客优先规则。
- 资源分配。
- 产品的替代或升级。
- 准时性。
- 安全库存投资。
- 备用生产能力。

5.7 小结

需求管理和顾客订单预测都是供应链管理的重要组成部分。本章探讨了企业如何运用需求管理和预测来平衡生产和顾客需求。本章还就协同预测、预测流程、预测模型、降低波动和绩效评估等进行了讨论。在联合协同计划和补货中应考虑协同预测，这方面的内容将分别在第 6 章和第 7 章讨论。

思考题

1. 供应链管理者为什么对需求管理感兴趣？你认为下列企业的供应链管理者

对需求管理的重点有什么不同?

a. 食品制造商。

b. 飞机制造商。

c. 大型零售连锁店。

d. 医院。

2. 画出以下需求的示意图:

a. 空间与时间的需求。

b. 不规则与规则的需求。

c. 独立与非独立的需求。

3. 管理者会不会对没有误差的预测结果心存疑问?

4. 使用前几年的销售数据和使用前几年的预测数据为下一年的需求进行预测,结果会不会一样?

5. 一些人认为低偏差(平均偏差)要比低平均绝对偏差(MAD)更重要。你同意这种观点吗?给出一个支持你的观点的例子。

问题

1. 如果 1 月份的预测值为 150 单位,实际需求量为 85 单位,运用指数平滑法预测 2 月份的需求量,假设 α 为 0.3。

2. 运用指数平滑法估计 8 月、9 月、10 月、11 月、12 月和次年 1 月的预测值。平滑因子 α 为 0.3,7 月份的预测值为 250。

月　份	实际需求	预测值
7 月	245	
8 月	260	
9 月	250	
10 月	235	
11 月	255	
12 月	260	

3. 过去 6 个月的需求信息如下表所示:

月　份	实际需求	预测值
6 月	78	
7 月	46	
8 月	53	
9 月	80	
10 月	68	
11 月	70	
12 月		

a. 绘制需求模式图。

b. 运用 3 个月的简单移动平均法预测 10 月、11 月、12 月的需求量?

c. 运用指数平滑法预测 10 月、11 月、12 月的需求量，$\alpha=0.3$。6 月份的预测值为 69。

d. 使用误差度量方法比较上述两种不同预测方法的结果。在计算误差项的时候，考虑采用两种方法分别计算 9 ~ 11 月的需求预测误差。你准备向领导者建议哪种预测方法？为什么?

4. 使用以下信息估计每个时期的预测值，运用双指数平滑法计算趋势需求。$\alpha=0.3$，$\beta=0.3$，平均需求$_1=100$，趋势需求$_1=50$。

时　期	需求值	均　值	趋　势	预测值	误　差
1	350	100	50		
2	450				
3	468				
4	520				

5. 根据以下需求信息计算 9 ~ 12 时期的季节性预测值。$\alpha=\beta=\gamma=0.4$，平均需求$_4=100$，趋势需求$_4=10$。

年份	季度	时期（t）	销量	平均需求	趋势需求	季节性因子	预测值
2004	1	1	685				
	2	2	585				
	3	3	765				

年份	季度	时期（t）	销量	平均需求	趋势需求	季节性因子	预测值
	4	4	892	100	10		
2005	1	5	785				
	2	6	625				
	3	7	818				
	4	8	906				
2006	1	9	–				
	2	10	–				
	3	11	–				
	4	12	–				

a. 计算 1 ~4 时期的季节性因子。

b. 计算 9 ~12 时期的预测值。

6. 一家公司运用跟踪信号 ± 6 的临界值来确定是否应该重新预测。MAD 值为 20。根据以下信息判断预测是否应该修改。

月 份	需求值	预测值	误 差	累积偏差	跟踪信号
8 月	110	105			
9 月	115	120			
10 月	120	115			
11 月	125	135			
12 月	140	125			

附录5.1

供应链中生产和库存管理的协同：啤酒游戏

1. 啤酒游戏简介

供应链管理的目标是通过原材料到产成品的转变来满足顾客的需求。因此，这个转变过程综合了物流、信息流及资金流，我们在第1章中已经讨论过这一问题。转变过程要涉及许多公司，这个过程可以用只包含一个零售商、一个批发商、一个分销商和一个制造商的简单供应链来表示。啤酒游戏是一个为用户开发的模拟游戏，它模拟了供应链中产能和库存管理的动态特征。

啤酒游戏最初是由麻省理工斯隆管理学院（Massachusetts Institute of Technology's Sloan School of Management）的教授在20世纪60年代开发的，用来说明牛鞭效应。这个模拟游戏展示了在一条假想供应链的运作过程中会发生什么，以及如何协调供应链中不同企业的行为。

在《第五项修炼》（*The Fifth Discipline*）一书中，彼得·圣吉（Peter M. Senge）利用一个假设方案展示了牛鞭效应的影响力如何不断增大，以及怎么做才能避免这种效应①。啤酒游戏是这样的：开始时，零售商感觉对一种特定品牌的啤酒——情人啤酒（Lover's Beer）的需求出现了突然性的、小量的增加，它们将订单汇总在一起，并发送给经销这种啤酒的分销商。最初，这些订单超过了分销商的库存，因此它们按比例向零售商发送情人啤酒，并向酿造情人啤酒的厂商发出更大的订单。制造商不能立即增加啤酒的产量，因此制造商也是按配额向分销商发送情人啤酒，并投资建立额外的产能。

啤酒的缺乏引起了购买恐慌。两周后，当零售需求每天只有4~8箱啤酒时，制造商每天的需求订单却有好几百箱。当制造商大量产出和运输啤酒时，

① Senge, Peter M. (1990) *The Fifth Discipline: The Art and Practice of the Learning Organization*, New York: Doubleday/Currency.

由于恐慌购买而引起的大需求量却突然消失了。相反的情况出现了。因为零售商持有比需求多得多的库存，所以决定近几天内不再订货。这种情况逐渐自下而上地传播到供应链上游，制造商不得不停止生产。这样就会再次出现缺货现象，并影响到零售商。整个混乱状况又重新开始，牛鞭效应就产生了。来自顾客订单的实际变化一天只有4箱。

在这个游戏中，供应链的所有成员都要承担由牛鞭效应带来的损失。制造商增加产能来满足一个比实际需求高得多的订单流。分销商储存了过量的库存以应对订单的波动。零售商则要面临及时得到产品和补货提前期更长的问题。在高需求时期，有时候供应链中的有效产能和库存不能满足订单需求。这就导致产品按配额供给、订单补货周期加长和销售损失。

这个情况在现实生活中每天都在发生。在汽车制造业中，每月需求的实际波动不超过10%，但第二级和第三级供应商经常调节它们的产能高达50%。在服装业中，供应链中的季节性波动和需求变化混合在一起，尽管最终用户的需求相对平稳，但在供应链中需求却持续出现波动。

2. 啤酒游戏的玩法

啤酒游戏是一个模拟游戏，它模仿了一条啤酒生产和配送供应链。这个游戏可以四人一组玩。四个玩家在游戏中分别扮演零售商、批发商、分销商和制造商。订单由零售商发出，再依次到达批发商、分销商，最终到达制造商，如图5.4所示。啤酒的交付顺序为工厂到分销商，然后到批发商，最终到达零售商。零售商、批发商和分销商的主要任务是管理库存，制造商的主要任务为管理产能。

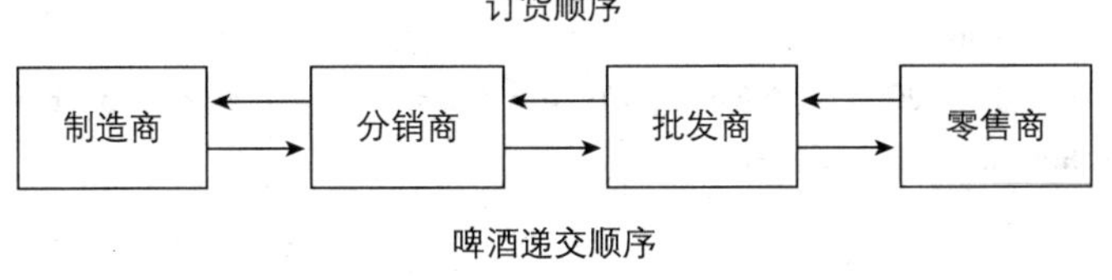

图5.4 啤酒游戏

啤酒的平均日需求量是4 桶。需求可以低至2 桶，或多达6 桶。顾客的最大订单变化为每天4 桶。

每对交易伙伴之间的运输时间是两周。例如，啤酒第一周从工厂运出，分销商收到时将是第三周。

在游戏中只需要考虑两个相关成本：啤酒的库存持有成本为每周每桶0.5 美元，啤酒的缺货成本为每周每桶1 美元。总成本按每周计算。

游戏持续进行30 周，之后对30 周的绩效进行总结，即对持有成本、缺货成本、总成本以及牛鞭效应进行分析。

参考文献

APICS (1998). *Dictionary*, 9th edition. Falls Church, VA.

Arnold, J. R. T. (1998). *Introduction to Materials Management*, 3rd edition, Prentice Hall: New Jersey.

Ballou, R. H. (1992). *Business Logistics Management*. Prentice Hall: Englewood Cliffs, New Hersey.

Fredendall, L. D. and Hill, E. (2001). *Basics of Supply Chain Management*, The St. Lucie Press: New York.

Kahn, K. B. (2002). An exploratory investigate of new product forecast practices. The Journal of Product Innovation Management. 19, 133 - 43.

Lambert, D. (2006). *Supply Chain Management: Process, Partnerships, Performance*, 2nd edition. Sarasota, Florida: SCMI.

Lee, HL., Padmanabhan, V., Whang S. (1997). The bullwhip effect in supply chains. *Sloan Management Review*, 38(3), 93 - 103.

Matthews, P. and Syed, N. (2004). "The power of postponement." *Supply Chain Management Review*, 8(3), 28 - 34.

Ragsdale, C. F. (2008). *Spreadsheet Modeling & Decision Analysis*, 5ed. Thomas South-Western: Mason, Ohio.

Schreibfeder, Jon (2005). *Achieving Effective Inventory Management*, 3rd edition. Coppell, TX: Effective Inventory Management, Inc.

第 6 章
供应链中的需求转换：生产规划

6.1 通过生产计划转换需求

为了将顾客的订单转换为产品，企业必须管理好能增加价值的生产过程。在这个过程中，关键的问题是如何在供应链中将顾客的订单顺利地转换为最终产品。答案存在于有效的制造计划和控制系统中。

一般来说，一家公司通常只属于一条供应链。然而，也有许多公司属于多条供应链。生产计划是既能协调各种经营活动，又能协调公司内部和整个供应链上不同职能（如市场营销、销售、人力资源、工程和会计）的一种机制。

生产计划的目标就是确保生产计划能与顾客的需求相匹配。然而，需求的不确定性和变动性是不可避免的。一般有两种方法可以用来管理需求的波动：一种是增加产能的柔性，根据需求来调节生产；另一种是通过提高或降低库存来满足需求。这两种方法都需要资源。因此，生产计划就是为了平衡各种资源，如劳动力、库存、为满足顾客需求而进行的加班等。顾客需求是制定生产计划的重要依据，它是第 5 章讨论的需求管理的结果。

图 6.1 显示的是一个多层次的总生产计划流程。生产计划是根据产品族制定的。该计划全面平衡了顾客需求和制造商的生产能力。主生产计划（master production schedule，MPS）是根据最小存货单位（SKU）制定的。例如，在生产计划阶段，花园喷雾器以产品族为单位来规划，此时对产品颜色和尺寸的需求不进行细分。另一方面，在主生产计划中，花园喷雾器的数量

细化到了最小存货单位。主生产计划指定各种颜色和尺寸产品的生产量与生产时间。在主生产计划层级上要制定粗略的产能计划以确保公司有足够的产能。

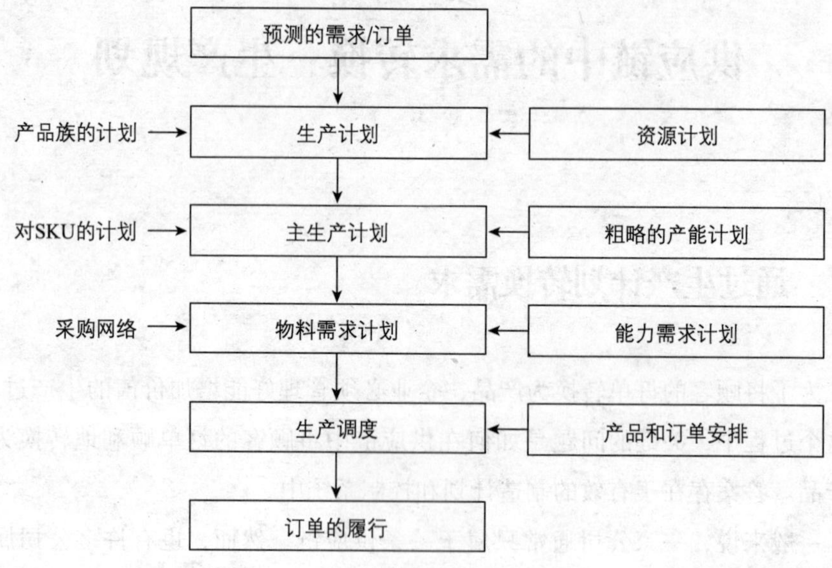

图 6.1 生产计划与调度的框架图

物料需求计划（MRP）的作用是将主生产计划转换为产品生产过程中所需的原材料和零部件。物料需求计划是一种协助管理者进行物料订购和库存补充计划的软件。在物料需求计划阶段，还要同时进行能力需求规划。实施能力需求计划的目标是确保关键作业流程有足够的产能完成生产。

生产调度是需求转换的最后制造阶段。在这一阶段，企业根据顾客的订单，把完成订单所需的物料和生产能力准备好，并开始生产。产品完成后，即可将客户订购的产品运出工厂。

在传统的物料管理向供应链管理的转变过程中，需求转换从计划、预测和补货方面来看是越来越透明了。需求转换过程是用现有的生产能力和库存来满足顾客的订单。当一个生产点缺少某一产品或零部件时，可以通过全系统来搜索所有的生产点和库存点来寻找这一产品或零部件，或者可以使用一个替代品。对于将顾客的订单转换为产品，并使企业在竞争中处于有利地位来说，生产计划和控制都是很重要的。

6.1.1 综合计划

综合计划（aggregate planning）也被称为生产计划，因为该计划汇集了对某一产品族的需求。生产计划阐述了现阶段生产率、劳动力水平和根据顾客需求及生产能力而确定的库存。该计划将公司的战略目标与产品或零部件的生产计划联系在一起。根据预测的需求，生产计划通常会对未来 12 个月的生产进行规划。企业经常会更新其生产计划以适应需求的变化。通常企业会通过每月检查、每季度修改的方式来更新计划。根据企业的商业计划，生产计划可提供下列信息：

- 各产品族在每个时期所需生产的数量。
- 每个时期需要的库存水平。
- 每个时期维持生产所需的资源（劳动力、原材料和其他资源）。
- 每个时期允许的回单水平（backorder level）。
- 每个时期允许的缺货水平。
- 允许的分包数量。

生产计划的目标是最小化生产变动的成本、库存持有成本以及缺货和分包成本。制定生产计划需要以下信息：

- 计划期内预测的需求。
- 期初存货和所需要的期末存货。
- 资源，如生产所需的劳动力和材料。
- 允许的回单水平。
- 允许的分包数量。

在生产计划中通常使用三种基本战略：稳定战略（level strategy）、追随战略（chase strategy）和混合战略（mixed strategy）。6.1.4 节将对生产计划战略进行更为详细的讨论。

6.1.2 生产计划的维度

生产计划有三个维度：产品（或服务）、劳动力和时间。生产计划综合考虑了这三个维度。

(1) 产品族。

- 将相似的市场或相似的生产流程分组。
- 相关的计量单位，如桶、吨、箱、元和标准时间等。

(2) 劳动力。

- 所需工作人员数量（不划分所需的技能类型）。

(3) 时间。

- 每月或每季度更新计划。
- 计划期以月或季度为单位，而不是以周或天为单位。

6.1.3 计划的选择

通常，企业可用多种方法来管理对生产计划有影响的需求不确定性和生产能力约束。最常用的是反应法和主动法。

反应法（reactive approach）包括调整劳动力（通过聘用和解雇、加班和空闲、调整休假安排等措施）、建立预备库存、使用分包，以及允许库存积压、回单和缺货。

主动法（proactive alternative）旨在调整需求模式，通常使用的方法包括：通过生产互补产品来管理季节性需求，以及通过创新的定价和促销方法来平稳旺季和淡季的需求。

6.1.4 计划战略

公司在制定生产计划时通常采用三种计划战略：稳定战略、追随战略和混合战略。

稳定战略（level strategy）。稳定战略是在计划期内保持恒定的产出率或稳定的员工人数。一般企业通过提前生产预期库存或加班来满足计划期内的需求。满足需求的方式包括使用预期库存、回单、缺货、加班和空闲。

追随战略（chase strategy）。追随战略通过调整产出率和员工人数来满足计划期内的需求，但不使用预期库存和空闲的方式。追随战略是通过聘用或解雇员工、加班或分包来完成的。

混合战略（mixed strategy）。混合战略囊括了多种战略，如稳定战略和追随战略。最好的战略可能是综合使用预期库存、适当聘用或解雇员工和加班等方法的组合。

6.2 主生产计划

6.2.1 主生产计划的基础

主生产计划（MPS）是由生产计划分解而来的。主生产计划并不是一个销售预测。事实上，主生产计划是工厂最终产品的详细生产计划。主生产计划会受到生产计划的约束。例如，生产计划要求6月份生产400幅窗帘。这或许意味着6月的第一周生产100幅乳白色的窗帘，第二周生产100幅白色的窗帘，第三周生产100幅灰色的窗帘，第四周生产100幅浅蓝色的窗帘。这种划分最终产品生产任务的过程被称为分解综合计划（disaggregation）。对每个最小存货单位（SKU）最终产品的实际需求可能要到收银台扫描时才能确定。主生产计划需要考虑预测、综合计划、现有产能和可获得的原材料。主生产计划必须是可行的，因为接下来投入生产的原材料和产能都是以主生产计划为基础确定的。

在主生产计划阶段，粗略的产能计划可以用来检查主生产计划的可行性（如图6.1所示）。粗略的产能计划是一种中期的能力计划。根据公司和行业的不同，时间跨度会从一周到三个月不等。如果当期没有足够的产能，那么就要提前或者推迟满足某些需求。当然，增加额外的产能也是一种选择。

与生产计划相比，主生产计划的变化更多，更新也更为频繁。主生产计划是一个详细的生产计划，时间跨度不像生产计划那么长。所以，主生产计划可以被看成公司内部不同职能间的一个现时工作合同。

在主生产计划处于冻结状态的时间段内，生产部门会生产主生产计划上指定的产品，公司的其余部门将销售已生产的产品。公司需要决定何时更新主生产计划。在图 6.2 中，主生产计划被划分为三个时期段，并被一条曲线分割。曲线下方是收到的顾客订单量，而曲线上方是可利用的产能和可签约库存量（available to promise inventory）。

第一个时期是离当前最近的时期，其主生产计划是冻结的（frozen）。冻结期表示生产已经开始，或者说公司已经从供应商处购买了原材料，所以在这一期间生产计划不容许有任何改动。从第二周到第八周则为第二个时期，是可协商期。在这一期间内，如客户要求改动订单，可以进行一定程度的协商改动，但会追加费用，如需要追加向供应商订购的零部件的费用。第三阶段是开放期，改动计划不会引起负面影响，因为计划还没有正式实施。设立时间段的目的是为了让公司内外部协调一致。这反映出了公司的应变能力。

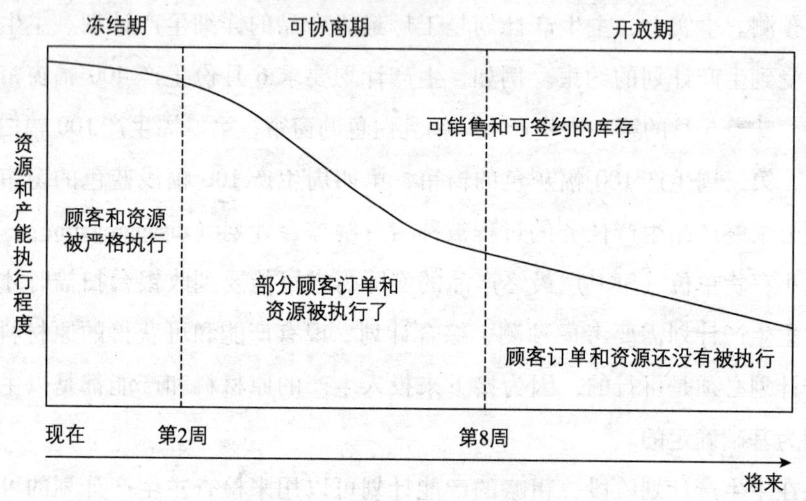

图 6.2　主生产计划中的时界

确定冻结期、可协商期、开放期的时间长短是一个战略问题，因为它会影响到公司与其他供应链成员的关系。时间段的设置会影响一个企业管理顾客需求变化的整体柔性。例如，一家零售窗帘公司的布料供应商的固定时间段是 4 周。如果最终用户在交付前的 3 周要求改变窗帘颜色，那么零售商很难修改这个订单。但如果布料生产商的固定时间段为 3 周，那么零售商还能够在距交货期 3 周时进行订单的修改。

如果供应链上有一个成员不能提供精确的主生产计划，那么整个供应链都将受到影响。供应链上各成员的主生产计划的大量差异将会导致更长的提前期和更多的库存。所以，每家公司应该尽可能准确地计划和安排生产。

一旦公司有了可行的主生产计划，则物料需求计划就会随之确定。为了生产主生产计划的最终产品，企业需要购买或生产零部件。例如，窗帘是由窗帘杆、窗帘布和一些线绳组装而成。因此，在物料需求计划阶段要对所需的物料进行计算。

物料需求计划是车间调度系统的输入。企业会事先将详细的需求情况传递给供应商，以确保供应商能按时交付恰当数量的零部件或原材料。

销售人员需要了解本公司能够满足顾客需求的库存和产能。主生产计划中的可签约量提供了这些信息。在按库存生产的环境中，订单是用库存来满足的；而在按订单生产或按订单装配的生产环境中，订单是用生产能力来满足的。还没被顾客订单所消耗的库存或计划产能就是可签约量。

下面是一个主生产计划的例子。

实例 6.1：主生产计划

窗帘的生产批量是每批 90 单位，这就是主生产计划生产量，简称 MPS 生产量。期初库存为 75 单位。第 1 周至第 4 周的预测需求量为每周 80 单位，第 5 周和第 6 周的预测需求量为 95 单位，第 7 周和第 8 周的预测需求量为 90 单位。收到的顾客订单如下：

第 1 周——85 单位　　第 4 周——22 单位

第 2 周——50 单位　　第 5 周——8 单位

第 3 周——30 单位　　第 6 周——2 单位

计算预期库存量、主生产计划生产时机和可签约量。

实例 6.1 的答案

下表给出了对实例 6.1 的完整答案。首先将需求数量和顾客订货量填入相应的行中。

（1）1 月份第 1 周结束时的预期现有库存：

预期现有库存 = 上期末的库存量 + 主生产计划生产量 − Max（预测需求量，顾客订货量） (6.1)

1 月份第 1 周：因为第 1 周开始时的库存量无法满足 85 单位的订货量（注意：在本周的预测需求量和顾客订货量中选取最大值），因此，第 1 周需要安排 90 单位的主生产计划生产量。第 1 周结束时的现有库存为：

$现有库存_1 = 75 + 90 - 85 = 80$

	1 月				2 月			
周次	1	2	3	4	5	6	7	8
需求预测值	80	80	80	80	95	95	90	90
顾客订货量（已确定）	85	50	30	22	8	2		
预期库存量（75）	80	0	10	20	15	10	10	10
主生产计划生产量	90	0	90	90	90	90	90	90
可签约量	30		60	68	82	88	90	90

第 2 周：因为在第 2 周开始时有 80 单位的现有库存，且刚好满足 80 单位的预测需求量，所以不需要额外的主生产计划生产量。第 2 周结束时的现有库存为：

$现有库存_2 = 80 + 0 - 80 = 0$

重复相同的步骤，直至计算出所有的现有库存。

（2）计划周期内第 1 周的可签约量：

可签约量 = 上期末的现有库存 + 主生产计划生产量 − 下次执行主生产计划前的所有顾客订货量 (6.2)

$可签约量_1 = 75 + 90 - (85 + 50) = 30$

（3）第 1 周后各周的可签约量：

可签约量 = 主生产计划生产量 - 下次执行主生产计划前的顾客订货量 （6.3）

可签约量$_3$ = 90 - 30 = 60

可签约量$_4$ = 90 - 22 = 68

重复相同的步骤，直至计算出所有的可签约量。

6.2.2 可签约量

在问题实例 6.1 中，第 1 周的可签约量为 30 单位。这个信息意味着在实施下一个主生产计划生产量以前，销售部门可以承诺 30 单位的窗帘能在第 3 周初交货。在第 3 周，将有 60 单位未确认的窗帘可供订购。

如果现有的顾客订货量超过了可签约量，那么厂商会在接收新订单之前对主生产计划进行调整，或者告诉顾客产品延迟交付的日期，即下一批主生产计划的产品到达的日期。

6.2.3 可销售量

可销售量指的是在整个主生产计划周期内还没售出的库存和产能。可销售量大于可签约量。可销售量包括可签约量和可利用的产能。例如，惠普公司是首个提出可销售量建议的单位[①]。根据供应链上游的最小存货单位（SKU）确定可销售量，然后把这一信息提供给销售团队。销售团队可以积极推销可销售的产品，从而避免旺季供应紧张的局面。

6.2.4 电子商务的解决方案——全局可签约量

为了长期赢得和维持顾客的信任，很多行业希望能在实际和计划的物料可得性、当前产能和供应商提前期的基础上提供可靠的产品交货日期。近年来，一些软件公司，如麦赛普（MySAP）、企安达（QAD）和 Made - 2 - Man-

① Scott Culbertson, Ike Harris, & Steve Radosevich (2005). Synchronization-HP style. *Supply Chain Management Review*, Mar 2005, 9(2), 24 - 31.

age 公司，提出了一种电子商务解决方案——全局可签约量（global available-to-promise，ATP）来检视系统。这一系统可以在全局范围内搜索各工厂可利用的产能、各仓库和配送中心可利用的库存，以最大程度提高化顾客服务水平。

全局可签约量检视系统帮助供应链的伙伴恪守承诺，以提高顾客满意度。这种电子商务的解决方案便于供应链查看现有库存，检查正在进行的生产，并识别可用于满足订单的替代产品。此外，该软件允许供应链根据不断变化的顾客需求和市场动态来重新分配整个系统的库存。这样，供应链能够根据现有产能和物料约束来设定产品的交货日期，以免对顾客做出过早或过迟的承诺。

全局可签约量采用的是一种依据规则的战略，它可以使制造商从一个“如果——会怎样”（what if）的情况转变为“什么是最好”（what's the best）的决策。结果，通过对整个供应链库存和产能的实时检查，资产利用率得以提高，同时也确保了供需匹配。

6.3 协同计划

6.3.1 协同计划的概述

在一个开放的供应链中，企业会分享彼此的生产计划以制定未来的协同计划。这样做有利于考虑所有可能的需求，同时减少影响生产计划的意外需求。采用这种方法，生产计划会更多地依据实际需求量来制定，而较少地根据预测需求来制定。

生产计划面临的一个重大挑战是需求的波动。为了尽可能减少订货成本、运输成本和管理工作量，零售商、批发商和分销商会定期进行批量订货。然而，当订单以批量组合时，总预定量往往与顾客的实际需求量存在偏差。随着订单不断向供应链上游移动，订购量会越来越大，需求变动也就越来越大。在第 1 章中我们已经讨论过这种扰乱生产计划的牛鞭效应。

随着供应链管理的发展，协同计划、预测和补货（CPFR）以及一些新的供应链战略和技术也逐渐问世。为了应对需求和供应中的变动，供应链中的企业用协同计划、预测和补货方法将相互间的需求和供应联系起来。例如，在最近几年，零售商与它们的供应链合作伙伴达成了合作协议，共同计划、预测和补货。为了提高供应链中的协调能力，自发性跨企业商业标准协会（Voluntary Interindustry Commerce Standards，VICS）设立了一个委员会，为协同计划、预测和补货方法制定了一些流程。该委员会还记录了一些协同计划、预测和补货的最佳案例，并为实施协同计划、预测和补货方法提供指导准则。

消费品制造商和零售商正在建立具有创新精神的伙伴关系，来实施协同计划、预测和补货。例如，康柏公司正在利用互联网与它的 850 个贸易伙伴共同制定采购计划。汤姆逊电子公司正在与它的 50 个零售商一起实施协同计划、预测和补货。与此同时，更多的贸易伙伴开始实施协同计划、预测和补货。如加拿大轮胎公司正在与它的 7 个供应商开拓新的商业领域。纽巴伦公司和天伯伦公司正在与选定的零售商一同进入制鞋业。兰恩(Lane）和布罗伊希尔(Broyhill）与中西部家具公司威克斯(Wickes）进行了合作。此外，先灵葆雅公司和强生公司也正在与埃克德药业公司进行合作。三菱汽车公司与其零售商协作，将顾客的订货提前期缩短到 2 周①。供应链中的每个成员都将尽力准确地实施它那部分的合作预测和计划，其结果将是更平衡的小订单流，而分销商和制造商能够更有效地满足这种小订单。

协作计划、预测和补货给供应链带来了许多好处。它有助于平滑生产流程、平衡生产能力、减少库存、降低安全库存量和减少缺货。此外，实施协作计划、预测和补货方法后，供应链中的企业可以分享销售数据和销售预测信息，从而削弱了牛鞭效应。这同时也有利于同一供应链中的企业更好地制定生产计划，维持合理的库存量，制定可行的配送安排。已实施 CPFR 的公司比其竞争对手更显优势。例如沃尔玛、戴尔和宝洁公司与各自供应链中的企业分享销售量和库存数据，因此它们的效率和盈利水平都比其他企业好。

---

① Dion, Calvin, (2000). The growing pace of CPFR, Jan/Feb 2000. www. consumergoods. com.

然而，企业间的协作是一件很不容易的事，而且在供应链中推广开来也需要一段时间。整合供应链中离散的预测和计划是富有挑战性的。因此，改善企业运作状况和提供准确的数据是提高供应链协作效果的关键。

6.3.2 生产计划中的推拉边界

在1.6.1中提到的制造战略是确定供应链中的推拉交点的基础。推拉交点可能出现在供应链的任何点上，如在零售商或原材料供应商处。用产成品库存来满足顾客需求的企业处于按库存生产的环境中。用现有零部件进行装配生产的企业处于按订单装配的生产环境中。生产诸如机床等特制产品的企业则会采用按订单生产或按订单设计的生产系统。实施按库存生产、按订单装配或按订单生产等不同的制造战略，生产细节有明显的差异。表6.1阐述了一些与生产计划的推拉交点相关的特征和供应链的柔性水平。

表6.1 推拉交点和生产环境

	按订单设计	按订单生产	按订单装配	按库存生产
数量	单件或极小批量	小	中等	大
推拉交点	在设计和原材料之间	在原材料和通用部件之间	在部件和未装配零件之间	在产成品处
生产计划	设计能力	确定备用产能和生产柔性	确定生产和交货的周期和日期	预测产成品的库存水平
主生产计划	实际产能	实际产能	需求预测和实际需求的混合	需求预测
能力柔性	高	高	中等	低
关键绩效指标	交货时间和产能柔性水平	交货时间和产能柔性水平	交货时间	顾客服务水平

表6.1表明，按库存生产的环境注重维持产成品库存，推拉交点位于产成品库存处。因为需求量是根据预测而定的，所以采用按库存生产制造战略的企业很少考虑顾客实际订单的情况。这是一个推式系统，产能柔性通常比

较低。

按订单装配的制造战略需要大量地配置最终产品，因此是大规模定制的一种选择。按订单装配是一个推拉相结合的系统，其推拉交点处于开始组装的时段。需求管理的职能是判定顾客所需的各类配置的产品。在按订单装配生产环境中，顾客订单需在预定时间内交货。因此，为了恪守交货日期的承诺，企业需要有备用生产能力。主生产计划通常以最后装配排程（Final Assembly Schedule）的形式制定。

另一方面，按订单生产是指制造商接到订单后，生产小批量定制产品。在按订单生产的环境中，需求管理的难点是按时履行大量的定制订单。因为顾客订制的产品各异，所以需要储备大量备用产能来满足需求。按订单生产的推拉交点位于零部件的位置。在按订单生产的环境中，生产计划根据收到的订单而定。不同于使用库存来满足订单，实施按订单制造战略的公司根据完成在压订单（backlog）来满足顾客需求。在压订单是指已收到但尚未完成的顾客订单。

按订单设计是指根据顾客要求产品进行设计，并使用特定的零部件来进行生产。设计能力在这种生产环境中十分重要。为了满足顾客的特殊需求并在既定的期限内交付产品，企业和顾客之间的沟通至关重要。此时的推拉交点位于产品的设计阶段。

6.3.3 生产的柔性

供应链的柔性是指一个系统能很快适应环境变化，以及能在较短的时间内以较低的成本调整生产流程和产品组合。柔性可通过以下 5 个方面表示①：

- 数量柔性（volume flexibility）。数量柔性是指经济地生产不同批量产品的能力。
- 种类柔性（mix flexibility）。种类柔性是指能够在一定时期内改变产品

① Giovani J. C. da Silveria, “Effects of simplicity and discipline on operational flexibility: An empirical reexamination of rigid flexibility model.” *Journal of Operations Management*, 2005.

种类的能力。

- 产品柔性（product flexibility）。产品柔性是指开发设计新产品或提升现有产品的能力。
- 流程柔性（process flexibility）。流程柔性是指利用其他生产流程来生产某特定产品的能力。
- 交付柔性（delivery flexibility）。交付柔性是指企业在顾客需要的时间和地点交付产品的能力。

企业需要柔性的目的是要以较短的时间和较低的成本来满足顾客与市场的需求，特别是当一家企业要生产品种繁多的产品来满足需求时。确定恰当的生产柔性度十分困难，因为提高生产柔性意味着在增加额外产能的同时增加成本和投资。在确定柔性水平时必须充分考虑产品的生产批量和生产周期。生产批量和生产周期随着产品、市场和产品的生命周期而变化。权衡持有库存和备用产能是一个反映供应链总目标的战略问题。因为柔性需要投资，所以柔性度要与产品和制造系统的设计特点相匹配。

精益制造（lean manufacturing）和敏捷制造（agile manufacturing）是近年来较为普及的两种制造创新方法。这两种方法都旨在通过制定有竞争力的成本结构和提高系统柔性来满足顾客的需求。

精益制造系统来源于丰田生产方式，其目标是通过缩短产品的生产周期和实施拉式系统来消除生产系统中的浪费。当生产周期缩短时，生产系统能更灵活地应对顾客需求。精益制造系统最适合于流水线的生产环境和高效性的供应链，因为在这种环境中，一般使用标准的零部件，同时产品的差异性也很小。

敏捷制造系统是为了应对大规模定制而产生的。一个最好的例子就是戴尔电脑公司的装配系统，它能够对产品难度、数量、品种和交货日期迅速做出响应。如果产品种类多、需求预测难、新产品推出的速度快、产品生命周期短，那么敏捷制造系统将是首选。敏捷制造方法适用于响应型的供应链。

为了使生产系统在需求转换过程中更具柔性，在整个供应链中实施产能计划协作是一个理想的选择。例如，为了更好地预测顾客需求，斯波特奥波米耶公司不断细化预测过程。除了预测产成品需求量外，斯波特奥波米耶公司还预测对产能的需求，以便让供应商为其保留生产能力以备后用。斯波特奥波米耶公司通过保留备用产能获得了柔性，从而能够满足顾客在尺寸、颜色和品种方面的需求，进而避免出现供需不匹配情况。

6.3.4 同步化——惠普公司的案例

正确实施协同计划、预测和补货方法能在供应链内产生很大的价值。当惠普的成像及打印业务部（Imaging and Printing business division）发现经常过多地生产顾客需求量低的产品，却没有生产足够的顾客需要量高的产品时，它决定以顾客需求为出发点，然后再与原材料供应商联系，以使其供应链同步化。

1999年，惠普成像及打印业务部采用了自上而下的预测方法来制定长期生产计划，同时采用自下而上的协同计划、预测和补货方法获得零售商销售计划、促销和运营策略的详细信息。在每周接到各客户小组为期12周的订单预测后，惠普成像及打印业务部建立一个电子数据库来追踪订单的变化[①]，汇总和分析需求的变化。根据各客户的需求信息，每周编制短期预测。协同需求分析的主要目的是产生一个短期的SKU层级的订单，该订单是主生产计划的重要输入数据。

下一步就是通过综合前几周的数据来使供需匹配。根据每周更新的需求预测，首先满足先前的需求，然后再满足新的订单。根据零售商提供的每周需求预测，惠普会通知零售商其将在未来12周内配送它们所需的产品。惠普通过协同计划、预测和补货方法对流程进行了三个根本性的改变：

(1) 惠普的生产以周为计量单位，并且每周（而非每月）执行交货计划。根据每周的计划，供应链成员会获得有关同步需求计划和协同计划、预测和补货的最新信息。

---

① Scott Culbertson, Ike Harris, and Steve Radosevich (2005). Synchronization-HP style. *Supply Chain Management Review*, Mar 2005, 9 (2), 24 -31.

(2) 惠普将主生产计划中的固定期从5周调整为2周，以使该系统更具柔性。与此同时，工厂以2周为一个周期，根据既定的准则确定每个周期内需要生产的产品组合和数量。

(3) 提高了上游供应商的响应能力。亚洲的供应商为惠普保留了更多的备用产能。这使得惠普公司的库存量比实施同步化之前少了很多。

同时，惠普成像及打印业务部成立了一个团队来创造可销售能力。发展可销售能力使惠普在可签约库存的管理水平上提高了一步。向各客户小组提供可销售能力的信息，可以使客户小组更加有的放矢地推销SKU层面上的产品，从而使公司避免高峰期供应紧张状况。

有了可靠的生产计划，同步化取得了以下令人鼓舞的成就：

- 与基准1999年相比，整个供应链的库存投资减少了20%。
- 一开始，该部门只能满足每月需求预测的70%，但实施同步化后能满足97%的实际需求量，并保持在这个水平上。
- SKU层级的预测和数据质量都得到了提高。

6.4 需求转换

6.4.1 运用供应链中的需求转换增值

供应链是在生产各阶段增加价值的一连串活动。例如，一个面包供应链从预测顾客的需求开始，接着生产小麦、生产面粉、调度生产、管理库存、配送运输，最终将产品送到顾客手中。当产品通过供应链中的各个阶段时，生产制造给产品增加了相当多的价值。

合理选择制造系统，会提高需求转换过程中的增值程度。合理的制造系统能提高柔性及敏捷性，削弱牛鞭效应，减少瓶颈，并能提高订单履行率。制造系统，如按订单生产和按库存生产的生产系统，各有其约束特点，这对实现订单履行目标是很关键的。例如，瓶颈产能约束可能发生在设备或劳动力上。因此，需要找出约束并提前与供应链伙伴进行充分的沟通，以确保一个平稳的需求转换过程。

紧密连接供应链上的增值点对平滑产品流和订单流而言是很重要的。在一条供应链上有很多增值点。作为供应链的成员，每家公司都会贡献其增值部分，所以最佳的需求转换流是一条无缝的供应链。这可以通过找出公司设置的推拉交点来实现。公司应该在哪里设置增值点？增值点应该设置在零部件生产阶段、部件组装阶段，还是在最后的装配阶段？这个问题需要根据该公司在供应链中扮演的角色、产品的特点，以及运用的制造系统来回答。当供应链上各成员的推拉配置点都确定时，产品就能在供应链上更为平滑地流动，顾客的订单也能被合理地转换。

6.4.2 需求转换的绩效指标

传统上，生产管理的指标侧重于提高效率和降低成本。这种绩效指标的后果是生产了大量的标准化产品。

近年来，大规模定制已经成为一种普遍的做法，这就需求转换过程更关注生产流程的管理、顾客所需产品的充足货源、更高的销售额和利润率。以下是一组适用于评估需求转换绩效的方法：

- 生产成本的降低。通过降低劳动力和原材料成本，以及依靠更好地预测顾客需求和有效地安排顾客订单来优化产能管理，从而降低生产成本。
- 非制造费用的降低。选择合适的制造系统，以及减少紧急订单的数量可以降低非制造费用。
- 库存投资的降低。优化的流程管理能降低库存投资，提高库存周转率，并能用恰当的产品满足需求，同时减少过时产品库存。这样可以提高资产利用率。
- 顾客服务水平的提高。一个较高的顾客服务水平能够通过更高的订单履行率、准时装运以及缩短生产周期来实现。
-

6.5 小结

需求转换首先确定顾客需要什么产品，然后通过原材料到产成品的转化来实现。需求转换的过程是一个增值的过程，同时也是供应链管理中一个重要的组成部分。本章讨论了公司如何选择最适合其产品特点和需求模式的制造系统。我们讨论了综合计划、主生产计划、推拉交点、精益制造和敏捷制造的应用，还讨论了相关的绩效指标。协同计划和预测应该同供应链协同补货联系起来，这个内容我们将在第 7 章中进行讨论。

思考题

1. 近年来，与综合计划相比，一些领先的公司（比如惠普）更关注主生产计划。为什么人们更关注供应链管理中的可签约量、可销售量和可承诺产能，而不是综合计划？
2. 霍尔特（Holt）、莫迪里阿尼（Modigliani）、穆斯（Muth）和西蒙（Simon）在 20 世纪 50 年代为综合生产计划开发的线性决策模型一直被视为是综合计划的经典之作。后来许多综合计划的改进版本被开发出来指导生产计划。综合计划在供应链管理中是否还有用？阐述你的观点，并举例说明。
3. 不同的制造环境面对的需求不确定程度不同。说明如何将不同的综合计划战略应用到不同的制造环境中。

问题

1. 百思特泵业公司对未来 6 周内中型泵的需求量进行了预测，依次为：25、55、20、30、60 和 45。市场部收到了前 4 周的订货量，分别为：30、40、20 和 35。目前，该产品库存为 35 单位，MPS 生产量是 55 单位，提前期为 1 周。

a. 制定该中型泵的主生产计划。

b. 一家公共事业公司订购了 26 台泵。百思特泵业公司何时可以发货?

2. 下表给出了某种座钟的主生产计划的一些相关信息。

a. 完成座钟的主生产计划。

b. 有 5 个新的顾客订单进入了生产序列。假设生产序列的顺序不能被改变(即先到先服务),并且所有的订单必须在规定日期前交付。哪些订单能够被满足?

产品:座钟					**MPS 生产量:50**			
期初库存:35					**提前期:1 周**			
	周次							
	1	2	3	4	5	6	7	8
预测需求量	57	28	38	47	32	33	22	28
顾客订单	32	33	25	27	18	10	8	8
预期库存量								
MPS 生产量	50							
主生产计划初始量								
可签约量								

新订单	数　量	期望的交货日期
1	48	4
2	43	5
3	30	1
4	20	7
5	20	6

参考文献

APICS dictionary 9th edition (1998). APICS-the education society for resource management: Fall Church, VA.

Arnold, J. R. T. (1998). *Introduction to Materials Management*, 3rd edition. New Jersey: Prentice Hall.

Dion, Calvin (2000). The Growing Pace of CPFR, Jan/Feb 2000. www. consumergoods. com.

Hugos, Mecheal (2003). *Essentials of Supply Chain Management*. New York: John Wiley &

Son, Inc.

Ritzman, L. P. and Krajewski, L. J. (2003). *Foundations of Operations Management*. New Jersey: Prentice Hall.

Vollmann, T. E., Bill Berry, D. Clay Whybark, and F. Robert Jacobs (2005). *Manufacturing Planning and Control for Supply Chain Management*, 5th edition. New York: McGraw-Hill.

第 7 章
供应链中的库存管理

7.1 库存管理简史

对一个国家而言，库存是命脉，同时也代表着一个国家的物质财富。而对一个公司及其供应链而言，库存是资产。因此库存管理是极其重要的。例如，当 2005 年夏天卡特里娜飓风袭击美国新奥尔良市时，美国粮食银行从库存中取出 240 万磅食品，提供给那些居住在紧急避难所里的人们，从而帮助受灾群众度过了这个困难时期①。

库存随处可见。当我们购买 1 周所需的 1 加仑牛奶时，家里就有了库存。直觉告诉我们：库存使我们的生活变得方便。库存对于一个生产商品的制造公司来说非常重要。例如，面包店会为生产面包而储存面粉和糖。

自工业革命以来，制造商青睐于大规模生产。这使得产品的生产量超过了顾客的消费量，从而产生了库存。因此，许多库存管理模型被开发出来。表 7.1 简要概括了一些对库存管理理论和实践都有影响的基本模型。

库存管理的书面记载可以追溯到最早提出的**经济订货批量模型**（Economic Order Quantity model，EOQ）。经济订货批量模型主要用于控制独立需求的库存系统。1913 年，福特·惠特曼·哈里斯（Ford Whitman Harris）首先在《工厂：管理期刊》（*Factory: the Magazine of Management*）上发表了经济订货

① David B. Caruso, "Some food banks say Katrina Drained aid." Associated Press, November 23, 2005.

批量模型。随后，威尔逊（R. H. Wilson）于 1934 年在《哈佛商业评论》上发表了有关经济订货批量模型的文章[①]。

经济订货批量模型阐述了持有库存总成本的概念。经济订货批量模型的决策准则是根据最佳订货量来最小化库存总成本。总成本包括每年的订货成本和储存成本。

表 7.1　物料管理的历史

名　称	提出者	提出时间
经济批量模型（EOQ）	福特·惠特曼·哈里斯 威尔逊	1913 年 1934 年
物料需求计划（MRP）	IBM 开发的 BOM 软件 乔治·普勒瑟尔（George Plossl）和约翰·奥尔利茨基（John Orlicky）	20 世纪 60 年代末
准时生产制（JIT）	丰田生产方式	20 世纪 70 年代初
制造资源计划（MRPII）	从物料需求计划演化而来	20 世纪 80 年代
协同计划、预测和补货（CPFR）	自发性跨企业商业标准协会	20 世纪 90 年代

对于相关需求的库存管理，提前期是一个关键的因素，然而经济订货批量模型并没有考虑提前期。当制造一个有许多零部件的复杂的产品时，各层零部件之间的提前期应该在物料管理模型中体现出来。IBM 是第一家引入物料清单（Bill of Material，BOM）软件的公司。在 20 世纪 60 年代，这一软件被用来解决相关需求库存管理的问题。在 20 世纪 60 年代后期，乔治·普勒瑟尔（George Plossl）和约翰·奥尔利茨基（John Orlicky）提出了**物料需求计划**（Material Requirement Planning，MRP）。MRP 的意义就是确定制造过程中所需的零部件。它将所需的数量与现有库存水平进行对比，并确定需要生产的产品数量和时间。随后，物料需求计划演变为包含财务和生产所需的其他资源的**制造资源计划**（Manufacturing Resource Planning，MRPII）。

与此同时，**准时生产制**（Just-In-Time，JIT）在 20 世纪 70 年代颇为流行，

① Bill Roach，(2005)．“Origin of the economic order quantity formula；transcription or transformation?” *Management Decision*，43(9)，1262－1268.

这是一种强调精益生产和供应商关系的生产系统。JIT 的哲理就是通过削减多余库存以及去除非增值环节来消除浪费。首先采用 JIT 的是大野耐一领导的丰田制造车间，当时主要的想法是为了满足顾客需求。在丰田成功引入 JIT 系统之后，很多公司也采用了这种生产方式。在 20 世纪 70 年代中期到 80 年代初期，JIT 系统被全球许多公司广泛采用。

协同计划、预测和补货（CPFR）强化了供应链管理中库存控制的概念。信息技术推动了协同计划、预测和补货的发展。例如，沃尔玛与 600 多个交易伙伴进行协同计划、预测和补货①。这种合作体现在很多方面，如供应商管理库存、与供应商免费分享信息、直接转运的配送方法等。沃尔玛的库存管理是革命性的，同时也是最佳实践的典范。由此可见，库存对供应链管理是具有战略意义的。

7.2 库存的概念

7.2.1 库存的定义

库存是指一个企业所持有的物品或资源储备。库存管理系统是决定库存水平、补货时间以及订货量的一系列策略和程序。

制造库存的种类包括：

- 原材料库存。
- 在制品库存（包括零部件）。
- 产成品库存。

在配送中心和零售商仓库的库存通常是产成品库存。

7.2.2 持有库存的目的

当供过于求时便产生了库存。持有存货的目的是为了实现规模经济，避

① Dave Cutler, "CPFR: Time for the breakthrough." *Supply Chain Management Review*, May/June 2003, 54-60.

免由于需求不确定性和不稳定性而产生的缺货，以及防备提前期内的需求波动。下面讨论的是周转库存、安全库存、季节性库存和在途库存。

周转库存（cycle Inventory）。周转库存是指因购买或生产的产品数量大于顾客的实际需求量而在供应链上积累起来的库存。存在周转库存的原因是供应链上每个阶段的成员都试图实现规模经济以降低总成本。

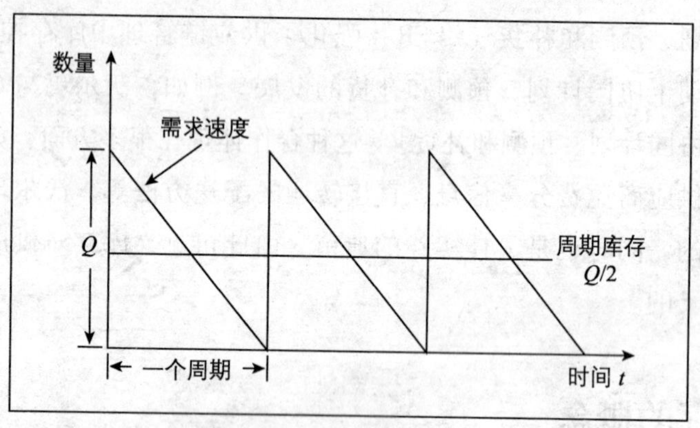

图 7.1　周转库存

图 7.1 显示了周转库存水平。这是一个二维的库存问题，水平方向表示时间，从一个周期的开始到其结束表示两个订单之间的时间；垂直方向表示现有库存量。我们假定此时不存在安全库存。当库存量为零时，仓库就会发出一个订单并能立刻收到所订的货物。这涉及两个方面的问题："什么时候订货"和"订多少货"。与这两个问题有关的是订货成本和库存持有成本。而总成本就是订货成本和库存持有成本之和。

安全库存（Safety inventory）。安全库存的存在是为了防备在需求、供应、提前期方面的波动和不确定性。不确定性的来源主要有两个：数量和时间。

顾客的需求量会随着时间而出现波动。有时需求量会超过预期的销售量，而有时则低于预期的销售量。因此，安全库存是必需的。

从供应角度来看，供应商补充的产品可能存在质量问题，从而导致可用产品的数量小于原先的订购数量。此外，供应商还可能无法按时交货。所以，持有安全库存是为了防范质量和延期交货问题。

季节性库存（seasonal inventory）。当需求是季节性的时候，设置季节性库存是为了应对需求的波动。

在途库存（in-transit inventory）。在途库存是提前期内需求量的一个函数。在途库存在供应配送期间起到了保障作用。

7.2.3 独立需求和相关需求的库存

独立需求（independent demand）来源于公司的外部，且不是其他产品的一部分。换句话说，它与其他产品的需求无关。

相反，相关需求（dependent demand）是一种基于生产水平的派生需求，一种产品的需求与其零部件的需求直接相关。例如，家具生产商预测了餐桌的需求，这是一个独立的要求。然而，制造商需要生产的桌腿数量取决于需要生产的餐桌数量。因此，桌腿是一种相关需求。

7.2.4 库存的成本

库存用于提高顾客的服务水平。然而，投资在库存上的资金对企业及其供应链来说是一种机会成本。因此，供应链的主管需要权衡高库存水平和低库存水平的优势与劣势。有两项与库存有关的主要成本：一项是持有成本（holding cost）；另一项是订购成本（ordering cost），也被称为准备成本（set-up cost）。

保持低库存的主要原因是与持有库存相关的成本。投资在库存中的资金已不能用于其他投资。库存持有成本包括贮存、设备、装卸、保险、盗窃、破损、过时、折旧、税金以及资金的机会成本。

保持高库存的主要原因是补货成本或准备成本。订货成本包括为采购做准备时产生的相关管理和人工成本。准备成本（经常在制造业中使用）包括机器设备的设置、填写所需的文件和物料运输等活动产生的成本。

为了计算年度库存成本，需要三个数据。

（1）库存持有成本，这是产品成本的一个百分比。每年的库存持有成本是库存价值的一个百分比，包括融资、货币贬值、仓储、保险、盗窃和废料等费用。

（2）订货成本，包括采购成本、装卸成本和运输成本。

(3) 顾客服务水平用持有的安全库存数量来表示，如用来满足最紧急的顾客服务需求所需的仓库数量。这些数据可以从销售部门获得。

7.2.5 库存差错的成本

因为库存是一种资产，所以许多企业都试图更有效地管理库存。客户服务部门的员工经常会拿着计算机打印出来的库存清单去仓库实地核实。仓库管理员要花费若干小时来搜索错位的、损坏的和被盗的物品。采购员不断地补充已收到但无法找到的产品。库存差错除了会为公司或供应链造成数百万美元的损失之外，还会影响利润率、库存周转率、订单履行率和顾客服务水平。此外，库存差错还将扰乱采购和仓储运作。

让我们假设一种情况。假设你的公司获得的税前利润为5%。由于库存差错，公司每月会损失150美元。你的公司需要增加多少新的销售收入才能弥补每月150元的利润损失？

新的销售收入×税前净利润的百分比=损失　　(7.1)

新的销售收入×5%=150美元

3000美元×5%=150美元

如果用150美元除以5%，我们会得到3000美元。这意味着由于库存差错，你的公司每月需要增加3000美元的新销售额才能弥补150元的损失。在表7.2的第一栏选择一个数，然后确定如果有库存差错的话，你的公司需要增加多少新的销售收入才能弥补这个差错。

表7.2　库存差错的影响

每月由于库存差错而损失的价值（美元）	税前净利润（美元）			
	1%	2%	5%	10%
	每月为弥补损失所需的新销售额			
10	1000	500	200	100
100	10000	5000	2000	1000
1000	100000	50000	20000	10000
10000	1000000	500000	200000	100000

7.2.6 库存的度量指标

库存指标是用来评估如何有效地使用供应链资源来满足顾客需求。库存指标从实际核对库存数量、重量及体积开始。经常使用的三个库存指标是：平均库存总值、库存周转率、供应周数。

平均库存总值（average aggregate inventory）。平均库存总值包括公司一年内持有的原材料、在制品库存和成品库存，通常以货币来表示。

库存周转率（inventory turnover）。库存周转率表示的是一年中库存销售的速度。高的库存周转率是比较理想的，它能产生高额的利润。计算库存周转率的公式如下：

库存周转率＝年度销售成本/平均库存总值 (7.2)

供应周数（weeks of Supply）。供应周数是指一家公司能用现有库存来满足几周的需求。从库存成本的角度来看，供应周数越小，库存成本也就越低。库存供应周数计算如下：

供应周数＝平均库存总值/每周销售成本 (7.3)

实例7.1：库存指标

EXUL公司最近的一份会计报表显示该公司包括原材料、在制品库存和产成品在内的平均库存总值已经达到了10000000美元。今年产品的销售额是20000000美元。公司一年运营50周。供应周数是多少？库存周转率是多少？

实例7.1的答案

供应周数计算如下：

供应周数＝平均库存总值/每周销售成本

＝10000000美元/（20000000美元/50）＝25（周）

库存周转率＝年度销售成本/平均库存总值

＝20000000美元/10000000美元＝2（次）

7.3 库存成本管理——基于 EOQ 的库存模型

7.3.1 经济订货批量

经济订货批量模型（EOQ 模型），是通过订购最佳批量，来最小化年度总订货成本和库存持有成本，并实现规模经济。运用经济订货批量模型需要的假设如下：

1. 需求是稳定的、已知的常量。
2. 库存成本只由持有成本和订货成本构成。
3. 持有成本和订货成本是固定的、已知的常量。
4. 所有库存瞬时补货。
5. 没有价格折扣和多产品的联合订货。
6. 不考虑提前期和安全库存。

如上所述，与此模型相关的成本只有持有成本和订货成本。根据这一信息，对于一个给定的订货量，其总成本的表达式如下：

$$\text{总成本} = \left(\frac{D}{Q}\right)S + \left(\frac{Q}{2}\right)H \tag{7.4}$$

其中：

Q = 订货量

h = 年库存持有成本比率

C = 单位产品的采购成本

$H = h \times C$，单位产品的年持有成本

S = 每个订单的订货成本或生产准备成本

D = 年需求量

订货成本或准备成本是指每次订货发生的固定成本。这些成本与订货量无关。订货成本包括与订货有关的管理和人工成本，以及运输和接收的成本。年度订货总成本随订货量的增加而减少。

一般说来，库存持有成本是资金成本、保险、税金、破损以及过时等因素的一个函数。库存持有总成本随着订货批量及平均周转库存的增加而增加。

EOQ 是通过确定最小成本点来获得的。通过对总成本曲线关于订货量求一阶导数，就能得到最低成本点。另外，使持有成本等于订货成本也能够确定最佳订货批量。

$$\frac{Q}{2}H = \frac{D}{Q}S$$

$$\text{经济订货批量（EOQ）} = \sqrt{\frac{2DS}{H}} \tag{7.5}$$

其中：

Q = 订货量

h = 年库存持有成本比率

C = 单位产品的购买成本

$H = h \times C$，单位产品的年持有成本

S = 每个订单的订货成本或生产准备成本

D = 年需求量

在使用上面的公式时，确保需求和持有成本的时间单位相同是很重要的。例如，如果需求量是以年需求量的形式表示的，那么单位持有成本也应该是年成本。EOQ 模型表明管理者在选择订货量时必须在持有成本和订货成本之间慎重权衡。例如，当丰田公司实施 JIT 系统时，它显著缩短了准备时间，从而减少了准备成本。低的准备成本使得以 JIT 方式进行小批量生产成为可能，同时小批量生产能减少库存持有成本。

最优订单间隔时间（Optimal Time between Orders，TBO）。每年的最优订单间隔时间或最优订货频率可由下列公式得出：

$$\text{最优订单间隔时间（TBO）} = \frac{EOQ}{D} \tag{7.6}$$

TBO 可以根据需要用周或月来表示。例如，如果你想用周来表示 TBO，用一年的工作周数乘以年 TBO 即可。实例 7.2 给出了详细的说明。

实例 7.2：EOQ 和 TBO

奎克汽车公司每年使用 50000 个减速器，每个减速器的采购价格为 2.40 美元。每次处理和接受订单将花费 50 美元，每个减速器在库存中保存一年的费用是 0.90 美元。经济订货批量是多少？如果采用 EOQ，订单下达的频率为多少？

实例 7.2 的答案

$$EOQ = Q^* = \sqrt{\frac{2 \times 50000 \times 50}{0.90}} = 2357$$

当采用 EOQ 时，最优订单间隔时间可以用如下多种时间单位表示：

$$\text{TBO}_{\text{eoq}} = \frac{EOQ}{D} \times 1\text{ 年} = \frac{2357}{50000} \times 1 = 0.047\text{ 年}$$

$$\text{TBO}_{\text{eoq}} = \frac{EOQ}{D} \times 12\text{ 月} = \frac{2357}{50000} \times 12 = 0.57\text{ 月}$$

$$\text{TBO}_{\text{eoq}} = \frac{EOQ}{D} \times 52\text{ 周} = \frac{2357}{50000} \times 52 = 2.45\text{ 周}$$

7.3.2 库存补货——再订货点策略

再订货点策略（reorder point system），也被称为持续检查策略（continuous review system），是一种跟踪库存水平的库存策略。一旦库存水平到达再订货点，商家就会发出订单来补充库存。再订货点由两部分组成：（1）提前期内的平均需求；（2）安全库存。再订货点计算如下：

$$R = d'L + z\sigma\sqrt{L} \tag{7.7}$$

其中：

R = 再订货点　　d' = 平均需求

L = 补货提前期　　z = z 值

σ = 每个周期内需求的标准差

实例7.3：再订货点策略

一个电视机分销商正在为仓库中某一类型的电视机制定库存策略。假设交货提前期为2周。分销商要确保的服务水平为97%。平均每周的需求量是200台，一年有52周。每周需求的标准差为50个单位。每次处理和接受订单的成本是60美元，每年的单位产品持有成本是1.20美元。

a. 安全库存是多少?

b. 再订货点是多少?

c. 订货量是多少?

d. 再订货点上的现有库存能够满足的需求（平均每周需求量）周数是多少?

实例7.3的答案

a. 对于97%的服务水平，正态分布表（表A）中的z值为1.88。

安全库存 $= z\sigma\sqrt{L} = 1.88 \times 50 \times \sqrt{2} = 133$(台)

b. 再订货点 $= d'L + z\sigma\sqrt{L} = 200 \times 2 + 1.88 \times 50\sqrt{2} = 533$（台）

c. 订货量：$\text{EOQ} = \sqrt{\dfrac{2 \times (200 \times 52) \times 60}{1.20}} = 1020$（台）

d. 再订货点上现有库存能够满足的周需求数：533/200 = 2.67周

注：

缺货一般只会发生在提前期内。提前期内当需求超过了再订货点即提前期内可获得的库存数量时，就会发生缺货。

当库存不足时，订单将会被延期交付或者丢失。

7.3.3 库存补货——定期检查策略

定期检查策略（periodic review system）是在固定的时间间隔内对库存水平进行检查。因为采用了不变的补货周期，所以该库存策略简化了交付计划。

定期检查策略也由两个部分组成：（1）提前期和固定补货间隔内的平均需求；（2）安全库存。计算公式如下：

目标库存水平（target order level，TOL）＝提前期和固定补货间隔内的平均需求＋安全库存

$$\text{TOL} = d'(L + OI) + z\sigma\sqrt{L + OI} \tag{7.8}$$

其中：

d' ＝平均需求

L ＝提前期

OI ＝固定补货间隔时间

σ＝每个周期内需求的标准差

z ＝z 值

实例 7.4：定期检查策略

罗斯魔方玩具店销售的魔方顽童游戏的每周需求呈正态分布，平均每周的需求是 1500 单位，每周的标准差是 200 单位。补货提前期为 2 周。该商店的经理希望能达到 95% 的周期服务水平（cycle service level），并且决定每 4 周进行一次库存检查。

a. 如果采用定期检查策略，计算安全库存和目标库存水平。

b. 当前仓库里有 1275 件该商品，商店管理者现在应该订购多少？

实例 7.4 的答案

a. 在正态分布表（表 A）中查找 95% 所对应的 z 值。95% 周期服务水平的 z 值是 1.645。

安全库存：$z\sigma\sqrt{L + OI} = 1.645 \times 200\sqrt{2 + 4} = 806$（单位）

$\text{TOL} = d'(L + OI) + z\sigma\sqrt{L + OI} = 1500 \times (2 + 4) + 806 = 9806$（单位）

b. 应该订购的数量：$9806 - 1275 = 8531$（单位）

7.4 提高顾客服务水平——管理安全库存

7.4.1 安全库存

一般来说，持有安全库存（safety stock）有两个原因：第一个原因是应对需求的变化；第二个原因是应对供应方在时间和数量上的变化。供应商交货的时间可能晚于其承诺的时间，或者在交付的产品中可能存在不合格品。在这些情况下，可利用的产品数量将会减少，安全库存就可以用来防止出现缺货。安全库存的数量就是在提前期内的平均需求和现有库存的差值。

安全库存与需求的预测误差有关。在第5章中我们讨论了预测需求与实际需求的偏差，这种类型的偏差是不可避免的，但是可以通过安全库存来弥补。

7.4.2 周期服务水平

周期服务水平（cycle service level，CSL）是一个在供应链管理中被广泛使用的专业术语，它是指在任意给定的补货周期内能用现有库存满足所有需求的概率。缺货是指在提前期内的需求量超过现有库存的一种状况。使用安全库存可以保证周期服务水平。周期服务水平和安全库存可以表示为：

$$\text{周期服务水平（CSL）} = 1.0 - \text{缺货的概率} \tag{7.9}$$

$$\text{安全库存} = z \times \sigma \times \sqrt{\frac{L}{FP}} \tag{7.10}$$

其中：

z = z 值　　σ：需求的标准差

L：提前期　　FP：预测周期

实例7.5：安全库存

如果要求的周期服务水平为98%，提前期为3周，预测的时间周期以周为单位表示，并且周需求的标准差为35单位，那么安全库存应为多少？

实例7.5的答案

利用正态分布表（表A），我们可以查到当周期服务水平为98%时的z值为2.05。预测的周期以周为单位表示。

$$安全库存 = z \times \sigma \times \sqrt{\frac{L}{FP}} = 2.05 \times 35 \times \sqrt{3/1} = 124.3\ (单位)$$

7.4.3 订单履行率

订单履行率（fill rate）是指任意既定的且随机选择的需求能立刻被现有库存满足的概率。订单履行率用下面的公式进行计算：

$$订单履行率(FR) = 1.0 - \frac{E(US)}{Q} \tag{7.11}$$

其中：

Q = 订货量或批量

$E(US)$ = 每个补货周期内预期的缺货数量

当需求服从正态分布时，我们就能使用表B，即非标准正态分布表（An Unusual Normal Distribution Table），它也被称为单位正态损失积分表（Table of Unit Normal Loss Integrals）。这张表将z值转化为预期短缺数量价值的标准差。给定的安全库存数量所能达到的订单履行率可用以下公式求得。

$$FR = 1.0 - \frac{N[z]s}{Q} \tag{7.12}$$

其中：

$E(US) = N[z]s$

$N[z]$ 由z值转化而来

S = 需求的标准差

$N[z]$的值能在非正态分布表（表B）中查到。为达到给定的订单履行率，所需的安全库存数量能通过计算必要的$N[z]$值来求得：

$$N[z] = \frac{(1.0 - FR)Q}{s} \tag{7.13}$$

在这种情况下，所需的 z 值能满足期望订单履行率的要求。

实例 7.6：周期服务水平和订单履行率的比较

魔方顽童玩具公司的订货量为 1000 单位。每周需求的标准差为 100 单位。补货提前期为 1 周。比较它的订单履行率和周期服务水平。

实例 7.6 的答案

我们用表 A（正态分布表）来确定周期服务水平，并用表 B（非标准正态分布表）来确定 $N[z]$ 的值。对于同样的数 z，订单履行率远远高于周期服务水平（如表 7.3 所示）。例如，当 $z=1$，周期服务水平为 84%，订单履行率为 99% 时，实际预期的缺货数量约为 8。

69% 的服务水平会使供应链的主管感到恐慌，因为他们面对着大约 30% 的缺货率。事实上，69% 的周期服务水平通常等同于 98% 的订单履行率。一般来说，增加安全库存能使订单履行率和周期服务水平都得到提高。

表 7.3

周期服务水平			订单履行率		
z	周期服务水平	缺货的概率	$N[z]$	预期的缺货量；$N[z]$ * std	订单履行率
0.50	0.6915	0.3085	0.1978	19.78	0.98022
1.00	0.841	0.159	0.083320	8.33200	0.99167
1.50	0.933	0.067	0.029310	2.93100	0.99707
1.65	0.951	0.050	0.020640	2.06400	0.99794
1.96	0.975	0.025	0.009445	0.94450	0.99906
2.00	0.977	0.023	0.008491	0.84910	0.99915
2.33	0.990	0.010	0.003352	0.33520	0.99966
3.00	0.999	0.001	0.000382	0.03822	0.99996

表 A 正态分布表

z	0.00	0.01	0.02	0.03	0.04	0.05	0.06	0.07	0.08	0.09
0.0	0.5000	0.5040	0.5080	0.5120	0.5160	0.5199	0.5239	0.5279	0.5319	0.5359
0.1	0.5398	0.5438	0.5478	0.5517	0.5557	0.5596	0.5636	0.5675	0.5714	0.5753
0.2	0.5793	0.5832	0.5871	0.5910	0.5948	0.5987	0.6026	0.6064	0.6103	0.6141
0.3	0.6179	0.6217	0.6255	0.6293	0.6331	0.6368	0.6406	0.6443	0.6480	0.6517
0.4	0.6554	0.6591	0.6628	0.6664	0.6700	0.6736	0.6772	0.6808	0.6844	0.6879
0.5	0.6915	0.6950	0.6985	0.7019	0.7054	0.7088	0.7123	0.7157	0.7190	0.7224
0.6	0.7257	0.7291	0.7324	0.7357	0.7389	0.7422	0.7454	0.7486	0.7517	0.7549
0.7	0.7580	0.7611	0.7642	0.7673	0.7704	0.7734	0.7764	0.7794	0.7823	0.7852
0.8	0.7881	0.7910	0.7939	0.7967	0.7995	0.8023	0.8051	0.8078	0.8106	0.8133
0.9	0.8159	0.8186	0.8212	0.8238	0.8264	0.8289	0.8315	0.8340	0.8365	0.8389
1.0	0.8413	0.8438	0.8461	0.8485	0.8508	0.8531	0.8554	0.8577	0.8599	0.8621
1.1	0.8643	0.8665	0.8686	0.8708	0.8729	0.8749	0.8770	0.8790	0.8810	0.8830
1.2	0.8849	0.8869	0.8888	0.8907	0.8925	0.8944	0.8962	0.8980	0.8997	0.9015
1.3	0.9032	0.9049	0.9066	0.9082	0.9099	0.9115	0.9131	0.9147	0.9162	0.9177
1.4	0.9192	0.9207	0.9222	0.9236	0.9251	0.9265	0.9279	0.9292	0.9306	0.9319
1.5	0.9332	0.9345	0.9357	0.9370	0.9382	0.9394	0.9406	0.9418	0.9429	0.9441
1.6	0.9452	0.9463	0.9474	0.9484	0.9495	0.9505	0.9515	0.9525	0.9535	0.9545
1.7	0.9554	0.9564	0.9573	0.9582	0.9591	0.9599	0.9608	0.9616	0.9625	0.9633
1.8	0.9641	0.9649	0.9656	0.9664	0.9671	0.9678	0.9686	0.9693	0.9699	0.9706
1.9	0.9713	0.9719	0.9726	0.9732	0.9738	0.9744	0.9750	0.9756	0.9761	0.9767
2.0	0.9772	0.9778	0.9783	0.9788	0.9793	0.9798	0.9803	0.9808	0.9812	0.9817
2.1	0.9821	0.9826	0.9830	0.9834	0.9838	0.9842	0.9846	0.9850	0.9854	0.9857
2.2	0.9861	0.9864	0.9868	0.9871	0.9875	0.9878	0.9881	0.9884	0.9887	0.9890
2.3	0.9893	0.9896	0.9898	0.9901	0.9904	0.9906	0.9909	0.9911	0.9913	0.9916
2.4	0.9918	0.9920	0.9922	0.9925	0.9927	0.9929	0.9931	0.9932	0.9934	0.9936
2.5	0.9938	0.9940	0.9941	0.9943	0.9945	0.9946	0.9948	0.9949	0.9951	0.9952
2.6	0.9953	0.9955	0.9956	0.9957	0.9959	0.9960	0.9961	0.9962	0.9963	0.9964
2.7	0.9965	0.9966	0.9967	0.9968	0.9969	0.9970	0.9971	0.9972	0.9973	0.9974
2.8	0.9974	0.9975	0.9976	0.9977	0.9977	0.9978	0.9979	0.9979	0.9980	0.9981
2.9	0.9981	0.9982	0.9982	0.9983	0.9984	0.9984	0.9985	0.9985	0.9986	0.9986
3.0	0.9987	0.9987	0.9987	0.9988	0.9988	0.9989	0.9989	0.9989	0.9990	0.9990
3.1	0.9990	0.9991	0.9991	0.9991	0.9992	0.9992	0.9992	0.9992	0.9993	0.9993
3.2	0.9993	0.9993	0.9994	0.9994	0.9994	0.9994	0.9994	0.9995	0.9995	0.9995
3.3	0.9995	0.9995	0.9995	0.9996	0.9996	0.9996	0.9996	0.9996	0.9996	0.9997

表B 非标准正态分布表

（$z/N[z]$ 的转化）

z	0.00	0.01	0.02	0.03	0.04	0.05	0.06	0.07	0.08	0.09
0.0	0.3989	0.3940	0.3890	0.3841	0.3793	0.3744	0.3697	0.3649	0.3602	0.3556
0.1	0.3509	0.3464	0.3418	0.3373	0.3328	0.3284	0.3240	0.3197	0.3154	0.3111
0.2	0.3069	0.3027	0.2986	0.2944	0.2904	0.2863	0.2824	0.2784	0.2745	0.2706
0.3	0.2668	0.2630	0.2592	0.2555	0.2518	0.2481	0.2445	0.2409	0.2374	0.2339
0.4	0.2304	0.2270	0.2236	0.2203	0.2169	0.2137	0.2104	0.2072	0.2040	0.2009
0.5	0.1978	0.1947	0.1917	0.1887	0.1857	0.1828	0.1799	0.1771	0.1742	0.1714
0.6	0.1687	0.1659	0.1633	0.1606	0.1580	0.1554	0.1528	0.1503	0.1478	0.1453
0.7	0.1429	0.1405	0.1381	0.1358	0.1334	0.1312	0.1289	0.1267	0.1245	0.1223
0.8	0.1202	0.1181	0.1160	0.1140	0.1120	0.1100	0.1080	0.1061	0.1042	0.1023
0.9	0.1004	0.09860	0.09680	0.09503	0.09328	0.09156	0.08986	0.08819	0.08654	0.08491
1.0	0.08332	0.08174	0.08019	0.07866	0.07716	0.07568	0.07422	0.07279	0.07138	0.06999
1.1	0.06862	0.06727	0.06595	0.06465	0.06336	0.06210	0.06086	0.05964	0.05844	0.05726
1.2	0.05610	0.05496	0.05384	0.05274	0.05165	0.05059	0.04954	0.04851	0.04750	0.04650
1.3	0.04553	0.04457	0.04363	0.04270	0.04179	0.04090	0.04002	0.03916	0.03831	0.03748
1.4	0.03667	0.03587	0.03508	0.03431	0.03356	0.03281	0.03208	0.03208	0.03137	0.02998
1.5	0.02931	0.02865	0.02800	0.02736	0.02674	0.02612	0.02552	0.02494	0.02436	0.02380
1.6	0.02324	0.02270	0.02217	0.02165	0.02114	0.02064	0.02015	0.01967	0.01920	0.01874
1.7	0.01829	0.01785	0.01742	0.01699	0.01658	0.01617	0.01578	0.01539	0.01501	0.01464
1.8	0.01428	0.01392	0.01357	0.01323	0.01290	0.01257	0.01226	0.01195	0.01164	0.01134
1.9	0.01105	0.01077	0.01049	0.01022	0.009957	0.009698	0.009445	0.009198	0.008957	0.008721
2.0	0.008491	0.008266	0.008046	0.007832	0.007623	0.007418	0.007219	0.007024	0.006835	0.006649
2.1	0.006468	0.006292	0.006120	0.005952	0.005788	0.005628	0.005472	0.005320	0.005172	0.005028
2.2	0.004887	0.004750	0.004616	0.004486	0.004358	0.004235	0.004114	0.003996	0.003882	0.003770
2.3	0.003662	0.003556	0.003453	0.003352	0.003255	0.003159	0.003067	0.002977	0.002889	0.002804
2.4	0.002720	0.002640	0.002561	0.002484	0.002410	0.002337	0.002267	0.002199	0.002132	0.002067
2.5	0.002005	0.001943	0.001883	0.001826	0.001769	0.001715	0.001662	0.001610	0.001560	0.001511
3.0	0.000382	0.000369	0.000356	0.000344	0.000332	0.0003199	0.000309	0.000298	0.000287	0.000277

7.5 电子商务环境下库存管理的新趋势

库存是电子商务的一个核心组成部分，同时对企业经营绩效也有直接的影响。今天，供应链管理正在从理论和实践两方面影响库存管理。例如，供应商管理库存（VMI）、天天低价（EDLP）和拉式系统正在影响着库存管理的方式。

7.5.1 牛鞭效应和信息共享

牛鞭效应是由于供应链中缺乏沟通和信息共享而造成的一种低效状况。牛鞭效应会导致过量的安全库存，并且导致供应链上游的库存数量呈指数变化。供应商需持有过量库存来满足批发商的安全库存，批发商需持有过量库存来满足零售商的安全库存。由于在整个供应链中缺乏信息沟通，供应链各层为了防止缺货，囤积过量库存，从而导致库存积压。

就像我们在第1章讨论的，牛鞭效应的实质就是顾客需求在零售商向供应商传递的过程中被人为地扭曲了。许多领先的企业开发了一些应对牛鞭效应的对策。以下介绍一些可以减弱牛鞭效应的对策：

- 对策1——降低需求的不确定性。提供反映顾客真实需求的信息，并且关注最小存货单位（SKU）的需求信息。
- 对策2——降低需求的波动性。管理顾客需求波动性的可行方法包括用天天低价来形成一个稳定的需求量。就供应商而言，供应商管理库存可以降低供应链上游订单的波动性。
- 对策3——缩短提前期。通过与贸易伙伴的沟通和信息共享来缩短供应提前期。
- 对策4——提高信息的准确度。在供应链内建立战略合作伙伴关系，通过成员之间共享需求、库存和生产信息来减少库存。为每个贸易伙伴提供销售点的数据。可以利用协同计划、预测和补货来完成此项工作。
- 对策5——减小订货批量。运用电子数据交换（EDI）和库存控制信息系统来降低订货成本。如果无法实现整车装运，就使用第三方物流服务。通过减小订货批量、增加订货次数的方法来降低库存水平。

一个成功整合的供应链对于减少企业库存总成本来说是很重要的。同时，信息对于平衡供应链的反映时间和效率也是很重要的。如果信息非常准确、相关且及时，牛鞭效应就可以被减弱。

7.5.2 库存管理中的推拉组合战略

在电子商务环境下，生产和库存是被推式系统和拉式系统所驱动的。在不知道顾客需求的情况下将库存推向供应链下游，常常会导致将不需要的产品运送到不恰当的地方。与此同时，零售商会因为没有市场所需的产品而遭受损失。如果一种产品需要 3 周时间来补货，那么其面临的需求波动性将比用 3 天时间来补货大得多。换言之，如果提前期只是 3 天而非 3 周的话，零售商持有的库存可以少很多。因此，拉式库存管理方法对供应链管理者而言是非常有吸引力的。

长期以来，约翰迪尔公司（John Deere）采用一个基本库存管理法则，即为每个零售商保留的库存量为其年销售额的 30%。但是，这个经验法则并没有考虑季节性变化和个别经销商的特殊要求。为了克服这一缺陷，约翰迪尔公司的商用和家用设备部门决定将推式库存管理方法向拉式库存管理方法转变。从 2002 年该项目启动以来，约翰迪尔公司引进了价值 300 万美元的智能优化软件，并从传统的推式库存管理方式转变为拉式库存管理方式。该项目的投资回报是巨大的，约翰迪尔公司将库存—销售比率降低了一半，同时减少了价值为 10 亿美元的库存①。

智能优化软件将约翰迪尔公司的 3 家工厂和 25 个经销商的数据加载到该软件的多级库存规划和优化模块中，涉及的产品从割草机到高尔夫球场保养设备、充气装配和多功能拖拉机，应有尽有。通过使用这一优化软件，迪尔公司每周对各经销商所需的产品进行预测。这个优化系统使得约翰迪尔公司实施拉式库存系统成为可能。顾客服务水平得到改善，同时安全库存投资得以减少。

将推式系统转变为拉式系统的主要目的是为了更好地管理供应链上的库存，以应对需求和供应两方面的变化。

---

① Ephraim Schwartz, "John Deere's Supply-Chain Victory." *InfoWorld* 05/13/05, http: //www. crmbuyer. com/story/43103. html.

7.5.3 供应商管理库存

供应商管理库存（vendor managed inventory，VMI）是管理供应链库存的一种协调方法。制造商对批发商或零售商的库存负责。制造商通过电子数据交换系统或互联网接收有关分销商销售情况和库存水平的数据。与此同时，制造商有权使用批发商或零售商的库存数据，并且可以查看分销商库存中的所有产品。使用供应商管理库存的方法，制造商（而不是分销商或零售商）负责制定和维护库存计划。供应商管理库存的目的是优化供应链的库存管理。

目前，制造业和服务业都采用了供应商管理库存的方法。巴克斯特（Baxter）公司是一家医疗设备公司，该公司与其医院客户一起开发了一种新型伙伴关系。它们通过一系列明确的、预定的标准来选择目标客户①。大买家愿意签订批量合同，以地区为单位，以获得划算的服务和稳定的信息。医院为每一个病房制定了库存需求。巴克斯特长驻医院的职员每天或隔几天就会清点每个病房的存货量，并将这些信息输入进手持电脑，然后传送到巴克斯特的仓库。仓库便会生成一个补货订单。订单上的产品将被放进用于病房的特殊容器，并在第二天或未来几天内直接运送到病房。最后，巴克斯特将发票送到医院。

供应商管理库存系统建立了一个新的物流渠道，改变了医疗设备公司传统的物流管理方法。无库存系统对于大客户是非常有吸引力的，因为医院愿意外包它的非核心职能。然而，无库存系统要让运作管理经理和客户管理小组有权管理客户需求。

7.5.4 减少库存：精益库存系统

一般来说，精益库存系统已经在很多产业得到应用，比如汽车、计算机和配送行业。通过不预先组装产成品的直销模式，戴尔公司意识到了精益库

① William C. Copacino and Jonathan L. S. Byrnes，"How to become a supply chain master." *Supply Chain Yearbook*, 2002, 37 - 42.

存系统的盈利能力。

在引入精益系统之前，丰田公司的生产存在着很多缺陷，如大批量生产、准备时间长、过量库存和延迟交货。因此，作为控制这些问题的一种机制，精益生产管理就应运而生。为了取代大批量生产方式，丰田公司在减少准备时间和生产多样化方面进行了研究，期望通过频繁的小批量交货满足当前的需求，并提高公司的效率。实施精益系统减少了周期库存，同时也减少了系统的各级库存。

电子数据交换是在公司内部或整个供应链上实施精益运作的一个有效工具。使用电子数据交换技术后，客户能够通过远程中心控制点来减少库存。计算机系统和信息共享的集成可以使需求和库存数据在供应网络中分享。此外，当实施精益库存系统时，供应链的各贸易伙伴之间必须加强彼此的信任和保持良好的关系，因为这种精益方法需要稳定、快速和灵活的原材料供应。

根据需求来区分不同的最小存货单位（SKU）是用于控制成本和库存的精益库存管理策略之一。一般来说，供应链处理每个最小存货单位的方式是相同的。对于各种最小存货单位的产品，零售商下达大额订单，生产商大量生产。与以往相比，今天的生产商要生产更多款式和尺寸的产品，其中有些是滞销产品，有些是畅销产品。供应链所面临的风险是：一旦那些滞销产品过时，它将不得不承受巨大的经济损失。最近，像沃尔玛和家得宝这样的大型零售连锁已启动了精益零售战略，并要求制造商持续地为各零售门店提供小批量的产品①。各种最小存货单位的产品应根据其特点采用不同的采购方法。使用量大、变动小、运输快捷的最小存货单位产品可以通过连续补货和使用离岸供应商来减少成本。长期合同可就成本、交付时间和服务等方面与供应商进行谈判。另一方面，使用量小、变动大、运输缓慢的最小存货单位产品应该由当地的供应商负责提供，以缩短采购提前期。根据各种最小存货单位的数量对库存进行微调，供应链可以增加利润，并降低库存风险。

① Frederick H. Abernathy, John T. Dunlop, Janice H. Hammond, and David Well, "Control your inventory in a world of lean retailing." *Harvard Business Review*, Nov. - Dec. 2000, 169 - 176.

7.5.5 与信息技术相关的问题

计算机系统给管理人员和员工提供了大量的信息、报告和分析数据以制定重要的商业决策。但是，使用这些数据的人往往不知道生成这些报告所使用的数据以及所运用的计算方法。

让我们看一个例子。某软饮料经销商发现一种名为“比糖更甜”的软饮料销售量下降了，但是库存软件所生成的报告却建议对该产品增加库存。消费量的历史数据显示在表7.4中。

表7.4

2005年	销售量	2006年	销售量
5月	214	1月	98
6月	256	2月	88
7月	276	3月	76
8月	252	4月	82
9月	178	5月	78
10月	162	6月	80
11月	118	7月	75
12月	106	8月	76

从表7.4中我们可以看出，这种软饮料的销售量从2006年1月开始下降。然而，库存系统生成的2006年9月的需求量为138箱。库存分析师声称，需求预测是基于以往销售量的平均值。这种平均需求是根据产品在库总时间计算出来的。这种产品在配送中心存放了18个月，而在此期间公司共销售了2215箱，也就是平均每月大约138箱，因此系统预测2006年9月的销售量为138箱。库存管理者解释说，库存信息系统只是根据其编制方式来分析产品的需求量。

让我们看看另一个例子。某经销商感到市场对某一产品的需求减少了，但库存信息系统预计的该产品需求量却增长了7%。这一增长趋势是由过去3个月的销售额和去年同期的销售记录相比得出的。最近的销售数据显示，该产品在过去5个月的销售量降低了5%。进一步调查表明，库存信息系统是根据所售商品的成本而非销售量来估算需求趋势的。今年，售出商品的成本比上年增加了12%。因此，该计算机系统自动地预测需求会有所增加。结果导致该配送中心积压了不需要的产品。

供应链专家认识到，信息系统只能按照它的设计和程序而发挥作用。人的智慧是需求和库存管理的关键。

7.6 在供应链中运用库存管理增值

彼得·德鲁克（Peter Drucker）用下面这句话描述了库存管理的奥秘："我们今天对仓储的了解并不比拿破仑时代对非洲大陆的了解多。"这就是为什么经济衰退会对存货产生巨大影响的原因。在1981年到1982年的经济衰退时期，美国的国民生产总值下降了1050亿美元，而仅库存投资就减少了950亿美元[①]。这意味着减少的库存约占国民生产总值减少量的90%。这个现象说明了库存管理对一个国家财富的重要性。

最重要的供应链控制点就是所服务的市场或顾客。通过集中于这一控制点，并围绕着这一控制点配置所有的其他资源，供应链就可以实现协同。通过协同计划、生产和补货来整合供应链各环节是一个解决方案。该方案将供应链看成是一个由实际市场需求驱动的实体。首先合并来自所有零售商的订单，然后制定相应的生产计划。安全库存根据客户需求变动的幅度和产能而定，同时为防备需求的大幅波动保留一定的柔性。

供应链的成功不仅取决于销售，还取决于在顾客需要时能确保恰当的产品位于恰当地点的能力。更好的库存控制能使该供应链在市场中处于独特的优势地位，正如沃尔玛的最佳实践一样。玩过啤酒游戏后，我们会认识到降低成本和提高顾客服务水平的关键就是制定整个供应链的联合商业计划，为

① Heng, M. S. H., Wang Y. C. W. and He, X. (2005). Supply chain management and business cycles. *Supply Chain Management: An International Journal*. 10(3), 157 - 161.

所有参与的企业生成可行的销售预测，并制定有效的生产和配送计划。

7.7 库存管理的绩效指标

提到库存管理的绩效指标，大多数物流管理者会认为应收账款比率、资产收益率和现金周转时间是最重要的库存指标①。这很好地总结了一个行业如何评价其库存绩效。更多的详细指标如下：

减少库存处理成本。

实施新的订单履行模式。

提供可靠的配送日期。

消除不必要的运输和管理成本。

提高订单履行率。

提高顾客服务水平。

减少在途时间。

降低制造成本。

提高管理的效率和效益。

库存管理的目标就是以合理的成本来维持理想的顾客服务水平。

7.8 小结

在本章中，我们讨论了物料管理的历史，以及周转库存、安全库存和顾客服务的管理。本章介绍的 EOQ 模型可以扩展，并用于对各种库存管理问题的分析，再订货点策略和定期检查策略就是基于 EOQ 模型发展而来的。

近年来出现了许多库存管理的创新。供应商管理库存、推拉组合战略、

① Rene Jones, "Inventory control is perhaps the most powerful tool you have for containing your warehousing costs." November 26, 2005, www. trginternational. com.

精益库存系统和应对牛鞭效应的方法都大大促进了供应链的整体经营战略。库存就是在供应链中流动的有形产品。

思考题

1. 虽然协同计划、生产和补货（CPFR）已经被沃尔玛和塔吉特等零售巨头所采用，但迄今为止我们看到 CPFR 发展得并不快。为什么很多行业对是否采用这种很有前景的做法犹豫不决？
2. 供应商应该在什么情况下提供数量折扣？供应商提供的合理价目表应该是什么样的？
3. 库存减少方法或一些大的贸易伙伴采用的供应商管理库存的方法，是否能够真的减少整个供应链的库存？

问题

1. 工具市场的螺丝刀年需求量为 2250 把。工具市场每发出一个订单都会产生 40 美元的成本，包括固定的订货成本、运输成本和接收成本。工具市场的每把螺丝刀的成本为 10 美元，零售商的持有成本是每把螺丝刀成本的 20%。

a. 计算商店管理者每次订货时需要订购的螺丝刀数量。

b. 如果商店的管理者希望将最优订货量减少到 200 把，每批的订货成本应该是多少？

2. 百斯特药店采用再订货点策略来补充库存。该药店一年运营 52 周，其出售的某种药品具有以下特点：

年需求量：260 箱　　提前期：3 周

订货费用：35 元/次　　周期服务水平：95%

单位成本：每箱 100 美元　　现有库存：25 箱

持有成本：单位成本的 20%

每周需求的标准差：3 箱

a. 计算这种药品的经济订货批量（EOQ）。

b. 计算安全库存。

c. 再订货点是多少?

d. 如果有5箱药品刚刚被退回，此时是否需要再订货?如果需要，应该订多少?

e. 如果商店使用在a、b和c中得出的再订货点策略取代当前的库存策略（订货量=50，再订货点=28），相应的成本是多少?

3. 一家杂货店销售的某特定品牌的奶酪具有以下特点：

年需求量=3640单位

订货量=280单位

单位采购成本=25.65

库存持有成本=单位成本的25%

每周需求的标准差=30单位

这家商店一年经营52周。

a. 当服务水平为85%、90%、95%和99%时，再订货点分别是多少?

b. 当服务水平为85%、90%、95%和99%时，订单履行率分别是多少?

c. 考虑如何在库存成本和顾客满意度之间进行权衡?

4. 奎克机械公司最近的会计报表显示原材料、在制品库存和产成品库存已经达到了102万美元。今年的销售成本是300万美元。该公司每年经营52周。

a. 应该持有多少周的供应量?

b. 库存周转率是多少?

c. 对该公司的库存管理绩效进行评价。

附录 7.1
数量折扣

EOQ 模型的假设条件之一是不论购买量是多少，原材料成本都保持不变。现在我们放宽这种没有数量折扣的 EOQ 模型假设，来探讨数量折扣的影响。

两种常用的基于批量的折扣方式是：全部数量折扣（all units quantity discount）和边际数量折扣（marginal unit quantity discount）。

（1）全部数量折扣

数量折扣在供应链中是一种普遍做法。例如，对于数量在 1 ~ 49 单位之间的订单，制造商给出的价格为每单位 10 美元；如果订货量在 50 ~ 99 单位之间，制造商给出的价格为每单位 9.80 美元；如果订货量为 100 单位或更多，制造商给出的价格为每单位 9.60 美元。

EOQ 模型用来确定各个价格间断点的订货量。EOQ 在某个价格间断水平上可能是可行的，但与其他价格水平上的总成本相比，或许它的总成本不是最低的。在这种情况下，应该选择总成本最低的方案。求解过程如下：

第 1 步：从最低的价格开始，计算每个价格间断水平上的 EOQ，直到找到一个可行的 EOQ。这个可行的 EOQ 是关于每个价格间断点允许数量内的一个 EOQ。

第 2 步：如果第一个可行的 EOQ 是处于最低价格间断水平，该批量就是最优批量。否则，计算总成本得到第一个可行的批量大小，并且将较低价格间断水平上的每个批量的总成本都计算出来。然后选择总成本最小的批量。

总成本是材料采购成本、持有成本和订货成本的一个函数。所有这些成

本都是随着批量 Q 的变化而变化。

数量折扣总成本的计算如公式 7.14 所示：

$$总成本 = \left(\frac{Q}{2}\right)H + \left(\frac{D}{Q}\right)S + CD \quad (7.14)$$

其中：

Q = 订货量

$H = h \times C$，每年的单位持有成本；h 是持有成本的百分比，C 是单位产品的采购成本

S = 每个订单的订货成本或每次生产的准备成本

D = 年需求

实例：全部数量折扣

Toy Mall 是一家在线玩具零售商，其中魔方小子（GameKid）的销售额占总销售额相当大的份额。每月魔方小子的需求量为 2000 个。每次向制造商发出一个魔方小子的订单，Toy Mall 公司就要承担包括订货、运输和接收成本在内的 300 美元的固定成本。Toy Mall 公司的库存持有成本为采购价格的 20%。制造商根据下面的全部数量折扣列表收取相应的价格。计算 Toy Mall 公司的管理者每次应该订购的魔方小子数量。

订货量	单位价格（美元）
0 ~ 1000	30.00
1000 ~ 2000	29.00
2000 及以上	28.00

这个问题的答案呈现在后面的 Excel 电子表格中。该公司应该接受单价为 28 美元的方案，因为该方案的总成本最低。

用 Excel 表格形式表示的全部数量折扣的答案：

	A	B	C	D
1	全部数量折扣算法			
2				
3	需求=2000/月		2000	
4	运营12月/年		12	
5	年度需求(D)		24000	
6	订货成本(S)		\$300	
7	持有成本(h)		0.2	
8				
9	订货量	单价(C_i)		
10	0	\$30		
11	1000	\$29		
12	2000	\$28		
13				
14	名称	i=2	i=1	i=0
15	采购成本(C_i)	\$28	\$29	\$30
16	价格间断点处的数量(Q)	2000	1000	0
17	EOQ(C_i)	1604	1576	1549
18	订货量(Q_{ci})	2000	1576	1549
19	年度采购成本(DC_i)	672000	696000	720000
20	年度订货成本[S*(D/Q_{ci})]	3600	4569	4648
21	年度持有成本[hC_i (Q_{ci}/2)]	5600	4569	4648
22	总成本(Q_{ci})	681200	705139	729295

全部数量折扣的 Excel 代码：

	A	B	C	D
1	全部数量折扣算法			
2				
3	需求=2000/月		2000	
4	运营12月/年		12	
5	年度需求(D)		=C3*C4	
6	订货成本(S)		$300	
7	持有成本(h)		0.2	
8				
9	订货量	单价(C_i)		
10	0	$30		
11	1000	$29		
12	2000	$28		
13				
14	名称	i=2	i=1	i=0
15	采购成本(C_i)	$28	$29	$30
16	价格间断点处的数量(Q)	=A12	=A11	=A10
17	EOQ(C_i)	=SQRT((2*$C$5*$C$6)/($C$7*$B$12))	=SQRT((2*$C$5*$C$6)/($C$7*$B$11))	=SQRT((2*$C$5*$C$6)/($C$7*$B$10))
18	Q_{ai}	=MAX(B16,B17)	=MAX(C16,C17)	=MAX(D16,D17)
19	年度采购成本(DC_i)	=$C$5*B15	=$C$5*C15	=$C$5*D15
20	年度订货成本[$S*(D/Q_{ai})$]	=$C$6*($C$5/B18)	=$C$6*($C$5/C18)	=$C$6*($C$5/D18)
21	年度持有成本[hC_i (Q_{ai}/2)]	=($C$7*B15)*(B18/2)	=($C$7*C15)*(C18/2)	=($C$7*D15)*(D18/2)
22	总成本(Q_{ai})	=SUM(B19:B21)	=SUM(C19:C21)	=SUM(D19:D21)

（2）边际数量折扣

边际数量折扣是供应链中价格折扣的另一种方式。例如，对于数量在1～49单位之间的订单，制造商给出的价格为每单位10美元；如果订货量在50～99单位之间，从50单位开始，每单位收取9.80美元；如果订货量超过100单位，超过100单位的部分按每单位9.60美元收取。

这种折扣方式的目标是使利润最大化，也相当于使总成本最小化。求解过程是先计算每个边际价格的最优批量，然后选择使总成本最小的批量。

求解过程如下：

第1步：计算在每个价格间断点的边际成本。

第2步：计算每个价格间断点的EOQ，包括将第1步计算的边际成本当成订货成本的一部分。从最低的价格开始，直到找到一个可行的EOQ。这个可行的EOQ是关于每个价格间断点允许数量内的一个EOQ。

第3步：在每个可行的价格区间上（包括边际成本），用EOQ计算平均单价。

$$平均单价 = \frac{C_i(EOQ_{ci}) + MC_i}{EOQ_{ci}} \qquad (7.15)$$

其中：

C_i = 价格间断点处的成本

MC_i = 价格间断点处的边际成本

第4步：使用公式（8）计算在价格间断处各个可行批量的总成本，然后选择使总成本最小的批量。

实例：边际数量折扣

Toy Mall是一家在线玩具零售商，其中魔方小子（GameKid）占销售量相当大的份额。每月魔方小子的需求量为3000单位。每次向制造商发出一个魔方小子的订单，Toy Mall公司就要承担包括订货、运输和接收成本在内的固定成本350美元。Toy Mall公司的库存持有成本为采购价格的20%。制造商根据下面的边际单位价格折扣列表收取相应的价格。

订货量	边际单位价格（美元）
0～1000	65.00
1000～2000	60.00
2000 及以上	55.00

计算 Toy Mall 公司的管理者每次应该订购魔方小子的数量。

这个问题的答案呈现在下面的 Excel 电子表格中。该公司会采用单价 55 美元的方案，因为此方案的总成本最低。

用 Excel 表格形式表示的边际数量折扣的答案

	A	B	C	D
1	**边际数量折扣算法**			
2				
3	需求=3000/月		3000	
4	运营12月/年		12	
5	年度需求(D)		36000	
6	订货成本(S)		350	
7	持有成本(h)		0.2	
8				
9	订货量	单价(C_i)		
10	0	$65		
11	1000	$60		
12	2000	$55		
13				
14	名称	$i=2$	$i=1$	$i=0$
15	采购成本(C_i)	$55	$60	$65
16	价格间断点处的数量(Q_i)	2000	1000	0
17	固定成本损失(F_i)	$15000	$5000	$0
18	EOQ(C_i)	10024	5666	1392
19	订货量(Q_{ci})	10024	0	0
20	平均单位成本(M_{ci})	56.50		
21	年度采购成本(M_{ci}*D)	2033873		
22	年度订货成本[S*(D/Q_{ci})]	1257		
23	年度持有成本[hMC_i*(Q_{ci}/2)]	56630		
24	总成本(Q_{ci})	2091760		

注：

第 17 行：固定成本损失是由于折扣的递增特性造成的。$F_0=0$。

第18行：在 C_i 处计算的 EOQ 考虑了包含在订货成本中的 F_i 。

第19行：如果第18行的计算结果在折扣允许的范围内，则第19行等于第18行，否则第19行为零，然后停止。

第20行：订货量给定情况下的平均单位成本是：

$MC_i = [(C_i \times Q_i) + F_i]/Q_i$

用 Excel 代码形式表示的边际数量折扣的答案：

	A	B	C	D
1	**边际数量折扣算法**			
2				
3	需求=3000/月		3000	
4	运营12月/年		12	
5	年度需求(D)		=C3*C4	
6	订货成本(S)		$350	
7	持有成本(h)		0.2	
8				
9	订货量	单价(C_i)		
10	0	$65		
11	1000	$60		
12	2000	$55		
13				
14	名称	i=2	i=1	i=0
15	采购成本(C_i)	=B12	=B11	=B10
16	价格间断点处的数量(Q_i)	=A12	=A11	=A10
17	固定成本损失(F_i)	=C17+(C15-B15)*B16	=D16+(D15-C15)*C16	0
18	EOQ(C_i)	=SQRT((2*$C$5*($C$6+B17))/($C$7*B12))	=SQRT((2*$C$5*($C$6+C17))/($C$7*B11))	=SQRT((2*$C$5*($C$6+D17))/($C$7*B10))
19	订货量(Q_{ci})	=IF(B18>=B16,B18)	=IF(C16<C18<B16,C18,0)	=IF(D16<D18<C16,D18,0)
20	平均单位成本(M_{ci})	=(B15*B19+B17)/B19		
21	年度采购成本($M_{ci}*D$)	=B20*C5		
22	年度订货成本[$S*(D/Q_{ci})$]	=C6*(C5/B19)		
23	年度持有成本[$hMC_i*(Q_{ci}/2)$]	=(($C$7*B20)*(B19/2))		
24	总成本(Q_{ci})	=SUM(B21:B23)		

附录 7.2
风险分担

风险分担（risk pooling）描述的是仓库数量、库存和顾客服务水平三者之间的关系。风险分担和仓库数量的平方根定律如下：

$$I_2 = \sqrt{\frac{N_2}{N_1}} I_1 \tag{7.16}$$

其中：

I_1 ＝仓库数量为 N_1 时，整个系统的库存

I_2 ＝仓库数量为 N_2 时，整个系统的库存

N_1 ＝现有系统的仓库数量

N_2 ＝计划系统的仓库数量

实例：风险分担和仓库布局

热点图书公司（Hot-topic Book Company）目前运营的仓库系统有 6 个仓库，每个仓库拥有 3000 单位的库存。如果仓库数量减少到 3 个，试计算和比较仓库的平均库存水平；如果仓库数量减少到 1 个时，情况又如何？

实例的解答：风险分担和仓库布局

三个仓库：$I_2 = \sqrt{\frac{3}{6}} \times (3000 \times 6) = 12730$（单位）

单个仓库：$I_2 = \sqrt{\frac{1}{6}} \times (3000 \times 6) = 7349$（单位）

6 个仓库的系统有 18000 本书，3 个仓库的系统有 12730 本书，单仓库的系统有 7349 本书。单仓库的系统能达到最低库存水平。

参考文献

Amaral, J. (2005). "How 'rough-cut' analysis smoothes HP's supply chain." *Supply Chain*

Management Review, 9(6), 38 -45.

Chopra, S. and Meindle, P. (2001). *Supply Chain Management*, Prentice Hall: New Jersey.

Fredendall, Lawrence D. and Hill, E. (2001). *Basics of Supply Chain Management*. The St. Lucie Press: New York.

Krajewski, L. J. & Ritzman, L. P. (2002). *Operations Management*, 6th edition, Prentice Hall: New Jersey.

Master, J. (1994). Logistic Management, Course Packet, Ohio State University, Columbus, Ohio.

Schreibfeder, Jon (2006). "Do You Know Where Your Information Comes From?" Effective Inventory Management, Inc., retrieved from http://www.effectiveinventory.com.

Simchi-Levi, D., P. Kaminsky, et al. (2003). *Designing and Managing the Supply Chain*, 2nd edition. New York, McGraw-Hill

Zipkin, P. (2000). Foundation of Inventory Management. McGraw-Hill: Boston.

http://www.vendormanagedinventory.com.

第四部分

第 8 章　物流网络与配送

第 9 章　运输系统与配送

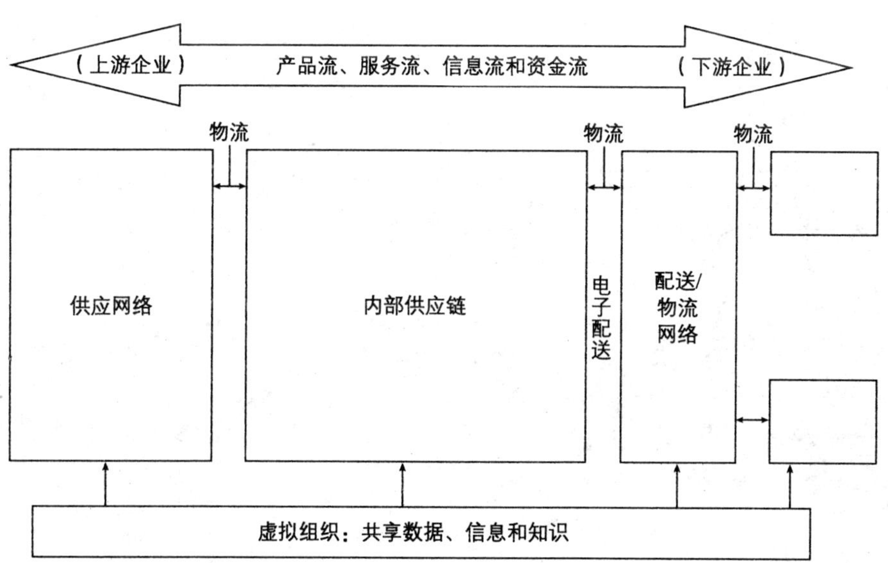

第 8 章

物流网络与配送

8.1 供应链管理中的物流

物流网络由供应商、制造商、分销商、零售商和用户构成，如图 8.1 所示。在供应链中形成集成物流网络旨在将产品和服务交付给最终用户，从而来满足顾客订单需求，达到提供地点效用（place utility）的目的。当今，物流网络配送管理不仅使最小化成本成为了可能，而且也成为供应链管理中满足顾客订单的核心要素。

地点效用是通过管理供应链中的一系列关键职能来实现的。这些关键职能包括：

- 需求管理。
- 库存管理。
- 物流网络设计。
- 运输。
- 仓储。
- 订单处理和完成。
- 信息管理。
- 有效的顾客服务。

为了在供应链中配置物流网络，我们需要数据、分析方法、计算机软件和信息系统。我们用来配置物流网络的流程会影响并决定产品和服务的流向。

在电子商务环境下，物流网络设计中的两个重要问题是全球物流网络集成和旨在产品回收的逆向物流网络集成。以下两节将讨论这两个问题。

8.1.1 全球供应链的设施配置

供应链是由供应商、制造工厂、配送中心和零售商店组成，将原材料、零部件转化为产成品后配送给顾客的网络。

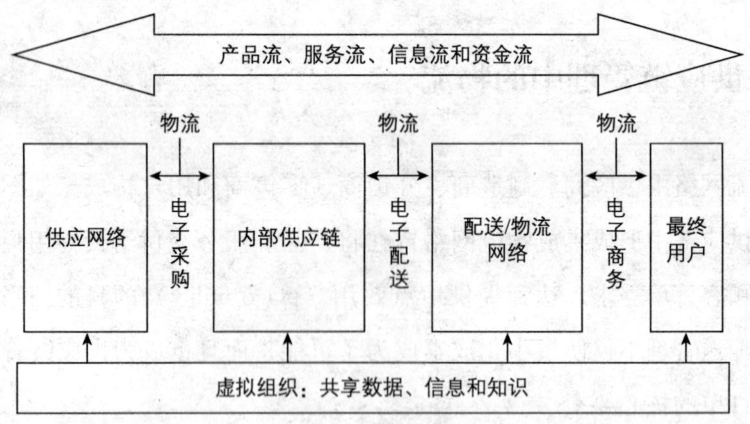

图 8.1 物流网络

随着全球竞争越来越激烈，为了寻求最具成本效益的供应商或更接近所服务的市场，大量公司通过扩大其全球供应网络来再造它们的供应链。例如，麦当劳利用世界各地的供应商来为其核心产品——汉堡包——提供原材料。在沙特阿拉伯销售的“巨无霸”汉堡包（Big Mac），使用的生菜来自荷兰，奶酪来自新西兰，牛肉来自西班牙，洋葱和腌黄瓜来自美国，糖和油来自巴西，面包来自沙特阿拉伯，包装来自德国①。图 8.2 展示了麦当劳的全球供应链网络，其原材料由全球供应商提供，并运输到配送中心，然后加工成最终产品供应给顾客。这样一个根据质量控制、交货时间、数量规划和成本分析

① Based on the information provided by “What is operations management,” *Operations Management Video Series*, McGraw-Hill Company, Inc., 2005.

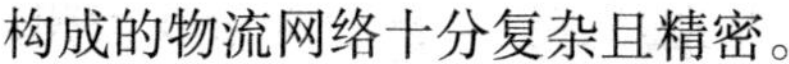
构成的物流网络十分复杂且精密。

图 8.2 沙特阿拉伯的麦当劳的供应网络

供应网络对麦当劳供应链系统的成功来说具有举足轻重的作用。麦当劳每天要为4500多万名顾客提供服务。这样一来，找到当地可靠的、优质的供应商对公司来说就尤为重要。在美国，麦当劳对其40个配送中心进行了战略性选址，以便使国内12000多家餐馆能够方便地获取配送中心的服务①。

企业在推出新产品、调整现有产品生产线和市场份额时，会重新平衡其物流网络以反映生产和市场需求的变化。例如，美国汽车工业在过去的20年间重新配置了其设施网络。2006年，福特汽车公司（Ford）和通用汽车公司（GM）宣布关闭它们在美国的一些生产设施。2008年间，福特公司关闭了位于圣路易斯（St. Louis）、亚特兰大（Atlanta）、威克瑟姆（密歇根州）

① http://www.mcdonalds.com.

(Wixom, Mich.)、诺福克（Norfolk）的装配制造厂，巴达维亚（俄亥俄州）(Batavia, Ohio）的运输线，以及温莎（Windsor）的铸造厂。这些重组计划将进一步调整汽车工业的物流网络。近年来，美国品牌的汽车，如福特福星(Ford Fusion)，是在墨西哥制造的；而日本品牌的汽车，如丰田凯美瑞（Toyota Camry）和本田思域（Honda Civic)，则是在美国制造。在肯塔基州建立装配制造工厂的同时，丰田公司也围绕其装配厂建立起了一个供应设施网络。

2005年6月，丰田汽车公司宣布将在安大略省的伍德斯托克（Woodstock, Ontario）新建一个工厂来生产四轮驱动的运动型多功能车（RAV4)，以满足北美市场的需求。在新的装配工厂建立起来的同时，丰田汽车公司宣布将会在英属哥伦比亚三角洲（Delta, British Columbia）扩建丰田公司加拿大汽车配件厂（Canadian Autoparts Toyota)①。丰田公司总裁渡边捷昭（Katsuaki Watanabe）就这一新投资项目在视频演说中提到，20年前，丰田公司管理层曾制定了两个市场扩张的决策：(1）在北美进行大规模生产；(2）使加拿大成为北美制造的一个核心基地。这一扩张决策加强了丰田公司与北美供应商的联系，并对其北美的汽车供应设施和供应网络进行了重新布局。

8.1.2 逆向物流网络

恢复、再造和回收利用已使用过的产品和物料变得越来越重要。虽然再利用和再造已不是什么新鲜事，但对于供应链专业人士来说，发展逆向物流网络仍是一个具有挑战性的课题。对于产品回收普遍认可的原因包括环境法规的压力、商业利益以及经济上的可持续发展。

实现产品回收需要为已使用过和回收过的产品流建立一个逆向的物流网络。物理位置、设施和运输通道用来将已使用过的产品从之前的用户手中转移到生产商，再转移到未来的市场。然而，在逆向物流背景下的标准模型却尚未建立，其问题在于传统的方法是否能够扩展到逆向物流网络，以便用于

① Toyota to expand in Canada; first new site for auto assembly plant in Canada in almost 20 years. Retrieved in June 2006 from http://origin. www.toyota. com/about/news/manufacturing/2006/02/10 - 1 - tmmna. html.

产品回收。

弗莱希曼（Fleischmann）等作者讨论了几个关于不同产业回收网络的个案，其中包括地毯回收、电子产品再造、包装再利用、拆卸废料中沙料的回收以及钢铁副产品的回收①。例如，化工公司和欧洲地毯行业联合起来为大规模的欧洲地毯废料回收网络的设计提供支持。通过该逆向物流网络，使用过的地毯被收集、分类和再加工从而实现物料回收。在实施这类逆向物流网络时，批量的大小是网络成本的重要因素。批量的大小是是否实行逆向物流网络的决定性因素。

电子工业（electronics industry）是在产品回收领域表现最突出的行业之一。惠普公司、施乐公司等打印机生产商建立了逆向物流结构，以实现收集、检验和再造等逆向渠道职能。例如，几年前，优利电（Uniden）无线电话以零售价34.98美元卖给回收公司用以翻新。这些电话后来以零售价48美元卖给墨西哥的零售商店。

沙料回收网络是由建筑废料加工公司联合会在荷兰建立的。由于沙料在拆卸过程中已被污染，所以在利用它修建公路之前需要清洗。因此，物流网络设计应该包括清洗设施和仓库选址。

回收流程的结构是一个闭环。图8.3描述了打印机回收流程的例子。该供应网络提供了专用集成电路（application-specific integrated circuits，ASIC）、墨盒和电脑线路板。制造商装配好打印机后，其遍布全球的配送中心将产品交付给不同的顾客群。当产品使用过或报废以后，就会通过逆向渠道被送回再造。从报废回收到再利用的转化过程一般包括收集、分类、检验、再加工、再配送，最终回到处理阶段。作为报废回收处理市场和再利用市场的中间环节，回收网络的作用在于增强了供需双方之间的协调。这些特征在设计产品回收物流网络时应该得到重视。

---

① Fleischmann, Moritz, Beullens, Patrick, Bloemhof-Ruwaard, Jacqueline M, Van Wassenhove, Luk N, "The impact of product recovery on logistics network design," *Production and Operations Management*, Summer 2001.

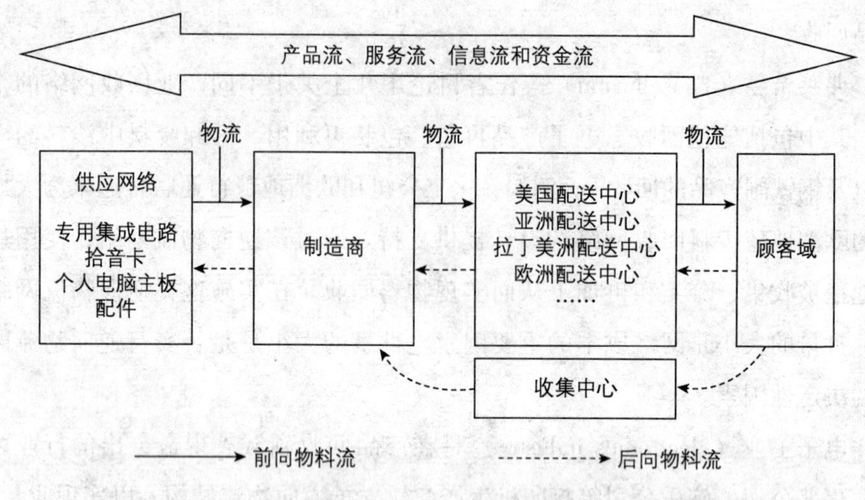

图 8.3　产品回收物流网络

8.2　物流网络计划的数据

8.2.1　数据来源

公司的内部和外部数据均可以用来计划物流网络。这些数据的主要来源包括储存在信息系统中的商业运作数据档案、财务报告、物流研究报告、行业的公开信息、先前的经验和预测等。此外，政府也会发布一些关于物流和运输的统计资料。例如，美国运输部（US Department of Transportation）发布了监管影响分析、绩效和问责报告。运输局（Bureau of Transportation）则会发布更多关于物流的数据和统计信息。

8.2.2　数据检查表

设计物流网络需要大量的商业数据。需要的数据清单如下。一些数据是组织或行业的专有数据，其余数据则可从公开发布的数据中获取。

- 顾客需求：产品、订货时间、订货量、订货频率等。
- 订单处理：运输时间、发货时间、订单履行率、订单满足率等。

- 顾客服务要求：提前期、顾客服务水平、订单履行率等。
- 产品：产品族、产品线、最小存货单位、产品重量、产品规格、产品保存条件（如温度要求）等。
- 位置：顾客、零售商、服务提供商、供应商、制造商、批发商、呼叫中心以及配送中心等的位置。
- 运输：不同运输方式的运输费率或成本、路况、运输时间、单行道信息、入站量和出站量等。
- 设施成本：资本成本、设施利用率或设施成本、效用、劳动力、保险、营运成本、库存持有成本等。
- 物料持有成本：装卸劳动力成本、中转站设施成本等。

8.3 物流网络配置技术

在收集了相关的数据和信息后，寻求最优网络设计的进程随即开始。这个流程十分复杂，并且常常需要数学模型和计算机仿真的辅助。业内普遍适用的技术包括：

- 最优化模型。
- 计算机仿真。
- 启发式模型。
- 专家系统和决策支持系统。

8.3.1 最优化模型

最优化模型包括线性规划（linear programming）、非线性规划（nonlinear programming）、整数规划（integer programming）、动态规划（dynamic programming）、微积分演算模型（calculus model）、穷举和排序模型（enumeration and sequencing model）。这些模型给出了数学上的最优解。在网络设计方面，应用

最优化模型的局限性在于它们只处理如年度需求或平均需求等静态模型，而未考虑由于时间推移产生的变化。

8.3.2 计算机仿真

针对特定的设计及其性能，仿真模型考虑了物流网络的动态性。仿真一个物流网络，包括复制不同的约束和成本结构、以可视化的方式展示网络系统、模拟物流网络的 what-if 问题、探索运营问题，同时集成可用的资源。这里提到的复制通常具有随机性，并可以通过数学关系得以实现。当物流网络设计需要包括大量的细节且最优化方法无法实现时，仿真则不失为一种可行的选择。

8.3.3 启发式模型

启发式模型（heuristic model）通过集成仿真方法和最优化方法来为复杂的物流网络设计问题提供一个可行解。该方法适用于解决一些最为复杂的物流网络问题，这些问题需要权衡非常多的因素以满足最优化模型的要求。启发式算法不能保证一定找到最优解，但是却能够推算出可行且令人满意的网络配置方案。

8.3.4 专家系统和决策支持系统

物流网络的设计者可能积累了大量解决问题的经验。这些专家能够处理不完全数据、模糊且不完全的信息，以及非结构化问题。这样的经验和知识通常超越了精细的数学模型，能够得到比单独使用仿真、最优化方法或启发式模型更好的解决方案。

决策支持系统将数据、信息和计算机编程技术整合在一起，以形成一个网络配置方案。管理者们使用决策支持信息来制定物流网络配置的决策。

8.4 设施选址与配置

现在，我们要考虑物流网络配置的战略规划问题。在制定规划之前，我们需要确定已经收集到了相关的数据，同时已经确定了顾客服务水平标准。

阿尔弗雷德·韦伯（Alfred Weber）认为，物料的重量会影响物流网络的设计。例如，炼钢就是一个重量逐渐减少的过程。因此，处理原材料的生产设备应该在原材料基地附近选址以便降低运输成本。另一方面，软饮料生产是一个重量逐渐增加的过程。因此，软饮料生产设施应该在顾客市场周围就近选址以节约运输成本。

8.4.1 单一设施选址

8.4.1.1 重心法

单一设施选址最常用的方法之一就是重心法（the center of gravity method）。该方法在设计过程中只考虑运输成本，运输成本随数量的增多而线性增加。其目标是找到使总运输成本最小化的中心位置。实现最小化的公式如下：

（1）收集供应点和需求点的坐标数据、运输量、每英里单位重量的线性运输费率。

（2）使用以下公式计算 x'、y' 和 d_i 的估计值：

$$x' = \frac{\sum_{i=1}^{n} \frac{Q_i c_i x_i}{d_i}}{\sum_{i=1}^{n} \frac{Q_i c_i}{d_i}} \tag{8.1}$$

$$y' = \frac{\sum_{i=1}^{n} \frac{Q_i c_i y_i}{d_i}}{\sum_{i=1}^{n} \frac{Q_i c_i}{d_i}} \tag{8.2}$$

$$d_i = \sqrt{(x_i - x')^2 + (y_i - y')^2} \tag{8.3}$$

其中：

x' 和 y' = 某一设施的估计坐标

x_i 和 y_i = 工厂及顾客群的坐标

d_i = 从设施到市场 i 的距离

c_i = 从设施到市场 i 的每单位/英里运输费率

Q_i = 从设施到市场 i 的运输量

TC = 从设施到工厂和所有市场的总运输成本

（3）计算总成本：

$$\text{Min } TC = \sum_{i=1}^{n} Q_i c_i d_i \tag{8.4}$$

（4）将新计算出的估计值代入当前的估计值，即令 $x_i = x', y_i = y', TC = TC'$。重复步骤 2 和步骤 4，直到新计算的位置$(x', y')$几乎等于当前的坐标组合$(x_i, y_i)$时停止计算。

实例 8.1 重心法

泽克有限公司（Zerk, Inc.）为三个市场生产百叶窗。最近，该公司准备新建一个仓库，其所在位置要能够使总运输成本最小化。坐标点、货运量及运输费率如表 8.1 所示。使总运输成本最小化的仓库位置应该在哪里？

表 8.1

	坐标			
地点	x_i	y_i	货运量	运输费率
工厂	8	10	1000	0.25
市场 A	12	9.5	250	0.5
市场 B	11	7.5	350	0.5
市场 C	6	5	400	0.5

实例 8.1 的答案

使用 Excel 电子表格求解该问题。具体计算结果如表 8.2 所示，Excel 电子表格代码如表 8.3 所示。

表 8.2 从 0 开始迭代。以坐标（0，0）作为仓库的初始位置开始进行迭代

	A	B	C	D	E	F	G	H	I
1	地点	x_i	y_i	d_i	Q_i	c_i	$Q_ic_ix_i/d_i$	$Q_ic_iy_i/d_i$	Q_ic_i/d_i
2	工厂	8	10	12.81	1000	0.25	156.13	195.16	19.52
3	市场 A	12	9.5	15.31	250	0.5	97.98	77.56	8.16
4	市场 B	11	7.5	13.31	350	0.5	144.63	98.61	13.15
5	市场 C	6	5	7.81	400	0.5	153.65	128.04	25.61
6	总量				2000		552.38	499.37	66.44
7		x^0 =	0.00	y^0 =	0.00				
8		x^1 =	8.31	y^1 =	7.52				

以表 8.2 中第二行（工厂）为例。我们以估计值 $x_0 = 0$ 和 $y_0 = 0$ 开始计算。D 列表示设施间的距离，由公式 8.3 得出。G 列表示公式 8.1 中的分子，H 列表示公式 8.2 中的分子，I 列表示公式 8.1 和公式 8.2 中的分母。

（D 列，第 2 行）

$$d_i = \sqrt{(x_i - x')^2 + (y_i - y')^2}$$

$$= \sqrt{(8-0)^2 + (10-0)^2} = 12.81$$

（G 列，第 2 行）$Q_ic_ix_i/d_i = 1000 \times 0.25 \times 8/12.81 = 156.13$

（H 列，第 2 行）$Q_ic_iy_i/d_i = 1000 \times 0.25 \times 10/12.81 = 195.16$

（I 列，第 2 行）$Q_ic_i/d_i = 1000 \times 0.25/12.81 = 19.52$

参照表 8.2，使用同样的方法（公式 8.3）计算 G 列第 3 行、第 4 行和第 5 行中设施间的距离。

计算 G 列、H 列和 I 列的总值：

（G 列，第 6 行）G 列中第 2 行到第 5 行的总和是 552.38

（H 列，第 6 行）H 列中第 2 行到第 5 行的总和是 499.37

（I 列，第 6 行）I 列中第 2 行到第 5 行的总和是 66.44

计算新的 x' 和 y'（使用公式 8.1 和公式 8.2）：

（C 列，第 8 行）得出新的 x'：552.38/66.44 = 8.31

表 8.3 表 8.2 中问题解答的 Excel 代码

	A	B	C	D	E	F	G	H	I
1	地点	x_i	y_i	d_i	Q_i	c_i	$Q_i c_i x_i / d_i$	$Q_i c_i y_i / d_i$	$Q_i c_i / d_i$
2	工厂	8	10	=ROUND(SQRT((B2-$C$7)^2+(C2-$E$7)^2),2)	1000	0.25	=(E2*F2*B2)/D2	=(E2*F2*C2)/D2	=(E2*F2)/D2
3	市场A	12	9.5	=ROUND(SQRT((B3-$C$7)^2+(C3-$E$7)^2),2)	250	0.5	=(E3*F3*B3)/D3	=(E3*F3*C3)/D3	=(E3*F3)/D3
4	市场B	11	7.5	=ROUND(SQRT((B4-$C$7)^2+(C4-$E$7)^2),2)	350	0.5	=(E4*F4*B4)/D4	=(E4*F4*C4)/D4	=(E4*F4)/D4
5	市场C	6	5	=ROUND(SQRT((B5-$C$7)^2+(C5-$E$7)^2),2)	400	0.5	=(E5*F5*B5)/D5	=(E5*F5*C5)/D5	=(E5*F5)/D5
6	总量				=SUM(E2:E5)		=SUM(G2:G5)	=SUM(H2:H5)	=SUM(I2:I5)
7		x^0=	0	y^0=	0				
8		x'=	=G6/I6	y'=	=H6/I6				

（E 列，第 8 行）得出新的 y'：499.37/66.44 =7.52

注：电子表格保留了多位小数。在手动计算以及保留两位小数的过程中，可能会由于四舍五入而造成数据的微小差别。

用最新计算的估计值（x',y'）替代当前的坐标位置（x_i,y_i），直到新计算出的位置(x',y') 几乎等于当前的坐标组合(x_i,y_i) 时才停止。这道题我们重复计算了 9 次，直到(x',y') 几乎等于(x_i,y_i)。表 8.4 显示第 8 次和第 9 次迭代的坐标组合相同，均为（9.01，8.60），同时总成本也相同，此时则停止计算，因找到了使总运输成本最小的仓库位置。

表 8.4　9 次迭代过程一览

迭代次数	x'	y'	总成本
0	8.31	7.52	
1	8.78	8.15	2303.50
2	9.05	8.49	2164.25
3	9.05	8.54	2159.25
4	9.04	8.56	2158.25
5	9.03	8.58	2160.00
6	9.02	8.59	2158.00
7	9.01	8.60	2158.50
8	9.01	8.60	2157.75
9	9.01	8.60	2157.75

使用 Excel 电子表格很容易完成以上迭代过程。Excel 数据代码如表 8.3 所示。你可以通过复制粘贴 Excel 中的相关数据就能非常容易的完成这个任务。但需要注意的是，这里所得出的结果在现实情况中有可能并不可行。比如，坐标确定的位置有可能会位于湖中央。然而，这个结果还是为管理者提供了与最低总运输成本相关的信息。他们可以在靠近坐标组合（9.01，8.60）的合理位置为配送中心进行选址。

8.4.1.2　中值法

当相关的指标为直线距离时，中值法（median model）就能够得出最优的解决方案。该模型用 x_i 和 y_i 的中值代替其均值。计算过程如下：

（1）沿网格从左到右水平移动坐标，同时累计每个点的需求权重直到等于或大于总需求权重的50%，这种方法被称为中值法。这个等于或大于50%的 x 值即为 x_m 。

（2）沿网格从上到下垂直移动坐标，同时累计每个点的需求权重直到等于或大于总需求权重的50%。这个等于或大于50%的 y 值即为 y_m。

其中：

x_i 和 y_i = 顾客群的坐标

x_m 和 y_m = 中值的坐标

实例8.2：中值法

表8.5列出了5个点对应的 x 和 y 坐标以及每个点的需求量。使用中值法进行中心仓库选址，以最小化总运输成本。

表8.5

顾客群	x_i	y_i	需求（w_i）
A	2	3	35
B	4	9	65
C	5	7	65
D	6	5	80
E	9	8	55
总量			300

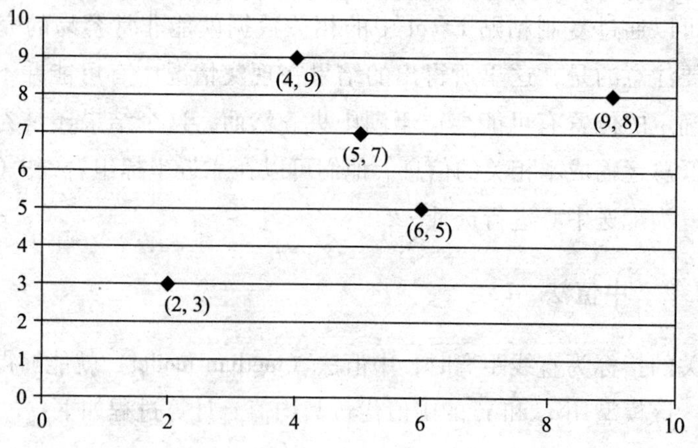

实例 8.2 中值法的答案

运用步骤（1）和（2）得到顾客群 A、B 和 C 的累计需求量高于总需求权重的 50%，我们得到 $x_m = 5, y_m = 7$ 。随后计算直线距离和总成本。表 8.6 给出了详细的计算过程。

表 8.6

顾客群	x_i	y_i	需求（w_i）	$\lvert x_i - x_m \rvert + \lvert y_i - y_m \rvert$	d_i	$w_i \times d_i$
A	2	3	35	$\lvert 2-5 \rvert + \lvert 3-7 \rvert =$	7	245
B	4	9	65	$\lvert 4-5 \rvert + \lvert 9-7 \rvert =$	3	195
C	5	7	65	$\lvert 5-5 \rvert + \lvert 7-7 \rvert =$	0	0
D	6	5	80	$\lvert 6-5 \rvert + \lvert 5-7 \rvert =$	3	240
E	9	8	55	$\lvert 9-5 \rvert + \lvert 8-7 \rvert =$	5	275
总成本						955

在中值法中，其中一个顾客群有时可能就是最优位置。有时最优位置会落在线段上或矩形内的任意一点。当应用直线距离时，网格的指向是数据输入时不可缺少的部分。因此，改变网格指向就能改变问题本身。

当我们在欧式模型（Euclidean model，如重心法）以及直线模型（rectilinear model，如中值法）中进行选择时，应当考虑决策应与距离的度量方法保持一致。直线模型得到的总运费几乎总是高于欧式模型，这是由于直线距离总是比直角距离短。

8.4.2 多设施配置

公司通常需要同时对一个网络中的两个或多个设施进行配置。此时，可能的配置方案会有很多种，因此这种类型的问题就更加复杂。这个配置方案的目标就是对所需设施的数量、每个设施的规模以及物流网络中每个设施的位置制定决策。为了求解多重选址问题，我们可以使用多种方法。这些方法包括线性规划、混合整数规划、动态规划和仿真技术（simulation）等。

设计多设施供应链网络的主要成本包括：

- 固定设施成本。
- 库存成本。
- 运输成本。
- 生产成本。
- 其他成本，如间接成本及协调成本。

线性规划可以用来在物流网络中进行需求分配，混合整数规划可用来解决同时考虑固定成本和可变成本的问题。线性规划和混合整数规划将在下面进行介绍。

实例 8.3：为现有仓库分配市场（只考虑变动成本）

罗斯魔方玩具有限公司（Games-Rus Inc.）拥有 3 个仓库，为 4 个市场提供服务。这 3 个仓库的管理者需要决定如何给设施分配需求。总成本分析中不考虑每个仓库的固定成本，只考虑运输成本（即变动成本）。当成本和需求发生变化时，公司经理则需要修正现有的设施配置。表 8.7 给出了需求数据和能力数据。表的中间部分列出了运输成本。比如，从仓库 1 运输 1 吨产品到弗吉尼亚海滩（Virginia Beach）要花费 8 美元，从仓库 2 运输 1 吨产品到诺福克要花费 12 美元。

表 8.7

	弗吉尼亚海滩	诺福克	切萨皮克（Chesapeake）	萨福克（Suffolk）	能　力
仓库 1	8	6	10	9	50
仓库 2	9	12	13	7	75
仓库 3	12	9	13	6.5	100
需求（单位：吨）	45	25	28	30	

公司经理想要知道哪个仓库将为哪个市场服务，以及该配置的总成本。

我们使用线性规划方法来给仓库分配需求量。所有的需求都要满足，而又不能超出仓库的供应能力。一个顾客群的需求可以由一个或多个仓库来提供。

目标函数：

$$Min \sum_{i=1}^{n} \sum_{j=1}^{m} vc_{ij}x_{ij} \tag{8.5}$$

约束条件：

$$\sum_{i=1}^{n} x_{ij} = D_j \tag{8.6}$$

$$\sum_{j=1}^{m} x_{ij} \leqslant Q_i \tag{8.7}$$

$$x_{ij\geqslant 0} \tag{8.8}$$

其中：

决策变量：

x_{ij} = 从仓库 i 到顾客群 j 的运输量

参数：

vc_{ij} = 从仓库 i 运输单位产品到顾客群 j 的每英里可变成本

D_j = 顾客群 j 的年需求量，$j = 1, \cdots\cdots, n$

Q_i = 仓库 i 的年供应能力，$i = 1, \cdots\cdots, m$ 。

公式 8.6 保证了所有需求都能得到满足。公式 8.7 是能力约束，它确保对顾客群的总供应量不超过仓库容量。该问题可用 Excel Solver 进行求解。表 8.8 表明，仓库 1 将为来自诺福克、切萨皮克以及萨福克的需求服务，仓库 2 将为来自弗吉尼亚海滩的需求服务，仓库 3 将为来自诺福克的部分需求以及萨福克的全部需求服务。这个仓库—市场配置的总成本为 1039 美元。表 8.9 给出了求解程序的代码。

表 8.8　使用 Excel Solver 求解实例 8.3 得到的答案

	A	B	C	D	E	F
1	实例8.3 为已有仓库分配市场					
2						
3		弗吉尼亚海滩	诺福克	切萨皮克	萨福克	能力
4	仓库1	8	6	10	9	50
5	仓库2	9	12	13	7	75
6	仓库3	12	9	13	6.5	100
7	需求量	45	25	28	30	
8						
9						
10	决策变量	弗吉尼亚海滩	诺福克	切萨皮克	萨福克	
11	仓库1	0	22	28	0	
12	仓库2	45	0	0	0	
13	仓库3	0	3	0	30	
14						
15	目标函数					
16	成本=	1039				
17						
18						
19	约束条件	未使用的能力	弗吉尼亚海滩	诺福克	切萨皮克	萨福克
20	仓库1	0				
21	仓库2	30				
22	仓库3	67				
23	需求量		0	0	0	0

实例 8.4：开发物流网络（同时考虑固定成本和可变成本）

罗斯魔方玩具有限公司的首席执行官（CEO）想要了解他们能否通过关闭 3 个仓库中的一个来节约固定成本。这样一来，一个市场则有可能需要多个仓库来服务。表 8.10 列出了需求、容量、运输成本和固定成本。哪个仓库应该关闭？该配置的总成本是多少？

表 8.9　实例 8.3 的 Excel Solver 代码

	公　式	单元格	Excel 代码
目标函数	$\sum_{i=1}^{n}\sum_{j=1}^{m} vc_{ij}x_{ij}$	B16	=SUMPRODUCT（B4：E6，B11：E13）
需求约束	$\sum_{i=1}^{n} x_{ij} = D_j$	C23	=B7 - SUM（B11：B13）

（续表）

	公　式	单元格	Excel 代码
		D23	= C7 – SUM（C11：C13）
		E23	= D7 – SUM（D11：D13）
		F23	= E7 – SUM（E11：E13）
能力约束	$\sum_{j=1}^{m} x_{ij} \leqslant Q_i$	B20	= F4 – SUM（B11：E11）
		B21	= F5 – SUM（B12：E12）
		B22	= F6 – SUM（B13：E13）

表 8.10　实例 8.4 的数据

	固定成本	弗吉尼亚海滩	诺福克	切萨皮克	萨福克	能　力
仓库 1	2250	8	6	10	9	50
仓库 2	3250	9	12	13	7	75
仓库 3	4200	12	9	13	6.5	100
需求		45	25	28	30	

对于多供应源且有能力约束的仓库选址模型，当考虑固定成本时，我们可以用混合整数规划求解。若仓库开放，则为 1，否则为 0。

目标函数：

$$Min \sum_{i=1}^{n} \sum_{j=1}^{m} vc_{ij}x_{ij} + \sum_{i=1}^{n} fc_i y_i \tag{8.9}$$

约束条件：

$$\sum_{i=1}^{n} x_{ij} = D_j \tag{8.10}$$

$$\sum_{j=1}^{m} x_{ij} \leqslant Q_i y_i \tag{8.11}$$

$$x_{ij \geqslant 0} \tag{8.12}$$

$$\sum_{i=1}^{n} y_i \leqslant N; y_i \in \{0,1\} \tag{8.13}$$

其中：

决策变量：

x_{ij} = 从仓库 i 到顾客群 j 的运输量

y_i = 若仓库开放则为 1，否则为 0

参数：

vc_{ij} = 从仓库 i 运输单位产品到顾客群 j 的每英里变动成本

fc_i = 仓库 i 的固定成本

D_j = 顾客群 j 的年需求量

Q_i = 仓库 i 的年供应能力

N = 可用仓库数量

公式 8.10 确保所有需求均能得到满足。公式 8.11 为能力约束，它确保了对顾客群的总供应量不超过仓库容量。公式 8.12 为非负约束。公式 8.13 确保开放仓库的总数不会超过现有的可用仓库数。

表 8.11 给出了使用 Excel Solver 求解后的结果，即仓库 1 和仓库 3 仍然开放，仓库 2 将关闭。该配置的总成本为 7579 美元。弗吉尼亚海滩的市场需求由仓库 1 来满足，诺福克的市场需求由仓库 1 和仓库 3 来满足，切萨皮克和萨福克的市场需求均由仓库 3 来满足。当所有的需求都被满足时，仍有 22 个单位能够用于满足新的订单。Excel Solver 的代码如表 8.12 所示。

表 8.11 使用 Excel Solver 求解实例 8.4 得到的结果

	A	B	C	D	E	F	G
1	实例8.4 同时考虑固定成本和可变成本的物流网络						
2							
3		固定成本	弗吉尼亚海滩	诺福克	切萨皮克	萨福克	能力
4	仓库1	2250	8	6	10	9	50
5	仓库2	3250	9	12	13	7	75
6	仓库3	4200	12	9	13	6.5	100
7	需求		45	25	28	30	
8							
9							
10	决策变量	开/关	弗吉尼亚海滩	诺福克	切萨皮克	萨福克	
11	仓库1	1	45	5	0	0	
12	仓库2	0	0	0	0	0	
13	仓库3	1	0	20	28	30	
14							
15	目标函数						
16	成本=	7579					
17							
18							
19	约束条件	未使用的能力	弗吉尼亚海滩	诺福克	切萨皮克	萨福克	
20	仓库1	0					
21	仓库2	0					
22	仓库3	22					
23	需求		0.00	0.00	0.00	0.00	

表 8.12 实例 8.4 的 Excel Solver 代码

	公 式	单元格	Excel 代码
目标函数	$\sum_{i=1}^{n}\sum_{j=1}^{m} vc_{ij}x_{ij} + \sum_{i=1}^{n} fc_i y_i$	B15	= SUMPRODUCT（C4：F6，C10：F12）+SUMPRODUCT（B4：B6，B10：B12）
需求约束	$\sum_{i=1}^{n} x_{ij} = D_j$	C21	=C7 - SUM（C10：C12）
		D21	=D7 - SUM（D10：D12）
		E21	=E7 - SUM（E10：E12）
		F21	=F7 - SUM（F10：F12）
能力约束	$\sum_{j=1}^{m} x_{ij} \leqslant Q_i y_i$	B18	=G4 * B10 - SUM（C10：F10）
		B19	=G5 * B11 - SUM（C11：F11）
		B20	=G6 * B12 - SUM（C12：F12）

8.5 仓库

8.5.1 仓库的属性和重要性

仓库是供应链物流网络的一部分，主要用来储存供应链各个阶段的库存。原材料、半成品以及产成品均可储存在仓库中。

绝大多数公司都把仓库作为制造商和顾客的中间环节，而某些公司，如西尔斯百货公司的邮购服务，则将仓库作为起始点（the point of origin）或销售总部来使用。

在电子商务环境下，从仓库直接履行订单已经成为一种新型的商业模式。如亚马逊公司等电子零售商通过它们的网站接收订单，并直接利用它们的仓库履行订单。亚马逊公司 2001 年时就拥有 8 个配送中心，其中有 5 个是在 1999 年建立的，因此它能够自己处理货物配送。

通常，仓库的功能包括：

- 获得大规模生产的经济批量优势。
- 获得运输的整车经济批量优势。
- 获得采购折扣。
- 实现企业的顾客服务承诺。
- 管理季节性需求。
- 提供地点效用。

显然，仓库是供应链中的一个有机组成部分。然而，仓库的成本十分高昂，通常会占销售成本的 2% ~5%[①]。因此，削减仓储成本对供应链绩效尤其是对公司资产回报率，有着十分重要的意义。

---

① Edward Frazelle (2002). *World-class Warehousing and Material Handling*, New York: McGraw Hill.

8.5.2 供应链中的仓库

8.5.2.1 公用和自有仓库

在供应链中，仓库的种类很多，主要是公用仓库（public warehouse）和自有仓库（private warehouse）。通常，短期租赁（rented）的设施被称为公用仓库，自有的或长期租赁（leased）的设施则被称为自有仓库。公司可能会考虑顾客服务和总成本，并据此在公用仓库和自有仓库中进行选择。

使用公用仓库的好处包括：

（1）不需要建筑、土地、物料处理等资本投资。

（2）能为季节性需求增加或减少空间而不需要大量的设施投资。

（3）具有柔性，公司能够根据市场或顾客密度的改变而对仓库进行变址。

（4）能更好地估计储存和持有成本、设备成本以及人工成本。

（5）当需求量低时，能够利用公用仓库规模经济的优势。

（6）当企业未持有房屋产权时具有税收优势，能够避免多种税收。

（7）当工会与顾客发生劳资纠纷时，公司可以避免陷入其中。美国法院规定，当工会与公用仓库的顾客之间发生劳资纠纷时，工会无权针对公用仓库罢工。

使用公用仓库的不足包括：

（1）对储存在仓库里的产品缺乏控制力。

（2）与公用仓库管理人员存在沟通问题。

（3）缺乏个性化的服务。

（4）当公司需要时，公用仓库可能无法提供额外的空间。

自有仓库同样有利有弊。使用自有仓库的好处包括：

（1）对产品的控制更直接，且控制程度更高。

（2）能够根据自身需要，灵活地设计和运作仓库。

（3）如果仓库能够得到充分的利用，那么公司的长期成本会更低。

(4) 企业能够利用其现有的人力资源。

(5) 当企业拥有仓库时，可以获得如折旧等因素造成的税收优惠。

使用自有仓库的不足包括：

(1) 由于固定空间、设备成本、人工成本以及其他间接成本的存在而缺乏柔性。

(2) 需要建造或购买仓库的初始资本投资。追加成本包括购买物料处理设备的成本以及员工招聘和培训的成本。

8.5.2.2 仓库的类型

不同的产品可能需要特殊的仓储安排。例如，裴顿禽蛋公司生产的鸡肉产品需要冷藏库。一般说来，仓库有6种类型：

- 普通商品仓库，用于储存如洋娃娃、卫生纸等产成品。
- 冷藏或冷冻仓库，用于储存冷冻食品。
- 保税仓库（Bonded warehouse），用于储存海关授权的商品，直到授权解除，在这期间不收取任何费用。由于这类仓库用于储存保税货物，因此在海关检查之前，货物的安全需要得到保障。应税货物（dutiable goods）需要与免税货物（nondutiable goods）分开储存。
- 日用品和家具仓库。
- 特种商品仓库（special commodity warehouse）。
- 散装货仓库（bulk storage warehouse），如山姆俱乐部和Costco公司的仓库。

8.6 新兴的物流模式

为了最好的平衡库存管理成本、仓储成本和更优质的顾客服务水平，近年来出现了多物流模式，如直接转运（cross docking）、运输途中合并运送

(merge-in-transit)等。

8.6.1 直接转运

直接转运点是一个用于订单接收、货物储存、检货、包装、装载以及运输的转运设施。直接转运方法是指在接收点接收产品，并在那里直接将产品转运到发货点。这样一来，产品将不再放入存放区，从而减少了物料处理和存储费用。出站车成为配送中心的延伸。当选择了直接转运后，分配给转运点的空间会更多，而用于储存的空间会更少。

沃尔玛运用直接转运的思想降低了总库存成本。来自不同供应商的产品运输到转运点时，在各运输卡车间进行直接交换，这样每辆卡车都可以将不同供应商的产品运送至零售商店。同时，沃尔玛也允许其零售商店之间互换过剩或短缺商品。这一物流网络和运输方法在沃尔玛提升供需匹配方面起着至关重要的作用，并在维持低成本的同时提升了顾客满意度。

直接转运方法可以运用到供应链的不同阶段中，例如：

- 制造商可以利用直接转运来接收和整合进站零部件，以支持其生产。
- 运输服务提供商如卡车运输公司可以利用直接转运整合来自不同托运商的零担货运量（less-than-truck-load，LTL），以获得规模经济。
- 配送中心可以运用直接转运将来自多个制造商的进站产品整合成多类存货单位（multiple-SKU），并分类出站。

直接转运的好处包括减少仓储占用空间、降低装卸劳动力成本、缩减仓储间接成本和改进提前期绩效。然而，当运用直接转运方法时，装卸顺序和调度、进站和出站设备调度对于减少货车在站点的等待时间显得十分重要。

8.6.2 运输途中合并运送

运输途中合并运送是一种使最终产品的装配和运输同时进行的物流服务。承运商先从两个或两个以上的不同地点单独获取货物，然后将其运送至最接近终点的地点，从而完成合并运送。合并运送确保了所有的货物能够同时交付给最终用户。该方法在电子零售及网上购物方面深受欢迎。戴尔电脑公司就是运用合并运送方法的公司之一。

例如，某公司销售的个人电脑由三个主要部分组成：主机、显示器和音箱。显示器由中国的供应商生产并存放在弗吉尼亚州的切萨皮克，主机在得克萨斯州的达拉斯进行装配，音箱在北卡罗来纳州的嘉莉进行制造。在传统供应链模式下，音箱、显示器和主机都会被运送到中央仓库。当订单到达时，这三个主要部件则会和其余辅件一同进行装配，并同时装箱运输，以满足订单。使用合并运送模式可以再造供应链流程。当厂商接到订单后，物流服务提供商将主机、音箱和显示屏分别从得克萨斯州的达拉斯、北卡罗来纳州的嘉莉以及弗吉尼亚州的切萨皮克集中运输到最接近顾客的合并中心。当所有的部件都到达合并中心并装配完毕后，物流服务提供商则将其交付给顾客。

合并运送的好处包括：

- 提高产品配置的柔性。
- 缩短提前期。
- 虚拟仓储运作。
- 降低库存持有成本。
- 减少废品。

信息技术使创造和实现新的物流模式成为可能。当运用合并运送模式时，顾客订单会由供应商发送给承运商。这些数据将会传送到中央数据库服务器以便进行库存的编制和控制。随后，服务器将数据发送给相应的顾客，并允许顾客查看入站货物、准备就绪的包裹以及交货计划。

8.7 运用供应链物流管理增值

物流网络是供应链的一个有机组成部分。它在以可能的最低总成本提供理想的顾客服务水平方面起着至关重要的作用。一个设计合理、精细的物流网络使供应链的快速响应成为可能。供应链的快速响应将会导致周转周期的缩短，并由于提前期的缩短使得公司能够更好地进行需求预测，同时提高供应链效益。

如图 8.1 所示，物流和配送中心是供应商、制造商、分销商、零售商和顾客之间的纽带。传统的公司内部各生产阶段的纵向集成已经逐渐丧失了吸引力。例如，IBM 公司在 20 世纪 80 年代是一个纵向集成的个人电脑生产商。它生产微处理器、编写操作系统代码、制造个人电脑，甚至建立自己的零售商店。但是，在今天，戴尔公司几乎采购所有生产所需的零部件，只保证在公司内部进行最终装配。这一转变表明供应链管理是管理物流网络，在该物流网络中各项生产任务得以集成调度，以制造出最终产品并为顾客提供地点效用和产品效用。逆向物流网络提升了供应链价值。例如，西尔斯百货公司在美国 2900 多家的商店和三个回收中心之间，往返运输从顾客那里回收的产品。经过再制造或翻新之后，公司再将这些回收产品出售以获利。在过去的 20 年间，物流网络已经从一个对公司来说相对次要的方面成为供应链中最关键的职能之一。

8.8 小结

在本章中，我们讨论了全球竞争给物流网络配置和针对产品回收的逆向物流网络带来的影响，同时介绍了一些设计物流网络的方法。自从计算机技术的发展使计算变得更快、更容易后，几百个顾客群、几十个仓库和几百个产品族的实际问题就能够在可接受的时间内得以解决。

思考题

1. 2006 年，福特汽车公司宣布，计划到 2008 年将关闭在美国的 14 家工厂。这一决策对福特公司的物流网络配置产生了怎样的影响？
2. 直接转运有什么好处？如果直接转运可以降低库存同时加快库存周转，为什么我们仍然需要仓库来储存商品？

3. 亚马逊公司和戴尔公司改变了零售业的商业模式。在亚马逊公司的电子商务模式中，仓库有什么作用？

4. 你将如何确定物流网络配置的绩效指标？当评估一个物流网络时，你考虑的关键因素是什么？

问题

1. 在对以下组织进行选址时，你认为哪些因素重要，并列出清单：

- 快餐店。
- 医院。
- 购物中心。
- 瓶装水制造厂。
- 汽车零件制造厂。

2. 下表列出了一个坐标为 $x = 0$、$y = 0$ 的中心仓库所服务的5个需求点位置。这5个市场的坐标以及年运输量如下：

市　场	x	y	需　求	运输费率
A	1	1	50 吨	1 美元/吨英里
B	2	3	40 吨	1 美元/吨英里
C	4	2	10 吨	1 美元/吨英里
D	3	5	70 吨	1 美元/吨英里
E	5	4	30 吨	1 美元/吨英里

确定设施的位置，使得从仓库到5个顾客的总运费最少。

a. 使用重心法确定仓库的位置。

b. 使用中值法确定仓库的位置。

c. 对于该设施网络问题，还有哪些因素你认为重要却没有包含在以上的模型中？阐述一下你的经理应该怎样运用你的分析结果。

3. 一家公司通过2个仓库为3个顾客群提供商品。顾客群1、2、3的需求量分别为40单位、50单位和35单位。仓库1的容量为80单位，仓库2的容量为 130 单位。运输单位产品的成本如下表所示：

起　点	终　　点		
	顾客群 1	顾客群 2	顾客群 3
仓库 1	25	15	35
仓库 2	50	40	10

确定哪个仓库为哪个顾客群提供服务。写出最小化总运输成本的表达式，并用 Excel Solver 进行求解。

4. 在问题 3 中，假设仓库 1、仓库 2 的年固定成本分别为 5000 美元和 9000 美元，如果公司要重新设计其物流网络，新的物流配置应该是怎样的？

参考文献

Ballou, R. H. (1992). *Business Logistics Management*, 3rd edition, Prentice Hall: New Jersey.

Chopra, S. and Meindl, P. (2002). *Supply Chain Management*, Prentice Hall: New Jersey.

Simchi-Levi, D., Kaminsky, P., and Simchi-Levi, E. (2003). *Designing and Managing the Supply Chain*, 2nd edition. McGraw-Hill Irwin: New York.

Prince, Theodore (2000). E-Commerce: Its Impact on Transportation, Logistics, and Supply Chain Management, 4/15/2000 *ASCET*, Volume 2.

Stock, J. R. and Lambert, D. M. (1987). *Strategic Logistic Management*, 2nd edition. Richard Irwin: Homewood, Illinois.

第9章
运输系统与配送

9.1 运输

运输是指在地理上存在距离的市场之间运送商品，以向世界各地的人提供来自各个国家的种类繁多的商品。例如，美国的公司向海外市场出口农产品、木材、医疗设备、化学制品、药品、工业品以及许多其他产品。此外，美国消费者享受着来自荷兰的啤酒、德国的汽车、意大利的皮鞋和箱包、日本的电器、中国的服装、印度的地毯和家具、哥伦比亚的咖啡等。从这个意义上讲，运输为消费者提供了时间效用和地点效用。

据美国商会（U. S. Chamber of Commerce）公布的数据，全美商品和服务的国际贸易额占 GDP 的比例已经从 1970 年的 10.7% 上升到 2005 年的 26.9%。而这一贸易流通惠及美国及全球的所有人。与此同时，运输作为连接世界经济的一种方式已不再昂贵。据世界海运理事会（World Shipping Council）的统计，美国进口货物海运费用分摊到每个家庭中约是 130 美元，只占每个家庭年生活费用很小的比例。

最近，运输和物流公司已经应用 B2B 和电子商务解决方案来满足顾客的供应链需求。因此，对供应链管理者来说，运输职能是使供应链成本最小化和提高收益的一个机会。

9.1.1 承运商

承运商是指为实现两地之间的商品移动提供运输服务的公司。例如，联邦快递和联合包裹服务公司就是承运商。航空公司、铁路或汽车货运公司等承运商需要以有竞争力的价格和优质客户服务来赢得市场。在制定投资决策时，承运商需要考虑一系列成本，如车辆相关成本、固定运作成本、在途相关成本和间接成本等。

车辆相关成本是指为运输货物而购买或租用不同类型和规格车辆的成本。固定成本包括所有与业务运作相关的成本，例如终端费、机场费和人工成本等，不管车辆是否使用，这些成本都会发生。在途相关成本是指为提供服务进行车辆调度时产生的费用。这些成本通常包括燃油费和人工成本以及与数量相关的成本，如装卸费用等。间接成本包括管理费用、营销费用、规划和调度运输网络的费用以及在信息技术方面的投资。

9.1.2 托运商

托运商是那些需要运输服务的个人或公司。例如，当亚马逊公司要求联邦快递和 UPS 向其顾客运送书籍时，亚马逊公司就是一个托运商。

托运商希望在尽量降低总成本的情况下提供快捷的服务，以履行顾客的订单。在制定运输决策时，托运商需要考虑运输成本、库存成本、订单处理成本以及客户服务水平。

运输成本是托运商从承运商处购买运输服务的成本。库存持有成本由托运商的供应链网络产生，包括利息、储存和处理、税收、保险和缺损等成本。服务水平成本是指不能够满足特定顾客服务目标的成本，这些成本包括缺货成本、回单成本和赔偿担保费。

9.2 承运商运输方式概述

可供人们实现物品运送的运输方法多种多样。公路运输、铁路运输、水路运输、航空运输和管道运输是 5 种主要的运输方式。此外，一些多式联运服务，如铁路公路联运、水路铁路联运、公路水路联运和公路航空联运等，都提供了不止一种运输方式的组合。在这一章里我们将对每种运输模式进行简短的讨论。有兴趣的读者可以查阅约翰·科伊尔（John Coyle）、爱德华·巴蒂（Edward Bardi）和罗伯特·诺瓦克（Robert Novack）所著《运输》（*Transportation*）一书，以了解更详细的信息。

9.2.1 公路运输

公路运输是美国最普遍的运输方式。20世纪50年代以来，随着美国州际高速公路系统的发展，公路运输逐步取代了铁路运输成为货运运输的主要形式。

汽车运营商分为"供出租的承运商"（for-hire-carrier）或自有承运商（private carrier）。供出租的承运商为公众提供服务并收取服务费。自有承运商为某单位提供免费的服务。这些单位通常自己拥有或租用车辆。

供出租的承运商分为多种形式，包括本地运输与城际运输、公共交通运输与合同运输、监管运输与免监管运输等。此外，它还可以分为整车（truck-load，TL）或零担服务的提供商。图9.1给出了供出租的承运商的分类。

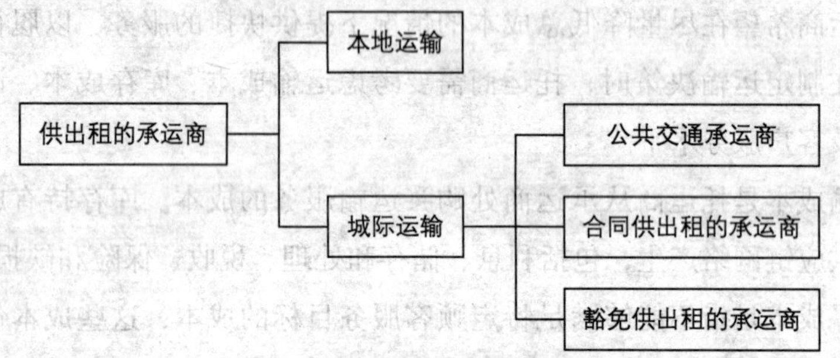

图9.1 供出租的承运商的分类

供出租的承运商可以是本地或城际运输服务提供商。如果承运商的重点在本地服务上，那么它将接载和配送市内货物；如果它是一个城际运营商，那么它将在指定的商业地区或城市之间运作。

供出租的豁免承运商（For-hire-exempt-carriers）拥有豁免经济监管的特权。承运商豁免资格的获得与商品类型有关，如运输的农产品或作为水运补充服务的运输商品的运作模式。

公共交通承运商依照法律向公众提供有偿服务。美国邮政（US post office）和UPS都是公共交通承运商。另一方面，合同承运商只为与它们有合同的明确托运商服务而不向公众提供服务。合同承运商通常要不断改进它们的设备或技术，以满足合同托运商的特殊要求。例如，沃斯堡合同承运公司（Fort Worth Contract Carrier，FWCC）就是一个向签约顾客提供运输服务的合同承运商，它的服务包括长途运输、卡车整车运输和温控运输。

整车承运商向满足整车数量要求的托运商提供服务，并收取整车运输费。整车承运商在货物原产地装载货物，然后运输到目的地。零担承运商为出货量少于整车的托运商提供服务。它们整合在城市间运转的小批量货物，然后在目的地城市将整车装载的货物进行分解。零担运费通常高于整车运费。例如，亚马逊公司雇用UPS向顾客递送零担货运包裹。

汽车运输业的成本结构由固定成本和变动成本决定。由于高速公路成本由公众支持，所以固定成本一般较低，车队规模便于调整，而且对于整车运作终端没有特别的要求。变动成本包括燃料、人工和维修费用。一般来说，固定成本占到10%～30%，而变动成本占到70%～90%。

整车运输的主要问题包括利用率的问题、服务一致性的问题和空车返程的问题。零担运输的主要问题包括合并货物的设施位置的问题、车辆路径选择和调度的问题、客户服务水平的问题和车辆的利用率问题。

9.2.2 铁路运输

在第二次世界大战之前，铁路运输曾在美国运输中占有主导地位。在美国，铁路干线里程已从20世纪30年代最长时的39万英里逐步萎缩到今天的约15.2万英里。尽管如此，铁路运输在现代经济中仍然扮演着重要的角色。例如，1997年的铁路运输收入约占当年GDP的1%。

铁路干线由一级铁路公司和二级铁路公司拥有。年收入达到8700万美元或以上的铁路公司为一级公司，占有全美铁路运输市场的95%。二级公司被界定为那些连接托运商和大铁路公司的支线运输公司。到2000年，美国共有9家一级铁路公司。这种寡头垄断的市场结构使大铁路公司有机会控制市场价格。铁路公司拥有道路权，这种道路权指的是承运商用来提供运输服务的权利。

铁路运输业面临来自公路运输业的竞争。为了提高铁路的服务水平，铁路运输管理层开发出搭载服务（也称联运），实现了挂车或集装箱与铁路运输的整合。多式联运包括挂车与铁路平板车（trailer-on-flatcar，TOFC）联运服务、集装箱与铁路平板车（container-on-flatcar，COFC）联运服务。为了更有效地与汽车承运商竞争市场份额，铁路公司投资建造了用于装卸的终端设施，同时也改进了列车、挂车和集装箱等。

铁路运输具有较高的固定成本和较低的变动成本。这种情况的存在是由于铁路运输和管道运输一样，铁路公司拥有铁路干线，并需维护保养铁路网络和枢纽。因此，最初需投入大量的资金来购买土地、铺设路轨、建设桥梁和枢纽等。变动成本的很大一部分由每年的设备维护成本和人工成本构成。燃料和电力成本是变动成本的第二大组成部分。对数量多、重量重、密度高和体积大的商品进行低价长途运输时，铁路运输是一个很好的选择。

铁路运输面临的主要问题包括有效载运和货运调度，以尽量减少延误或提前交货，因为客户不希望承担额外的存储费用。

高科技将继续扩大和提高铁路运输的能力，以提供更好的顾客服务。例如，美国和加拿大合资开发的高级行车自动化系统（Advanced Train Control Systems）已用于对整个铁路系统流程的跟踪。此外，新的通信和信号技术使调度员、后勤人员、外勤工作人员和乘务员能够进行及时的沟通。

9.2.3 水路运输

水路运输是最古老的、经济的运输方式，而且至今仍然是整个运输系统中一个十分活跃的部分。水路运输系统包括公共的、合同的、豁免的和自有的服务提供商。大部分水路运输贸易都是依法豁免的。

只要有足够的运输量供给水路承运商运输，那么它们之间的竞争就不会很激烈。但水路运输会与铁路运输和管道运输竞争价值低而体积大的商品运输市场。例如，铁路和水路承运商相互竞争从西弗吉尼亚州（West Virginia）、肯塔基州（Kentucky）和宾夕法尼亚州（Pennsylvania）运送到美国各地的煤矿运输合同。另外，管道承运商和水路承运商则会竞争石油和石油产品的运输合同。

水路承运商具有较高的变动成本和较低的固定成本。这是因为水路承运商需要向政府购买水路使用权。此外，水路承运商通常会使用公有的或托运商的码头。水路运输的人工成本并不太高，这是因为水路承运商只在码头雇用人工进行特殊装卸作业。总的来说，水路运输较之其他运输方法是一个成本非常低的服务，但水路服务的运输时间很长，而且受天气条件影响比较大。

9.2.4 航空运输

20世纪初，航空业开始发展。私营和供出租的航空承运商都是航空运输的一部分。在航空业中曾经占主导地位的是客运服务，但近年来由于全球采购量的增加，货运服务越来越多。例如，戴尔公司利用航空运输将芯片从中国台湾地区运到美国，然后再利用公路运输将电脑送达顾客手中。

1977年，美国政府对航空公司撤销管制规定后，货运航空公司可以自定运输费率、服务路线并可使用任意大小的飞机。这一新的法律规定有助于像联邦快递和Air Bornc这样的货运航空公司全面加入航空市场的竞争。

航空公司利用中心辐射（hub-spoke）网络体系来有效地管理航运服务。中心辐射模式由于其形似一个自行车轮而得名，航线从中央枢纽向四周分散。为了合并运输量，低密度航线上的通勤飞机先将顾客运输到中央枢纽，再将顾客集中到飞行在高密度航线上的大飞机上。有时顾客可能不止一次的转机，这导致了较长的旅行时间。

航空公司也具有较高变动成本和较低固定成本的成本结构。相对较低的固定成本是由于政府对机场和航线的投资与经营。航空公司通常需要承担使用公共航线和枢纽的费用，这在本质上是变动成本。燃料和人工成本是航空服务的重要支出。

航空公司面临的主要问题包括枢纽数量及其位置、飞机基地和机组人员基地的定位、飞行调度优化、机组任务分配和机组人员排班。此外，在2001

年9月11日以后，航空安全问题变得尤为重要。而最近不断攀升的燃料成本也引发了航空公司的收入问题。

9.2.5 管道运输

管道运输是运输业中的重要组成部分，其重要性却鲜为人知。管道运输是一个高自动化、高效率的运输方式，而且它运输的商品比较特殊。大量的石油、天然气和化工产品通过管道运输方式以稳定的速度从一地运送至另一地。管道运输的速度比较慢，而且运输线路有限，但它却是一种损耗低、可靠性高的运输方式。

美国宾夕法尼亚州的宾夕法尼亚铁路公司（Pennsylvania Railroad）首先于19世纪开始了管道运输。后来石油公司逐渐获得了管道的所有权。今天，管道运输隶属于石油或非石油的公司。由于需要大量的资本投资，几家公司共同拥有管道所有权的情况十分普遍。

管道运输是一种低成本的运输方式。但是，对管道基础设施的大量资本投资使得管道运输有比较高的固定成本。而由于高度自动化的运作，其人工成本非常低。

9.2.6 多式联运服务

多式联运（intermodal transportation）通过两种或两种以上运输方式的共同作用来完成运输活动。多式联运最普遍的形式包括搭载（铁路公路联运）、水路铁路联运（铁路平板车—集装箱）和公路航空联运。集装箱改善了不同运输方式之间的货物装卸效率，并增加了多式联运服务的价值。

2006年6月，美国国家多式联运中心主任帕特里克·谢利（Patrick Sherry）博士向美国众议院交通及基础设施委员会发表演说，阐述了全国交通系统面临的主要挑战①。谢利博士告诉专家小组，交通堵塞、竞争加剧、运载能力、环保和连通性是美国物流和运输基础设施目前所面临的主要挑战。另外，

---

① http：//www. eyefortransport. com.

他还指出，多式联运能够有效地解决美国的这些交通问题。无缝的多式联运系统有助于实现最大限度地相互连接，同时提高各种运输方式的成本效益。

与此同时，全球化趋势产生了新的运输服务，以满足日益增长的需求。2006年6月，堪萨斯城南方公司（Kansas City Southern，KCS）宣布了其战略计划：通过其子公司堪萨斯城南部公司墨西哥分公司（Kansas City Southern de Mexico，KCSM）和堪萨斯城南方铁路公司（Kansas City Southern Railway Co，KCSR），为从墨西哥到美国东南部的市场提供新的日常服务。这一安排是为了建立连接Lazaro Cardenas到美国东南和中部的国际联运通道（International Intermodal Corridor），以实现持续的长途铁路运输。

2006年，诺福克南方铁路公司（Norfolk Southern）和堪萨斯城南方公司（Kansas City Southern）宣布合资经营，以扩大它们在美国东南和西南地区铁路联运的能力。堪萨斯城南方公司为合资公司提供了密西西比州梅瑞迪恩市（Meridian，Miss.）和路易斯安那州什里夫波特市（Shreveport，Louisiana）之间的320英里的线路，而诺福克南方公司投资了3000万美元的现金用于改进基础设施，以提高能力和缩短线路运送时间。合资公司的这种横贯大陆的铁路线和联运服务正是高效而可靠的交通增长所需要的。

9.2.7 集装箱运输

集装箱业务的推出，使国际贸易以超过全球经济两倍的速度增长。据估计，当今世界贸易的90%是通过集装箱进行运输的。每年超过5000个集装箱货轮运载着大约1亿集装箱货物在海洋上穿行。集装箱单元化显著改善了港口和运输效率，并且有助于降低进口货物的成本。例如，1970年一次标准装运从中国香港到纽约需要50天的时间，而现在利用集装箱只需要17天。

自1990年以来，全球最繁忙的集装箱港口排名已经发生了变化。根据美国港务局协会（American Association of Port Authority，AAPA）公布的集装箱港排名，前六名的集装箱港口（新加坡港、香港港、上海港、深圳港、釜山港、高雄港）都位于亚洲。此外，鹿特丹港（Port of Rotterdam）和洛杉矶港（port of Los Angeles）分别在全球最繁忙的集装箱港口中排名第七位和第十位。

据估计，到2020年，世界贸易将翻一番，同时集装箱运输量将以每年超过7%的速度增长。要支持这个增长水平的港口和集装箱运作，目前的运输基础设施将面临不足。比如，洛杉矶港口主要存在着两个方面的基础设施问题：一个是在现有地点可利用的土地已非常有限；另一个是港口操作能力增长的速度。为了进一步在全球发展集装箱运输，集装箱运输所需要的基础设施和资本的投资是目前需要克服的主要障碍。然而，这是一个全球性问题，不是一个国家单枪匹马可以解决的。

9.3 电子配送中的运输网络

互联网已成为我们日常生活的一部分。互联网的商业化催生了建立在电子配送和买卖双方服务器基础上的在线购物。卖方服务器提供电子店面和产品目录，管理从商品选择到付款的购买流程。买方服务器提供了从采购订单录入到履行订单的能力。通常，电子商务的应用都有完善的商业规则。当顾客（也包括卖方）想知道其货物的确切位置时，可以利用软件追踪订单。

9.3.1 电子配送中的承运方

如今，运输和物流公司都利用互联网为顾客端提供服务。运输供应商让顾客能够登陆其网站以检查货物的情况。例如，美国邮政服务和联邦快递让的顾客登录网站来跟踪和追溯其包裹。

人们已经开发出了许多电子商务解决方案以满足市场的需求。当顾客选择访问某个网站而不是致电服务中心时，公司通常会因为不需要支付人工费用而获益。此方案不但消除了顾客和服务代表之间任何不愉快交流的风险，而且降低了成本。当供应链向需要全天24小时电话服务的全球市场提供服务时，互联网变得更为重要。这些解决方案的范围各不相同。一些公司试图通过在其网页上开发自己品牌独有的标记（signature options）来建立竞争优势。其他公司则为顾客提供除英语外其他语言的个性化门户。

在实施承运方的电子商务时也存在一些障碍。例如，如果托运商想查看自己使用联运服务送出的货物，他必须登陆每个与联运有关的承运物流公司的网站，同时进行跟踪查看。此外，承运商必须有货运证号才能在网上查看和跟踪其货物，但有时这些证号不一定就在手边。当采用多式联运时，最后一个环节通常是卡车运输。卡车司机必须知道什么时候运输设备准备就绪了，但他们通常不能及时获得完整的信息。

主要的港口地区都面临着同样的问题。卡车司机必须登录大量的网站，来获得不同的航线和码头的信息。由于缺乏及时的信息，卡车司机无法最大限度地发挥他们的运输能力。例如，他们可能会空车离开码头。事实上，如果有信息，他们可以在返程时载装货物，从而避免空车返回。

9.3.2 电子配送中的托运方

托运方电子商务决定了最终的市场配置和产业的格局。虽然电子商务还处于起步阶段，但已有一些公司通过将运输交易转移到互联网而显著节省了成本。一般来说，在有多个承运商可以提供服务时，托运商就有机会选择最合适的承运商。

9.3.3 电子配送中的托运商和承运商网络

运输业可细分成两个群体。最简单的情况下，一个承运商直接为一个顾客服务。这样就形成了一对一的关系。托运商与承运商之间有许多双边合同，而承运商与托运商间却有很多一对一的合同。

除了这种基本情况，还存在另外两种市场情况。一种情况是在货运汽车停车场或休息区的公告栏上张贴公告。卡车司机一方面对外公布他的可承载能力，另一方面对他人张贴的运输服务需求做出反应。这种方法最为简单，不过需要在货运汽车停车场或休息区去实地张贴。另一种情况是让卡车经纪公司来完成负载匹配的任务。随着时间的推移，卡车经纪公司已经演变成为第三方物流供应商。

电子商务公告板源于传统的公告张贴方法。在公告板上，供应商收集和发布关于承运商可提供的装载量和托运商所需的装载量的信息。当托运商或承运商看到一个运输项目时，它们可以和对方联系，这是简单的电子商务模式。电子公告板提供商收取月租费，并提供不同等级的服务。

拍卖是另一种市场电子商务的形式。网站充当了一个运费竞价市场。托运商将它们所愿出的价放在网上供承运商查看或竞标，或者直接要求承运商提供其最优惠的价格。承运商也能利用电子商务的优势。一些承运商公布它们的运载能力并就其运载能力公开竞标询价。所竞的价格通常是不公开的，中标的价格会在预定的日期和时间公布。

一些承运商担心电子商务的渗透可能导致运费的下降。人们的担忧可能是基于以下三点：

首先，电子商务的渗透除了受市场聚集和中介的影响，还受供给和需求的影响。比起有众多承运商（如州际公路货运商）的市场，电子商务将较难渗入只有几个主要承运商（铁路及航空公司）的市场。

其次，与传统上不依赖中介的市场相比，电子商务解决方案可能更容易地被传统上使用运输中介的市场行业（如公路货运业）所接受。

再次，虽然电子商务这种商业模式不会导致运费的过度下降，但是可能会导致运费下降得更快。

托运方所关注的问题是何时制定购买运输服务的决策。如果托运方认为需求接近或超过供给，它们会订立合同，预先购买预期所需要的装载和运输服务。但是，如果认为供给将超过需求，它们会倾向于等待，然后等需要时再到现货市场购买运输服务。

信息是供应链中的关键组成部分，并将继续推动运输和物流市场的变化。运输和物流电子商务产品的数量日益增多。虽然许多 B2B 网站都声称要消除对中介的需求，但它们中的许多本身就正在成为中介机构。

9.4 运输中介的兴起

9.4.1 中介的兴起

20 世纪 90 年代中后期，提高核心竞争力的意识日益成为竞争文化的一部分。随着作业成本法（activity-based costing）和经济附加值（economic value-added）等更复杂的财务工具进入企业的主流活动，管理层开始考虑外包非核心职能并专注于核心竞争力和顾客。外包运输等非核心的职能，使公司能得到灵活操作的优势。例如，安海斯—布希啤酒公司控制其供应链的主要功能，包括酿酒用的谷物、酿造和分销，但将仓储等物流功能外包给第三方供应商。

与此同时，承运商可能会发现现货市场上的定价没有吸引力。然而，它们缺乏准确的需求预测、有效的信息系统和人员来把握这些市场动态。为了避免以大幅的折扣来销售承载能力，承运商寻求与第三方物流商在大型货运上的合作。大容量装载的费率可能会低于小容量装载，但大容量装载要求的员工人数少、时间短，同时对信息技术的要求也不高。

因此，中介机构提供诸如装运整合、市场营销、信息收集以及匹配承运商和托运商的供需等功能。一般来说，中介机构制定运输决策是基于两个层面的考虑：买卖承载能力和运输服务。今天，运输系统由大量的中介服务商提供支持，这些中间服务商包括托运商协会、经纪人、托运商的代理商、业主运营商和快递公司等。据估计，超过60%的《财富》500强企业都以不同形式使用了一些第三方物流服务。以下两节只简要讨论第三方物流与第四方物流，因为我们已经在第4章中就这两个专题进行了讨论。

9.4.1.1 货运代理

货运代理（freight forwarder）专门代表客户安排商品的提货、储存和运输。它们通常提供一系列完整的物流解决方案，包括准备运输和出口的文件、洽谈具有竞争力的运费、预订货仓、合并小批量货物、获取货物保险、申请保险索赔、仓储、跟踪国内运输、清关进口货物、提供物流服务咨询等。货运代理通常根据它们自己的提单装运货物。提单（bill of lading）是代表承运商签发的文件，是一种海上运输合同。该文件具有以下法律作用：（1）经正式授权人代表承运商签署的货物发票；（2）对其中所述货物的所有权文件；（3）双方同意的证据条款和运输条件。

9.4.1.2 运输经纪人

运输经纪人（transportation broker）是合法授权的托运方或承运方的代理人。作为托运方和承运方的联络桥梁，运输经纪人是在保险、金融、法规执行等特殊领域持执照的专业人士。因此，运输经纪人在运输货物方面起到重要的作用，并为希望以相互接受的运费运输货物的托运方和承运方的联络提供专门的服务。运输经纪人利用其运输业的专业知识和技术资源来帮助托运双方实现其目标。由运输经纪人提供的物流服务能帮助托运方降低运输成本，提高运输效率和速度，并提高客户服务水平。

货运代理和运输经纪人在有些方面比较相似，例如整合较小装载量和安排综合运输。这两者之间的主要区别是：货运代理对被运送的物品有所有权，而运输经纪人绝不会拥有被运物品的所有权。

9.4.1.3 托运商协会

托运商协会（Shippers Associations）通常是非营利的、所有权属于会员的组织，旨在向会员提供世界范围内日常用品运输的最低价格和最佳服务。例如，**国际托运商协会**（International Shippers' Association，ISA）是一个非营利性的协会，负责运送会员的货物和整合小批量的货物以获得数量折扣。国际托运商协会成员包括国际航运商、商业代理、军用和民用物品代理、托运行李代理和普通商品代理。

还有一些行业性的托运商协会。例如，**北美食品托运商协会**（Food Shippers Association of North America，FSANA）成立于1996年。北美食品托运商协会的目标就是帮助其成员保持在全球市场的竞争力。通过集中资源和群策群力，北美食品托运商协会的成员能够获得有竞争力的海运费和其他服务。北美食品托运商协会在1996年以冷藏及冷冻食品出口的公司为核心小组而组建，与覆盖所有主要贸易通道的主要承运商都具有合同关系，并不断发展壮大。

9.4.1.4 多式联运营销公司

多式联运营销公司（intermodal marketing company）作为铁路承运方和托运方之间的中介，结合铁路和海运的能力，并利用卡车运输的灵活性来运送集装箱、挂车和其他货物。它们还处理私人拥有的集装箱，并安排所需的货车来运送货物。该行业所面临的主要挑战是协调问题和供应渠道的领导力。同时，提供合适的设备也是一个挑战，因为运送货物需要各种尺寸的集装箱、挂车及底盘。

9.4.2 运输服务中的第三方物流

第三方物流提供商是利用自己的资产和资源，为客户管理和实施某些增值物流和运输功能的公司。成功的第三方物流提供商利用高速公路、海运和航运等不同模式为客户提供全球性服务。

第三方物流提供商提供了一系列的物流服务，包括承运商的选择、路线调度、货物储存、零件的部分组装和运输。通过使用第三方物流服务，企业能够节省运作成本和资本支出。有些客户认为第三方物流商提供的规模经济和范围经济优势是远远超过单个承运商所能提供的。例如，北电网络（Nortel Networks）是电信设备的全球领导者，并为150个国家的工业顾客提供服务。其顾客需要北电网络实时将产品运送到其生产基地。2002年初，北电外包总值2亿美元的整个物流业务给德讯公司（Kuehne & Nagel）。德迅公司创建了一个独立的KN领先物流公司（KNLL），来管理北电的80多个一级物流服务提供商和200多个二级物流服务提供商。通过第三方物流服务，北电只需要联系KN领先物流公司来完成如仓储、货物交付、配送网络设计和全球系统互联等物流和运输业务。因此，北电在向顾客提供差异化价值的同时提高了其核心竞争力。与此同时，北电和KN领先物流公司分享了供应链绩效提升所带来的经济利益。

美国东北大学（Northeastern University）和埃森哲公司（Accenture）最近

的一项联合调查表明，《财富》500强企业中有83%利用第三方物流提供商，有近60%利用多个第三方物流提供商。根据佐治亚理工学院（Georgia Institute of Technology）和凯捷安永公司的另一项调查，全球1000强企业中的美国大型公司在第三方物流上花费了其整个物流预算的49%。与此同时，欧洲大型公司在第三方物流上花费了65%的物流预算①。

9.4.2.1 塔尔博特公司、敦豪速递公司和美国邮政服务公司的合作

塔尔博特公司（Talbots）是美国的一家妇女和儿童服装、鞋及服饰配件专业零售商，同时经营网上零售和邮购零售。它把客户订货递送服务外包给敦豪速递公司（DHL）这样一流的物流公司。塔尔博特公司经营着遍布美国、加拿大和英国的1000多家店铺，仅在2004财政年度，它就在全球范围内发送了约4700万本邮购目录样本。

在专注于服装方面的核心竞争力的同时，塔尔博特公司保持了无与伦比的客户服务水平。通过与敦豪速递公司合作，塔尔博特公司将其在美国东部马萨诸塞州翠湖（Lakeville，Massachusetts）的配送中心到西海岸（West Coast）的国内地面运输时间从6天缩短到4天。

另一方面，敦豪速递公司在1999建立了一个名为DHL@ home的第三方物流解决方案，用来提供企业到住宅的递送服务。敦豪速递公司是如何将顾客订货送到客户家中的呢？敦豪速递公司先到塔尔博特公司在翠湖的配送仓库提取包裹，根据各个包裹上客户的邮政编码分类，然后通过其物流网络将包裹运到邮政编码所属的邮局。美国邮政总局利用其日常邮件投递路线执行最后一段的运送。

由于塔尔博特公司每天的出货量超过1万件，敦豪速递公司为塔尔博特公司量身定制了物流解决方案，包括以2~4天、2~7天和周六交付等灵活的

① Thomas A. Foster, "The Trends Changing the Face of Logistics Outsourcing Worldwide." http://www.glscs.com, 2004.

交付方式运送到美国的邮政点。此外，敦豪速递公司还设立了一个专门账户来确保顾客订单的按时履行。

这一第三方物流运作的例子代表了一种现代物流理念。因为邮政局的数量是固定的，而且比个体住家的数量要少得多。敦豪速递公司利用现有美国邮件投递网络的优势来减少运送路线的数目。通过与美国邮政总局的合作，敦豪速递公司得以减少线路调度的复杂性，从而降低了成本。

9.4.2.2 管理零担货物运输（LTL）

零担货物运输（less than truck load，LTL）也称为小批量运输。当运输是一个公司的次要功能时，雇用承运商或第三方物流来完成配送是一种常见的做法。管理小批量货物的方法是通过上门接载来对这些货物进行整合，然后利用第三方物流或承运商将货物运到码头或仓库等运输中转设施，这样做使多家客户可以分享承运商或第三方物流所提供的服务。有效地管理小批量货物可以帮助企业降低成本并保持较高的顾客服务水平。

9.4.3 运输服务中的第四方物流

第四方物流提供商（4PL）是供应链管理中的“物流公司的领导者”，管理供应链中其他的第三方物流。如图9.2所示，第四方物流整合供应链的各种活动来创建一个虚拟的商业环境，它的作用包括但并不限于以下几个方面：

- 帮助客户开发战略目标。
- 集成供应链中相关的第三方物流公司、IT提供商、制造商、分销商和零售商的运作。
- 为客户所有的物流程序提供规划、控制方面的指导。
- 管理供应链的运作。
- 监督第三方物流的活动。
- 创建和利用商业信息与知识。

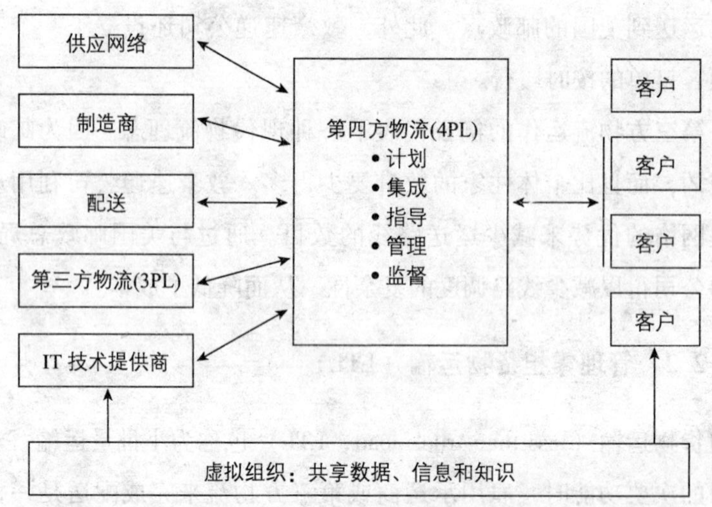

图 9.2　第四方物流在供应链中的角色

一般来说，人们都认同第四方物流公司的出现涉及运输所需要的信息技术。然而，第四方物流演变的真正原因是全球化市场的形成。面临全球性的市场，各大公司意识到物流不仅仅是一种商品或一个简单的客户服务的关系，它是一个节约成本、改善现金流和提高服务水平的重要手段。从这个意义上讲，第四方物流公司是一个供应链集成者。通过整合和管理自己及其他物流公司的各种资源、能力和技术，向顾客提供供应链的电子商务解决方案。第四方物流公司提供战略咨询、评估和再造客户业务流程、整合各项技术和充分利用人力资源等服务。当一个第四方物流公司提供第三方物流服务时，就成为了信息中介（infomediary）。第四方物流公司是战略合作伙伴，而不是像第三方物流公司那样只是战术运输服务提供商。

9.5　运输和库存成本的权衡

在制定运输决策时，需要考虑许多因素。这些因素包括库存持有成本、设施成本、订单处理成本、运输成本和其他相关成本。供应链管理者通常需要权衡以下两个方面：

- 权衡库存成本和运输成本。
- 权衡运输方式和客户服务目标。

下面是一个有关权衡运输方法和库存成本的例子。

实例 9.1：运输成本和库存成本的权衡

位于弗吉尼亚州诺福克市附近的 Flow Pump 公司供应各种型号的泵——从工程前期的流程泵到高度专业化的泵和系统。它从奎克汽车公司（Quik Motors）购买所有制造泵所需的发动机。Flow Pump 公司每年平均需要 30000 台发动机。每台发动机的平均重量约 40 磅。奎克汽车公司就每台发动机向 Flow Pump 公司要价 600 美元。通常奎克汽车公司需要一天的时间处理来自 Flow Pump 公司的订单（即如果奎克汽车公司在周一收到来自 Flow Pump 公司的订单，那么他将在周二配送该订单的产品）。

Flow Pump 公司的单位订单处理成本为 50 美元。库存持有成本占商品采购价格的 25%。在装配厂，Flow Pump 公司终年持有的发动机安全库存相当于交货提前期间内其平均生产需求量的 5%。Flow Pump 公司每年运作 300 天。

Flow Pump 公司的管理者希望在做出运输选择之前权衡库存成本和运输成本。可用的运输选择如下：

承运商	装运数量（磅）	运费（美元/磅）	提前期
南方铁路公司	20000 或更多	0.10	6 天
东南货运公司（整车）	10000	0.15	3 天
东南货运公司（零担）	无重量限制	0.20	4 天

零担装载（LTL）在城际运输时整合小批量货物，然后在目的地对整车进行分解。因此，零担运输需要比整车运输（TL）更长的提前期。经理希望你通过分析来回答以下几个问题：

a. 每种选择的一次装运批量分别是多少？

b. 一年间订几次货？

c. 周转库存是多少？

d. 安全库存是多少？

e. 订货成本是多少？

f. 运输成本是多少？

g. 周转库存持有成本是多少？

h. 安全库存持有成本是多少？

i. 每种选择的总成本分别是多少？总成本包括周期库存成本、安全库存成本、订货成本和运输成本。

j. 基于以上成本分析，你建议选择哪个方案？你认为还需要考虑哪些相关因素？

实例 9.1 的答案

下面我们来展示选择南方铁路公司运输服务的详细计算过程，所有的三种选择都列在表 9.1 中。

a. 批量 $= \frac{20000}{40} = 500$（个）

b. 全年订单数量 $= \frac{30000}{500} = 60$（个）

c. 周转库存 $= \frac{Q}{2} = \frac{500}{2} = 250$（个）

d. 安全库存 $y = 0.05 \times 6 \times \frac{30000}{300} = 30$（个）

e. 订货成本 $= 50 \times 60 = 3000$（美元）

f. 运输成本 $= 0.10 \times (30000 \times 40) = 120000$（美元）

g. 周期库存成本 $= (600 \times 0.25) \times 250 = 37500$（美元）

h. 安全库存成本 $= (600 \times 0.25) \times 30 = 4500$（美元）

i. 总成本 = 订货成本 + 运输成本 + 总库存成本

$= 3000 + 120000 + (37500 + 4500) = 165000$（美元）

j. 根据表 9.1 的成本分析，经理决定采用南方铁路公司的整车货运服务。可以考虑的其他因素包括：准时交货率、柔性、顾客服务水平、现金流量等。

表 9.1　实例 9.1 的答案

	1	2	3	4	5	6	7	8	9
	批量	订单数量	周转库存	安全库存	订货成本	运输成本	周转库存成本	安全库存成本	总成本
南方铁路公司	500	60	250.0	30	3000	120000	37500	4500	165000
东南货运公司（整车）	250	120	125.0	15	6000	180000	18750	2250	207000
东南货运公司（零担）	141	213	70.5	20	10650	240000	10575	3000	264225

注：东南货运公司（零担）的批量计算如下：

$$EOQ = \sqrt{\frac{2DS}{h \times \pi}} = \sqrt{\frac{2 \times 30000 \times 50}{0.25 \times 600}} = 141 \text{ 个}$$

9.6　车辆路线选择和调度

选择合适的运输方式可以为公司提供具有竞争力的成本优势，因为运输成本通常占物流总成本的 1/3 ~ 2/3。运输中至关重要的是找到可以实现的最小化距离或时间的最佳运送路线。

在确定汽车的路线和调度时有许多因素是必须考虑的。这些因素包括在每个站点的装卸时间、拥有相同或不同载重量或容量的各种车辆、最长的驾驶时限（如 8 小时轮班制）、避开交通高峰的装载和交货时间段，或在企业最需要的时间送达（如晚饭前给餐厅运送啤酒）。

车辆运输管理中最重要的决策之一就是路线选择和配送调度。路线是指货车必须遵循的装载点和/或运送点的顺序。调度是指在指定的路线上为装载和/或运送而定的车辆到达时间和离开时间。

当需要在现有路线上预定到达时间时，我们就说这是一个调度问题。当没有预定的到达时间时，这就是一个路径问题。当时间窗口和优先关系存在时，则同时履行路径选择和时间调度的职能。

9.6.1 车辆路径选择的特征

公路运输服务的目的是最小化路线选择成本、最小化固定和变动成本之和、提供最优质的服务。当一个汽车承运商在提供汽车运输服务时，有许多因素是必须要考虑的：

- 需求。需求可能是稳定的，也可能是不稳定的，而交货时间可以提前确定，也可以不提前确定。
- 设施和设备。有各种各样的设施和设备可供选择。例如，可以有一个或几个枢纽和终端；货车可以是相同型号的或不同型号的；车辆装载能力的限制可以在某段时间不变或一直不变；路线可以是直接的、间接的，甚至是混合的。
- 成本。在提供服务时会产生大量的成本，如购买或租赁车辆的费用、终端费和机场费等固定运作成本，还有人工成本和燃料费用等在途相关成本，以及装卸费用等与数量相关的成本和间接成本。
- 服务类型。所提供的服务类型可以像 UPS 那样只收取或只发送，也可以是混合接送的服务形式，如邮局的邮递员取走我们放在信箱里的要发出去的邮件，同时把当天到达的信件放到我们的信箱里。

有许多因素都会影响托运方的决策。与运输相关的各种成本包括运输方式的相关成本、装载相关的库存成本、设施成本、订单处理成本和与服务水平有关的成本。

9.6.2 车辆路线选择和调度的解决方法

当约束越来越多时，车辆的路线和调度问题也就变得越来越复杂。近年来人们提出了很多解决方案。其中，克拉克（Clarke）和赖特（Wright）提出的节省法（Saving Method）是能处理各种约束的方法之一。下面的步骤是基于克拉克和赖特提出的模型建立的路线和运输计划。前三个步骤用来把顾客分配到不同的货车上，第四步为每辆货车制定运送路径。

1. 计算距离矩阵。商店和顾客之间或顾客之间的距离，可用以下公式来计算：

$$距离（商店和顾客之间）=\sqrt{(商店_x-顾客_{ix})^2+(商店_y-顾客_{iy})^2} \tag{9.1}$$

其中：

商店 x = 商店位置的 x 坐标

商店 y = 商店位置的 y 坐标

顾客 ix = 顾客 i 位置的 x 坐标

顾客 iy = 顾客 i 位置的 y 坐标

2. 计算节省矩阵。两个顾客 i 和 j 之间的节省距离为：

$$节省距离（顾客_i,顾客_j）=距离(商店,顾客_i)+距离(商店,顾客_j)-距离(顾客_i,顾客_j) \tag{9.2}$$

其中：$顾客_i$ = 顾客 i，$顾客_j$ = 顾客 j

3. 安排车辆/路线。将顾客安排在不同的路线上。最初，我们假定有和客户数量一样多的路线，然后在第2步得到的节省矩阵中找到顾客 i 和顾客 j 之间最大的里程节省。如果添加额外顾客到该路线时不超过车辆的承载能力，同时线路 x 和线路 y 都还没有与其他线路结合，考虑合并路线 x 和路线 y。如果单个顾客的发货量超过了一整车的承载量，则分成两车来装载。

4. 排列路径上的客户次序。采用最近插入法。根据第1步中算出的距离矩阵，距离当前路径最近的那个顾客作为第一个插入的顾客，这样增加的里程最少。

最近插入法（nearest insertion method）。该过程被称为最近插入法是因为它将离路径最近的顾客加入其中。这一过程如下：

- 在给定的路线中，从起点或配送中心开始，在第1步求出的距离矩阵中找出最近的客户，然后将其加入到路径中。
- 继续此过程，直到所有分配到车辆的客户都被加入到路线中。

实例 9.2：车辆路线选择和调度

新鲜农场杂货店（Farm Fresh）是一家交付顾客网上订单的杂货店。一天早上，杂货店的管理者收到了 9 个不同客户的待交付订单。表 9.2 显示了商店和顾客的位置，以及顾客订单的大小。现有四个微型客车，每辆车的承载能力为 260 公斤。

表 9.2

	X 坐标	Y 坐标	订单大小（公斤）
商店	0	0	
顾客 1	5	13	38
顾客 2	2	9	91
顾客 3	8	16	57
顾客 4	9	11	47
顾客 5	13	2	30
顾客 6	18	1	56
顾客 7	15	-6	92
顾客 8	10	-9	43
顾客 9	4	-11	36

a. 利用节省法来确定当日上午需要交付订单的路线数量（小型货车量）：

- 创建一个距离矩阵。
- 创建一个节省矩阵。
- 将顾客分配到路线（货车）。

b. 使用最近插入法为各条路线（货车）安排送货次序。

实例 9.2 的答案

步骤 1：创建距离矩阵。

使用公式 9.1 来计算距离矩阵。商店和所有顾客之间、顾客与顾客之间的距离见表 9.3。例如，商店到顾客 1 的距离计算如下：

距离（商店，顾客1）$= \sqrt{(0-5)^2+(0-13)^2} = 13.93$

现在让我们计算从顾客3到顾客4的距离：

距离（顾客3，顾客4）$= \sqrt{(8-9)^2+(16-11)^2} = 5.10$

表9.3 距离矩阵

	商店	顾客1	顾客2	顾客3	顾客4	顾客5	顾客6	顾客7	顾客8	顾客9
商店	0	0								
顾客1	13.93	0.00								
顾客2	9.22	5.00	0.00							
顾客3	17.89	4.24	9.22	0.00						
顾客4	14.21	4.47	7.28	5.10	0.00					
顾客5	13.15	13.60	13.04	14.87	9.85	0.00				
顾客6	18.03	17.69	17.89	18.03	13.45	5.10	0.00			
顾客7	16.16	21.47	19.85	23.09	18.03	8.25	7.62	0.00		
顾客8	13.45	22.56	19.70	25.08	20.02	11.40	12.81	5.83	0.00	
顾客9	11.70	24.02	20.10	27.29	22.56	15.81	18.44	12.08	6.32	0.00

步骤2：创建节省矩阵

使用公式9.2来计算节省矩阵。顾客之间的节省结果见表9.4。

我们假设每个客户由一辆小型货车单独送货，这样就没有节省里程。例如，货车从商店到顾客1，然后从顾客1返回商店；再从商店到顾客2，然后从顾客2回到商店。总距离（利用表9.3的距离矩阵）是：

距离（商店↔顾客1，商店↔顾客2）

$= 13.93 + 13.93 + 9.22 + 9.22 = 46.30$

如果货车从商店到顾客1，然后从顾客1到顾客2，再从顾客2回到商店，则总距离（利用表9.3的距离矩阵）将是：

距离（商店→顾客1→顾客2→商店）

$= 13.93 + 5 + 9.22 = 28.15$

顾客1和顾客2之间的节省里程是：

节省里程（顾客1，顾客2）$= 46.30 - 28.15 = 18.15$

如果使用公式 9.2 来计算节省矩阵就比较省事：

节省里程（顾客 1，顾客 2） =13.93 +9.22 -5 =18.15

表 9.4　节省矩阵

	顾客 1	顾客 2	顾客 3	顾客 4	顾客 5	顾客 6	顾客 7	顾客 8	顾客 9
商店	0	0							
顾客 1	0.00								
顾客 2	18.15	0.00							
顾客 3	27.58	17.89	0.00						
顾客 4	23.67	16.15	27.00	0.00					
顾客 5	13.48	9.33	16.17	17.51	0.00				
顾客 6	14.27	9.36	17.89	18.79	26.08	0.00			
顾客 7	8.62	5.53	10.96	12.34	21.06	26.57	0.00		
顾客 8	4.82	2.97	6.26	7.64	15.20	18.67	23.78	0.00	
顾客 9	1.61	0.82	2.30	3.35	9.04	11.29	15.78	18.83	0.00

注：节省矩阵的计算是基于距离矩阵。答案可能会由于数字的四舍五入而略有差异。

步骤 3：安排车辆/路线

首先，每个客户单独一条路线并由单独一辆车服务，那么一开始就有 9 条路线。然后，从表 9.4 的节省矩阵中找到节省里程最大的两个顾客。顾客 1 和顾客 3 之间的节省里程最大，为 27.58。确定订单大小和承载能力：38 +57 <260。则顾客 1 和顾客 3 可以结合起来形成一条新路线。我们把这条路线称为路线 1。

第二大节省量在顾客 3 和顾客 4 之间，为 27。确定订单大小和承载能力：38 +57 +47 <260。顾客 4 可以并入路线 1。现在路线 1 包括顾客 1、顾客 3 和顾客 4。

第三大节省里程在顾客 6 和顾客 7 之间，节省 26.57。顾客 6、顾客 7 与顾客 1、顾客 3、顾客 4 在路线 1 中不相交。此外，如果顾客 6 和顾客 7 都加入路线 1，那么 5 个用户的总负荷将超过货车的承载能力。因此，我们为顾客 6 和顾客 7 创建一条新路线。这条路线称为路线 2。

继续计算，路线 1 最终有 4 个客户（顾客 1、顾客 3、顾客 4 和顾客 2），总载重量为 233（38 +57 +47 +91 =233）。线路 2 包含 5 个顾客（顾客 6、顾客 7、顾客 5、顾客 8 和顾客 9)，总载重量为 257（56 + 92 + 30 + 43 + 36 = 257）。

步骤 4：排列路径上的客户次序

接下来，我们使用表 9.3 中的距离矩阵来安排客户次序。图 9.2 显示了这两条路线。

路线 1：从商店到顾客 1、顾客 2、顾客 3、顾客 4 的最短距离为从商店到顾客 2。这条路线从商店开始指向顾客 2。接下来，顾客 2 到顾客 1、顾客 3、顾客 4 之间的最短距离是从顾客 2 到顾客 1。那么这条路线扩展为商店—顾客 2—顾客 1。继续这一过程，直到完成运送次序。路线 1 包含如下线路安排：

商店→顾客 2→顾客 1→顾客 3→顾客 4→商店

总行车距离为：9.22 + 5 + 4.24 + 5.10 + 14.21 = 37.77

路线 2 包含如下的线路安排：

商店→顾客 9→顾客 8→顾客 7→顾客 6→顾客 5→商店

总行车距离为：11.70 + 6.32 + 5.83 + 7.62 + 5.10 + 13.15 = 49.72

	X	Y	订单
商店	0	0	
顾客 1	5	13	38
顾客 2	2	9	91
顾客 3	8	16	57
顾客 4	9	11	47
顾客 5	13	2	30
顾客 6	18	1	56
顾客 7	15	-6	92
顾客 8	10	-9	43
顾客 9	4	-11	36

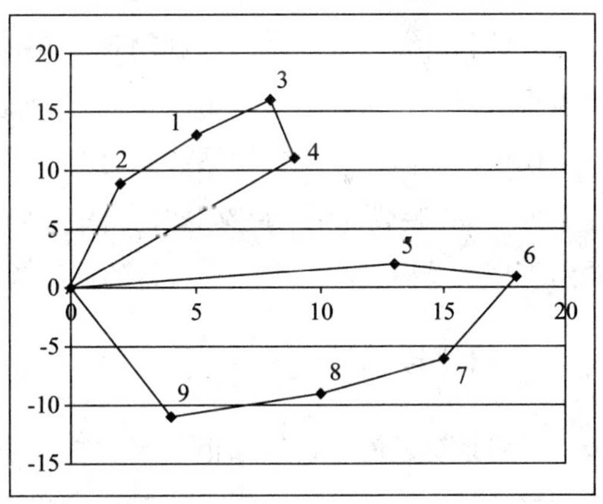

图 9.3 路线

Store：**商店** Customer：**顾客** Order：**订单**

9.6.3 用电子商务工具选择路线

一些因特网搜索引擎提供了建立运输路线的简便方法。例如，读者可以在谷歌地图（Google maps）和地图搜索（Mapquest）中输入想去的地方来确定一条路线。但是，这些工具不提供如何处理交货时间窗口限制和车辆载重能力的方法。因此，在具有这些限制的运送路线中进行选择时，人的智慧是必不可少的。

9.7 铁路货运调度

随着世界经济全球化和自由贸易区的诞生，铁路货运服务在亚洲、欧洲、美国和很多其他国家的现代交通网络中发挥了重要的作用。美国将大量的生产活动离岸外包给太平洋地区国家后，对水路－铁路－公路的集装箱联运服务的需求大幅度提高。铁路运输以其较低的费率和长距离运送大体积货物的能力重新赢得了重视。

在实际操作中，安排货车并确定如何在大型铁路网中装载各种货物的难度是很高的。铁路货运服务需要运用复杂的算法，同时也需要灵活性。铁路工作人员和研究人员都认为，利用基于知识的系统来协助制定铁路货运服务决策是可行的。耿和李（Geng and Li）曾经针对货车装载和路线选择提出了一个模型，他们将知识管理系统融合到现有的铁路信息系统中来改善铁路运输服务①。在装载规则、路线选择算法、逻辑编程和数据库技术方面的组合为铁路管理人员提供了一个切实可行的铁路货运管理方法。

9.7.1 铁路系统

铁路系统是依靠站点和枢纽来连接一个个轨道区段的网络。使用铁路服务的好处是它能够以低成本长距离运输大容量、低价值的货物。随着供应链管理的进步，铁路运输已将其运营范围扩大到了联运服务，使得装载量不断提高。

铁路货运量测度的基本单位是车载量（carload）。因此，装载和路线选择

① Geng, G. & Li, L. (2001) "Scheduling railway freight cars" Knowledge-based Systems, 14, 289 - 297.

是确保托运商获得可靠服务的两大运营问题。总体目标是最大限度地利用货运车和最小化运输距离。

在铁路服务中，通常有一个派发货运列车的起始站，一个完成货运列车运行的终点站，以及一些作为仓库、涵盖站内网络顶点的中转站。来自普通站点或其他转运站的小批量货物将运到中转站进行整合和装卸。

9.7.2 铁路货运调度的特点

货运装车通常使用一些优先权规则。装载优先权是一种与商品属性、交付到期日、交货时间窗口、交货优先日期、核心装运地位和商品重量有关的指标。

可能的商品种类包括生鲜商品、煤炭、化工及相关产品、农产品、汽车、仪器设备、军事物资、食品及同类产品、非金属矿物和其他商品。大量的化学品及有关产品被列为危险品。

核心装运（core shipment）是运输重量大的商品的方式。铁路部门规定，如果装运的货物超过 5 吨则属于核心装运。确定核心装运的目的是为了实现火车的多载少停。一个核心装运可能只包含一种商品。几个小批量的装运可以合并成一个核心装运。核心装运的商品将被运到同一个停车站点或中转站。利用核心装运优先方法，铁路仓储利用率和运输效率都将得到提高。

一般来讲，同一辆货运列车不会都装载重量大体积小的货物，也不会都装载体积大重量轻的货物。重量大而体积小的商品和重量轻而体积大的商品的混装能够更好地利用列车的空间。

当一列火车到达中转站时，一些货物需要卸载，同时有一些货物需要装载。在这种情况下，当前新装载的货物不能影响下一站的卸货操作。这就要确定哪些货物需要先装载，哪些货物后装载。当装载额外的商品时必须考虑货物装卸时移动的范围。

装载危险品是一项艰巨的工作，任何疏忽都将导致事故的发生。因此，装载危险品时要相当小心。

铁路网络是已经存在的，两个连续站点之间的距离是固定的。如果两个车站之间的路程速度不变，为每辆货运列车选择最佳路线既能确定工作量，又能为铁路系统内的各车站提供整合战略。

安排货运装载和调度时需要的输入信息包括：商品的属性、重量和体积，危险/易腐货物，商品在铁路站场的存放天数，装载优先等级，邻里距离，转移范围（在转移范围内从一个中转站到每个车站的距离），装运路径（即两个中转站之间的最短路径）。货运列车调度的输出信息包括：货运列车的商品装载顺序、主要路线、第 2 条和第 3 条备选路线、每辆货运列车每天的载重量利用率。

9.8 利用运输增值

运输业是一个影响世界贸易和经济增长的重要因素。在过去 10 年中，美国的国际货物贸易增加了 1 倍，而这个速度在未来 10 年也不会放缓。低运输费率提高了美国产品在世界市场上的竞争力，也促使进口商为美国带来各种工业品和消费品。例如，一部录像机从香港运输到美国市场，成本只增加了 1 美元；一双运动鞋从亚洲运到美国，成本只增加约 40 美分[①]。由于供应链的进一步延伸，运输服务真正为供应链增加了价值。

供应链所面临的最大问题是运输和物流问题。2005 年一项针对《财富》500 强公司总裁的调查表明，承运商承重负荷紧张、港口拥挤与仓库管理是需要解决的最紧迫的问题[②]。2020 年的货运量预计将增加 1 倍，这需要更多的投资来支持。美国联邦公路管理局（the US Federal Highway Administration）预计 2020 年的货运量将增长 70%。为了支持美国的贸易流动和世界经济的增值，无缝而高效的多式联运系统是非常必要的。多式联运的运作应该能够连接大型货轮、复杂的货物装卸、有效的仓储运作、可靠的铁路服务以及拓宽的货运范围。

供应链企业之间的紧密合作在不远的将来将更加普遍。联邦快递的战略营销副总裁马克·科伦坡（Mark Colombo）曾做过关于精益供应链和电子业

---

① The World Shipping Council.

② www. eyefortransport. com/supplychain.

生产的调查[①]。在调查中，87%的受访者表示期望其进口量比现在有所增加。这些公司已经实施全球供应链，并可能会在亚洲、南美洲甚至在欧洲增加另一个副生产中心。在这种情况下，它们将会把产品从生产中心运送到顾客市场。该装运可以从地面运输开始，然后连接空运或海运。问题在于如何整合其物流和运输网络，来支持其供应链需求。在同一项调查中，68%的受访者表示他们期望与其运输供应商协作并紧密地联系在一起，因为他们的顾客期望能够得到提前期短和响应性高的运输服务。

9.9 小结

在本章中，我们概述了各种运输方式及其在供应链管理中的作用。中介、第三方物流和第四方物流的兴起已经迅速地改变了美国和世界各地的运输业面貌。电子配送也已成为开展全球市场业务的一个新途径。运输已不再是某公司的一个次要职能，它已具有促进供应链成功的战略意义。

思考题

1. 比较中国运输行业的成本结构、市场结构、顾客服务政策、商业基础设施及整车运输和零担运输的运作管理。
2. 第二次世界大战之前，铁路运输业为城市和经济中心的发展做出了重要贡献。20世纪后半期，汽车货运业为城市和经济中心的发展做出了贡献。1978年以后航空业飞速发展，但近年来正面临着财务困难。讨论导致各种运输方式增长或减少的政治、经济、社会、技术和产业等竞争因素。在你看来，哪种运输方式将在未来占据主导地位？为什么？
3. 讨论中介、第三方物流和第四方物流的兴起所带来的好处和不足之处。用各行业的实例作为依据来证明你的观点。

① http：//www. worldtrademag. com/CDA/Archives/.

问题

1. 铃木公司（Suzuki, Inc.）是百斯特家电公司（Best Appliances Distributor）的窗扇供应商。百斯特家电公司承担运输安排和成本。该公司每年采购10万台平均价格为10美元的风扇。库存成本为单位采购成本的25%。订单处理成本为每次30美元。百斯特家电公司一年运营350天，终年持有的安全库存量相当于承运商交货提前期内顾客对窗扇平均需求的5%。

百斯特家电公司的运输主管收集了以下资料，并聘请你进行分析。你需要提出一个尽量降低运输成本和库存成本的解决方案。考虑周期库存、安全库存和运输成本。

运输方式	运输时间	单位运费（美元）	批量/装运大小
铁路	30天	1.00	1000
搭载	12天	1.20	500
货车	4天	1.30	200

2. 芙瑞诗面包店（FreshBread）每天根据订单向10个杂货店配货物。一天早上，FreshBread收到如下表所示的订单。有两辆货车可用，每辆货车能够装载500个面包。

	X坐标	Y坐标	订单大小
FreshBread仓库	0	0	
商店1	6	12	128
商店2	3	2	95
商店3	9	15	157
商店4	10	10	140
商店5	11	1	130
商店6	8	0	150
商店7	5	-7	102

a. 利用节省法，确定配送当天早晨订单的路线（货车）数量。

b. 使用最近插入法，为各条路线（货车）安排运货次序。

3. 一个配送厨房用具的仓库考虑从两家卡车运输公司中选一家成本较低的公司。需求和库存成本如下：

预测的需求	5000 单位/年
订单成本	117 美元/次
产品价格	75 美元/ 单位
库存持有成本	单位价格的 25%

仓库一年运营 365 天，订货时采用经济订货批量（EOQ）。安全库存为承运商交货提前期内仓库平均需求量的 20%。两家卡车运输公司的相关情况如下：

货运公司	提前期	单位运费（美元）	交货提前期的变动（标准差）
Swift 货运公司	3 天	15	1 天
OnTime 货运公司	4 天	13.5	2 天

a. 如果在途提前期是确定的，安全库存是多少？

b. 如果在途提前期是不确定的，安全库存是多少？只考虑一个标准差的情况。

c. 总成本是多少？

d. 该仓库应选择哪家汽车运输公司？

e. 除成本外还应该考虑哪些其他因素？

参考文献

Ballou, R. H. (1992). *Business Logistics Management*, 3rd edition, Prentice Hall: New Jersey.

Bodin, L. and Golden, B. (1981). Classification in Vehicle Routing and Scheduling, *Networks*, Vol. 11, 97 – 108.

Chopra, S. and Meindl, P. (2002). *Supply Chain Management*, Prentice Hall: New Jersey.

Clarke, G. and Wright, J. W. (1963). "Scheduling of vehicles form a central depot to a number of delivery points." *Operations Research*, Vol. 11, 568 – 581.

Coyle, John J., Bardi, Edward J., and Novack, Robert A. (1999). *Transportation*, 5th edition, South-western: Cincinnati, OH.

Prince, Theodore (2000). E-Commerce: It's Impact on Transportation, Logistics, and Supply Chain Management, 4/15/2000 *ASCET*, Volume 2.

Simchi-Levi, D., Kaminsky, P., and Simchi-Levi, E. (2003). *Designing and Managing the Supply Chain*, 2nd edition. McGraw-Hill Irwin: New York.

www.aar.org/AboutTheIndustry/AboutTheIndustry.asp.

www.businessdictionary.com.

www.dhl-usa.com.

www.talbots.com.

www.fsana.org.

附录1

世界集装箱港口：前25位（2001~2003年）							
排名					2003	2002	2001
2003年	2002年	2001年	港口名称	国家	（百万美元·标准集装箱）		
1	1	1	香港	中国	20.499	19.14	17.83
2	2	2	新加坡	新加坡	18.411	16.94	15.57
3	4	5	上海	中国	11.28	8.61	6.34
4	6	8	深圳	中国	10.615	7.62	5.08
5	3	3	釜山	韩国	10.408	9.45	8.07
6	5	4	高雄	中国台湾	8.843	8.49	7.54
7	8	7	洛杉矶	美国	7.149	6.11	5.18
8	7	6	鹿特丹	荷兰	7.107	6.52	6.1
9	9	9	汉堡	德国	6.138	5.37	4.69
10	10	11	安特卫普	比利时	5.445	4.78	4.22
11	13	13	迪拜	阿拉伯联合酋长国	5.152	4.19	3.5
12	11	12	巴生港	马来西亚	4.84	4.53	3.76
13	12	10	长滩	美国	4.658	4.53	4.46
14	15	16	青岛	中国	4.239	3.41	2.64
15	14	14	纽约&新泽西	美国	4.068	3.75	3.32
16	21	25	丹戎帕拉帕斯	印度尼西亚	3.487	2.66	2.05
17	19	17	东京	日本	3.314	2.78	2.61
18	16	15	不来梅/不来梅港	德国	3.19	3.03	2.97
19	22	20	林查班	泰国	3.181	2.6	2.37
20	17	18	焦亚陶罗	意大利	3.149	3.01	2.49
21	24	26	天津	中国	3.015	2.41	2.01
22	31	46	宁波	中国	2.772	1.86	1.21
23	27	33	广州/黄埔	中国	2.762	2.17	1.74
24	20	19	丹戎不碌	印度尼西亚	2.758	2.7	2.5
25	23	21	马尼拉	菲律宾	2.552	2.46	2.3

资料来源：www.oocl.com & www.infoplease.com.

附录2

航空货运装卸排名：前25位（2001~2003年）						
排名				2003	2002	2001
2003	2002	2001	航空港	总吨数		
1	1	1	孟菲斯（MEM）	3390515	3390800	261631
2	2	2	香港（HKG）	2668880	2504584	2100276
3	3	5	东京（NRT）	2154691	2001822	1680937
4	5	3	安克雷奇（ANC）＊＊	2102025	1771595	1873750
5	6	15	首尔（ICN）	1843055	1705880	1196843
6	4	4	洛杉矶（LAX）	1833300	1779855	1774402
7	9	8	巴黎（CDG）	1723700	1626400	1591310
8	8	7	法兰克福/美茵（FRA）	1650476	1631322	1613179
9	10	6	迈阿密（MIA）	1637278	1624242	1639760
10	7	9	新加坡（SIN）	1632409	1660404	1529930
11	11	11	纽约（JFK）	1626722	1589648	1430727
12	12	10	路易斯维尔（SDF）	1618336	1524181	1468837
13	13	12	芝加哥（ORD）	1510746	1473980	1299628
14	14	16	台北（TPE）	1500071	1380748	1189874
15	16	14	阿姆斯特丹（AMS）	1353760	1288626	1234161
16	15	13	伦敦（LHR）	1300420	1310615	1263572
17	26		上海（PUG）＊	1189303	634966	
18	21	25	迪拜（DXB）	956795	784997	632224
19	17	19	曼谷（BKK）	950136	956790	841150
20	18	17	印第安纳波利斯（IND）	889163	901917	1115272
21	19	20	纽瓦克（EWR）	874641	850050	795584
22	22	22	亚特兰大（ATL）	798501	734083	739927
23	20	18	大阪（KIX）	793478	805430	871161
24	23	23	东京（HND）	722736	707301	725124
25	24	21	达拉斯/富特沃士（DFW）	667574	670310	784085

＊ 新机场

＊＊ 包括货物中转站

资料来源：国际机场协会（Airport Council International）。

第五部分

（上游企业）
产品流、服务流、信息流和资金流
（下游企业）
物流
物流
物流
供应网络
内部供应链
电子采购
ERP—企业资源计划
电子配送
电了商务
虚拟组织：共享数据、信息和知识

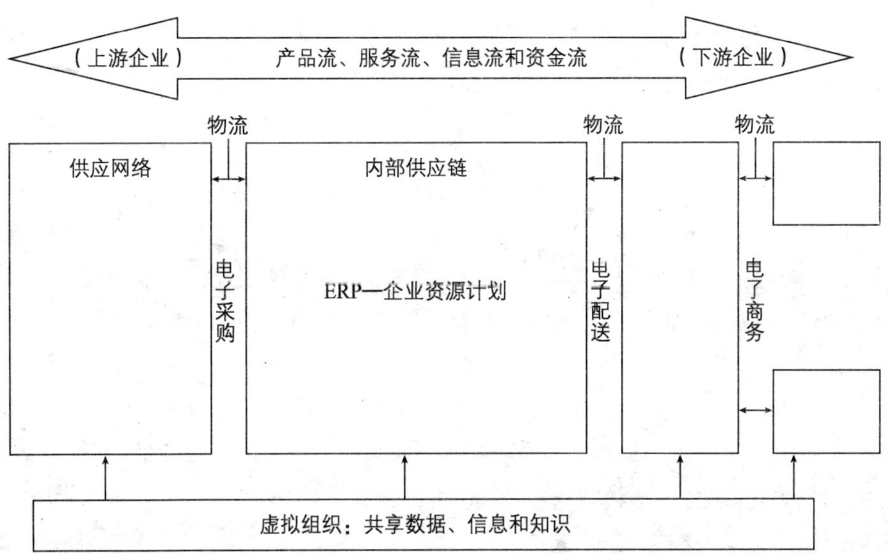

第 10 章 电子商务解决方案：全球供应链的实现途径

10.1 电子商务解决方案：全球供应链的实现途径

10.1.1 全球供应链

全球竞争的加剧、通信和互联网技术的发展，以及地方、区域和全球市场的集中，引发了大众对电子商务解决方案更多的关注。20 世纪 90 年代中期，当互联网技术开始逐步渗透到商务领域的各个角落时，电子商务解决方案这一术语随之出现。进入 21 世纪后，席卷全球的商业模式，如直销模式、基于互联网的物流模式、零库存系统模式等，正在重新定义供应链的运作。

然而，电子商务模式并不仅仅只是一个电子商务解决方案，而是一整套解决问题的步骤：

(1) 反映全球市场竞争的价值观。

(2) 决定产品和市场的具有前瞻性的商业计划。

(3) 依靠技术专长巩固核心竞争力并执行商业计划的创新商业模式。

(4) 一个能够使信息流、物流、服务流以及资金流通畅流动的完善的供应链网络。

(5) 连接信息流的尖端信息技术的实现者。

(6) 前所未有的绩效水平，为供应链及其顾客创造价值。

现在我们分析一下中国香港地区首屈一指的纺织品贸易公司——利丰集团是怎样实施以上 6 个步骤的。20 世纪 70 年代末，贸易业一度被视为成长希望渺茫的夕阳产业。然而，利丰集团重新定位了其业务导向，以适应全球化竞争。首先，它创造了一种价值主张，即着眼于从产品设计和开发、原材料和工厂采购、生产计划和控制、质量保证和资料交付等方面提供一站式服务（one-stop shopping）。这种模式对产量高、时间敏感的服装生产商和零售商如有限品牌公司具有特殊的意义。随后，利丰公司制定了一个具有前瞻性的商业计划以明确其市场和商业客户。紧接着，一个叫做“生产程序”（production program）的商业模式开始启动。基于顾客给定的设计草图，利丰集团找来恰当的材料，并提出生产计划，其中明确指定产品结构及生产进度安排。随后，公司通过质量检验和按时交货以继续跟踪。利丰集团在过去 20 年中成功地利用大型供应网络将 41 个国家的供应商和生产商连接在一起，从而确保了新商业模式的成功实施。如果低成本采购是最关键的要素，那么亚洲的供应商就会被优先选择；如果快速交货是最关键的要素，那么在同一市场客户区的东欧、地中海以及北美的供应商和生产商会成为首选。利用信息技术来形成大型供应网络使利丰集团能够成功在 41 个国家的 74 个办公室之间进行高效的沟通。电子邮件、传真、电子数据交换、网站以及电子中心等电子解决方案将其全球供应网络连接在一起。2004 年，利丰集团年收益为 70 亿美元，并在全世界拥有 18000 位雇员。

10.1.2 电子解决方案外包：一个必然的趋势

当一家公司的业务分布在世界各地时，IT 外包就成为众多企业获得高收益的绝好机会。世界 500 强公司中有 40% 采用了 IT 外包模式。微软、朗讯、戴尔、美国富国银行（Wells Fargo）、摩托罗拉等公司均拥有海外部门。IT 外包安排的重大变革一般是源于本公司 IT 软件开发技能不足、想削减直接或间接成本，以及缩短配送提前期。此外，境外办事处利用时差实现了“全天候式”（follow-the-sun）的工作时间。当驻美国办公室完成了一天 8 小时的工作时间后，印度的办事处则可以继续工作。

戴尔公司从 2001 年开始创办技术支持中心，为美国乃至全世界的顾客提供服务。2006 年，戴尔印度分公司进行了业务拓展，包括建立销售中心。戴尔的两个印度服务中心——海得拉巴（Hyderabad）和班加罗尔（Bangalore）——拥有 6000 余名员工。如今，戴尔印度公司不仅仅专注于顾客服务中心，同时也从事产品研发和测试工作。

然而，海外服务中心也存在一定的负面影响。由于戴尔公司海外中心的服务质量较差，导致了顾客的强烈不满，这就迫使戴尔公司停止其海外中心向部分商业顾客提供技术咨询。

10.2 企业信息系统

企业信息系统（EIS）是一项简化业务流程的集成信息技术[①]，它能够促进供应链的数据和信息在本公司及贸易伙伴间的流通。维基百科（Wikipedia Encyclopedia）对企业信息系统做了如下描述：

企业信息系统提供了使一个单位能够整合和协调自身业务流程的技术平台，并且提供了一个作为组织核心的单一系统。企业信息系统确保信息能够在所有部门和管理层间得到流通和分享。通过建立标准的数据结构，企业信息系统减少了在一个单位内使用多个信息系统所造成的信息杂乱问题，由此带来了不可估量的价值[②]。

企业信息系统以前被称为企业资源计划系统（ERP），它是一个面向单个企业或公司，并试图整合公司内部大部分业务活动的系统。一家企业会参与到单个供应链或许多不同产品线和市场的供应链中去。很多公司开始认识到企业信息系统在创造更强大的竞争优势方面的潜力，并且逐步开始将技术运用到跨部门的职能中去。

企业信息系统是 20 世纪 90 年代最大的 IT 投资之一。已有超过 60% 的跨国公司实施了企业信息系统。1998 年企业信息系统市场的许可/维护收益为 172 亿美元。就连主要的美国软件公司也都采用了企业信息系统产品。例如，

---

① Xu, L. Editorial. Enterprise Information Systems, 1 (1), 2007, 1-2.

② Wikipedia Encyclopedia, http://en. wikipedia. org.

IBM 公司和微软公司的大多数业务都需要使用思爱普公司的 R/3 ERP 软件来完成。2000 年第四季度发布的数据表明，全球企业信息系统市场将会以 24.9% 的增速持续增长，并在 2004 年达到 730 亿美元。目前，由于在商业环境中顾客关系管理（CRM）、供应链管理以及 B2C 商务的重要性日益提高，因此企业信息系统在在中小型企业市场中也备受欢迎。

10.2.1 业务流程再造——EIS 实施的基础

使用新技术对已有的业务流程进行改造在历史上并非第一次。早在 20 世纪 20 年代，福特汽车公司的生产系统就利用装配线技术来提高生产率，并实现了规模经济。这一技术从总体上改变了汽车生产的流程。如今，计算机和信息技术在商业运作上开创了一条全新的道路，要求各个组织都要重新思考并重新建立其业务流程①。这被称为业务流程再造（business process re-engineering）。

业务流程再造是一个组织根据其企业信息系统的战略目标来审查并重新设计其业务流程的方法。

企业信息系统是一个面向流程的电子商务解决方案，它持续跟踪采购、商业交易、订单履行以及生产计划和控制等活动。因此，一项业务流程通常会对其他流程产生影响。每个公司在实施企业信息系统时，都会面临再造现有业务流程的问题。

为了成功实施企业信息系统，每个组织都需要分析其自身业务流程，并规划业务蓝图。流程再造包括运作策略和流程的修订。重组后的流程是员工工作的唯一依据和方法，以前的工作习惯应一概摒弃。在实施企业信息系统时要注意两个关键问题。首先，业务流程应该置于组织结构的中心，而不是将其看成是一个独立的职能；其次，应该在企业层面对完整的流程进行系统性优化，而不能依据专业化或劳动分工的概念对业务活动进行划分。

---

① Scott, S., and Warfield, J. Enterprise integration of product development data: systems science in action. *Enterprise Information Systems*, 1 (3), 2007, 269 - 285.

10.2.2 遗留系统

遗留系统（legacy system）是一个十分宽泛的名称，它可以指一系列系统，如接受订单、调度生产、交付订单的整个过程。20 世纪 90 年代前，遗留系统是在处理商业交易时最普遍使用的技术。20 世纪 90 年代，在众多《财富》500 强企业中，企业信息系统开始取代遗留系统。遗留系统有两个重要的特征：（1）范围较窄、可视性较差；（2）适用于执行操作型任务。

遗留系统的优点包括：

- 能够在没有流程再造和用户培训支出等额外支持的情况下完成工作。
- 与客户端/服务器系统相比，遗留系统的升级安装成本较低。

遗留系统的不足包括：

- 能力有限，只能处理一小部分公司业务或供应链业务。
- 只具有事务性能力。
- 受到主机技术的限制而不能进行灵活的修改。

由于应用范围狭窄，当客户端/服务器技术在 20 世纪 90 年代引入市场后，遗留系统便失去了吸引力。

10.2.3 客户端/服务器技术

芯片和微处理器技术的飞速发展，使得业务流程的全面整合成为可能。20 世纪 90 年代，客户端/服务器技术（client/server technology）开始出现，并被运用在企业信息系统中。客户端/服务器系统比遗留系统更灵活。它不是一种面向主机的技术，而是一种能够通过电话线或局域网进行连接的技术。

客户端/服务器这一术语可用于硬件和软件。客户端/服务器系统的硬件是指个人电脑网络操作系统，如 Microsoft MS-Net、Novell NetWare、Microsoft LAN Manager 等。在这种情况下，局域网（LAN）等本地网络是服务器，个人电脑和桌面则是客户端。

与硬件系统相比，客户端/服务器系统的软件的定义更为广泛。当该软件需要得到服务时则是客户端，当它提供服务时则是服务器。客户端/服务器系统可以集中在一台电脑上，也可以分布在多台电脑上。

很多企业信息系统是基于客户端/服务器结构开发的，该结构包括了集中式客户端/服务器（centralized client/server）结构、二层客户端/服务器（two-tier client/server）结构、三层客户端/服务器（three-tier client/server）结构以及其他一些形式。

集中式客户端/服务器结构有一个中央主机，执行所有在表示层、应用层和数据层上的交互和数据处理任务。

二层客户端/服务器结构使用个人计算机或桌面系统来处理表示层和应用层，而数据层则与之相分离。

三层客户端/服务器结构则将表示层、应用层和数据层都分割开来。这种结构带来了很多好处，包括便捷、授权保护、多级执行、最优负荷分配以及通用性。

10.2.4 企业信息系统的主要模块

企业信息系统是商业数据系统的一种新形式，着眼于各种企业活动的系统运作和一体化运作[①]。企业信息系统不仅集成了业务功能区域，如市场营销和销售、生产计划、物料管理以及公司财务控制，而且还连接了供应链中所有供应商和顾客的网站和数据库。基于一体化的思想，企业信息系统连接了与所有商业活动有关的标准商业模型、系统功能以及数据模型。企业信息系统的主要模块包括市场营销/销售、生产、采购、财务、组织和人力资源管理、财务管理、资本资产管理、顾客服务等。企业信息系统现有的功能包括：

- 物料需求计划/制造资源计划（MRP/MRPII）：支持设计和制造清单、工程变更控制、产品配置性能以及在线定制配置。
- 采购：为合同采购、一揽子采购以及询价提供支持；允许供应商通过

---

① Warfield, J. Systems science serves enterprise integration: a tutorial. *Enterprise Information Systems*, 1 (2), 2007, 235 -254.

互联网或电子数据交换（EDI）更新订单状态；提供电子支付功能；便于管理供应商。

- 制造执行：支持生产计划和排产，支持由客户定义工艺路线以及车间调度。
- 顾客关系管理。
- 需求管理和预测。
- 仓库管理和库存控制。
- 运输和装运。
- 财务管理：包括应付账款和应收账款、订单处理、总账、固定资产台账，以及跨国货币交易功能。
- 人力资源管理：包括工资表、员工福利、退休金账户、培训等。
- 允许生成特定的报表。运行结果可以在财务报告中体现，同时表明问题的状态。

企业信息系统开发商近年来新开发的功能有：

- 企业应用集成。
- 供应链可视化。
- 协同计划、预测和补货。
- 基于网站的商业应用。

10.2.5 主要的企业信息系统供应商

20 世纪 90 年代，最大的 5 家企业信息系统供应商是思爱普公司、甲骨文公司、仁科公司（PeopleSoft）、J. D. 爱德华兹公司（J. D. Edwards）和博安公司。这 5 家供应商占据了企业信息系统市场（即 ERP 市场）的大部分份额。其中，思爱普公司是企业信息系统生产商的领导者。进入 21 世纪后，兼并与收购使企业信息系统市场不断重组。仁科公司在 2003 年收购了 J. D. 爱德华兹公司，随后甲骨文公司和仁科公司于 2004 年合并。虽然如此，在过去的 10 年中仍然有更多的企业信息系统供应商进入了企业信息系统市场。根据凯普特拉网站（capterra. com）检索到的编译于2006年6月的企业信息系统软件目录，现在共有122种企业信息系统解决方案，软件侧重点有强调消费品制造的，有关注仓库和库存管理的，也有强调多渠道销售的。

最大的企业信息系统供应商思爱普公司引领了系统、应用软件和数据处理产品的潮流。思爱普公司的R/2和R/3系统是美国数据处理领域的标杆。于1972年在德国创立的思爱普公司占据了世界范围内客户端/服务器企业信息系统软件市场的大部分份额。20世纪80年代初，思爱普公司开发出了R/2系统，这是一个庞大的主机遗留解决方案。20世纪80年代末，思爱普公司逐渐转向客户端/服务器技术，并开始研发R/3系统。1992年，思爱普公司将能够兼容14种语言的R/3系统推向市场。今天，思爱普公司仍然是企业信息系统客户端/服务器软件的领导者，并占据着全球市场1/3的份额。

以数据库软件著称的甲骨文公司将其企业信息系统扩展到应用模块。甲骨文公司由拉里·埃里森（Larry Ellison）、罗伯特·米勒（Robert N. Miner）、爱德华·奥茨（Edward A. Oates）于1977年在加利福尼亚州的雷德伍德市（Redwood, California）创立。他们推出了第一款基于IBM System/R的关系型数据库管理系统（Relational Database Management System）以及第一款利用IBM结构化查询语言（Structured Query Language, SQL）技术的数据库管理系统。

在企业信息系统的应用电子商务解决方案方面，甲骨文公司的主要竞争对手是思爱普公司、仁科公司和博安公司。为了加强应用部门的实力，2005年初，甲骨文公司作为全球第二大电子商务解决方案提供商收购了第三大应用软件提供商仁科公司。合并之后的调整和重组十分艰难，甲骨文公司到2005年第2季度才报告了电子商务应用软件业务增长57%的消息。

由大卫·杜菲尔德（David Duffield）和肯·莫瑞斯（Ken Morris）于1987年在加州Pleasanton创立的仁科公司曾是全球第三大企业信息系统解决方案提供商，它极为关注人力资源管理方面的应用。当仁科公司于2003年接管了J. D. 爱德华兹公司后，就计划将其EIS系统更名为PeopleSoft Enterprise，并将J. D. 爱德华兹公司的企业资源计划（ERP）产品更名为PeopleSoft

Enterprise One。

J. D. 爱德华兹公司面向中等规模的企业开发了跨功能系统。其 Enterprise One 企业信息系统软件是在需求驱动环境下设计出来的，它能够优化企业内部功能并延伸至供应链管理。仁科公司于 2003 年收购了 J. D. 爱德华兹公司。

博安公司生产的 ERP 软件应用十分广泛，它现在由恩富软件有限公司（Infor Global Solutions）掌控。博安公司的软件有良好的口碑，它的主要市场是中等规模的制造公司。简·博安（Jan Baan）于 1978 年在荷兰的巴内弗（Barneveld，Netherlands）创建了博安公司，以提供金融和管理咨询服务。随着其第一款应用软件的问世，简·博安进入了企业资源计划（ERP）行业①。2000 年 6 月，英维思公司（Invensys）收购了博安公司，这家英国自动化解决方案公司由此创建了新的软件和服务部门。2003 年 6 月，英维思公司以 1.35 亿美元的价格将博安公司出售给了 SSA 全球技术公司（SSA Global Technologies）。2006 年 5 月，亚特兰大的恩富软件有限公司收购了 SSA 全球技术公司。

10.2.6 中小型企业信息系统市场

经过 10 年的努力，企业信息系统供应商从中小型企业市场中获得了收益。20 世纪 90 年代，5 大企业信息系统软件供应商认为中小型企业对企业信息系统软件需求的潜力不大，因而没有花力气去争取这个市场。然而，近期评估显示，中小型企业需求的总价值已经达到约 1730 亿美元。该评估拓宽了如 SAP 和 IBM 等大型企业信息系统供应商的视野。2001 年底，IBM 公司制定了业务战略，即在中小型企业市场中建立领导地位并确保完整的产品线，希望将电子商务解决方案和符合中小型市场需求的服务相结合来处理中小型企业的相关业务。

微软公司迅速跟上，如今它已经在中小型企业市场上推出了 Dynamics NAV 软件。微软的 Dynamics NAV 软件可以集成运作、配送、电子商务、财务

① http：//en. wikipedia. org/wiki/Baan.

和顾客信息等多种数据，从而为中等规模的企业提供简化而全面的解决方案。该电子解决方案适用于制造业环境，并且操作简便。

Made2Manage 公司自 1986 年在美国的印第安纳波利斯（Indianapolis）成立以来，就定位于中小型企业市场。成立之初，Made2Manage 公司致力于为具有离散制造流程并使用 MRP 系统的公司提供服务。中小型制造公司感到同与其规模和企业文化相似的软件供应商打交道更方便。在过去的几年中，Made2Manage 公司发展到可以为顾客提供“一站式”的企业业务应用软件。该应用软件与众多对象相互协作，这些对象包括客户关系管理（CRM）、商业智能（business intelligence，BI）、仓储管理系统（warehousing management systems，WMS）以及 ERP 系统中的生产规划和调度优化模块。

10.3 顾客关系管理

10.3.1 顾客关系管理与供应链管理的关系

在全球供应链环境中，顾客满意度是企业成功的关键要素。因此，很多公司转而关注客户关系管理解决方案以寻求更好的顾客关系管理工具①。作为电子解决方案的前端系统，客户关系管理可以说是一个独立的软件，也可以说是企业信息系统的一个模块。这是因为客户关系管理软件直接处理顾客的需求和爱好。

客户关系管理软件的目标在于从现有顾客处提取、整合并分析历史数据，以便维持现有顾客并吸引潜在顾客。该流程贯穿于市场营销、销售和订单履行的全过程，其目标在于使企业所提供的产品和服务能够更好地理解顾客的需求和爱好。

使用客户关系管理系统和实时跟踪信息技术后，各家公司获取了大量关

① Chen, Y., and Li, L. Deriving information from CRM for knowledge management - a note on a commercial bank. *Systems Research and Behavioral Science*, 23 (2), 2006, 141 - 146.

于顾客购买行为和趋势的数据。通过挖掘和分析历史数据，顾客的购买模式被揭示出来，该购买模式包括购买什么、什么时候购买、怎样购买以及在哪里购买，这样就能够识别出潜在顾客。

由于信息技术的支持，客户关系管理软件为公司带来了大量的好处。这些好处包括降低市场营销成本、发现吸引新顾客的有效途径、找出更好的预测方法、有效地收集顾客信息、分析现有和潜在顾客对产品的需求和兴趣、提高顾客满意度、提高生产率以及改善销售业绩。

很多服务呼叫中心使用客户关系管理软件来保存顾客信息。当顾客呼入后，系统就能够检索并保存该顾客的相关信息。通过快速有效的顾客服务，同时在同一地点保存顾客的所有信息，使得公司能够更快捷、更高效地为顾客解答问题。例如，航空公司用呼叫中心来进行机票预订、追踪里程计划、查看到港和离港时间表以及查询行李信息。

客户关系管理解决方案还允许顾客通过多种渠道来实现自助服务。例如，美国邮政总局为顾客提供了一个网站，以便顾客首先通过互联网查询投递配送状态，而不是直接与邮局联系。这一实践为邮政总局节约了资金，同时也为顾客节省了时间。

加特纳集团（Gartner Group）总结出了客户关系管理解决方案的三个核心模块：销售自动化（sales force automation）、顾客服务和支持、企业营销自动化（enterprise marketing automation）。

销售自动化模块为销售人员提供了一个报价、预测和查询库存的工具，同时也为促销人员在旅途中提供了查询客户交易的途径。这一特性大大提高了销售人员的效率。

顾客服务和支持模块用来处理顾客服务请求、产品目录、服务信息、退货、投诉以及其他顾客需要的信息。顾客交互中心（Customer Interaction Center，CIC）应用多种电子解决方案来提供顾客服务。这些电子解决方案包括公司网站、呼叫中心、自助服务机、电子邮件和直接接触等。

企业营销自动化模块提供了与商业环境相关的信息，如行业和市场趋势、技术进展、全球竞争、竞争对手、促销、顾客分析以及数据库连接。该模块提高了营销活动的效率。

10.3.2 客户关系管理的实施

由 CIO 杂志（CIO.com）组织的一项针对首席信息官（chief information officer）的调查显示，客户关系管理的实施平均需要花费 12~18 个月，客户关系管理系统的平均投资额为 320 万美元。在购买了客户关系管理软件的公司中，有超过一半的公司指出，它们通常是先通过小规模或试点项目来实施客户关系管理系统，而不是同时全面实施整个系统①。

客户关系管理系统的一个更具创新性的应用是通过实施客户关系管理来夺回失去的市场地位。20 世纪 80 年代末，Circuit City 公司曾是顶级消费电子产品零售商。到了 2001 年，同样是电子产品零售商的百思买（Best Buy）集团却超越了 Circuit City 公司，成为头号消费电子产品销售商。从那以后，Circuit City 公司就一直努力想要重拾它在消费电子产品零售行业的顶尖地位。Circuit City 公司于 2005 年制定的战略明确表示，公司将朝着以顾客为中心的方向发展，并通过零售商店、呼叫中心以及公司网站为所有顾客提供个性化服务。实现这一战略的技术包括销售点终端系统（point-of-sale，POS）、企业信息系统以及客户关系管理软件。Circuit City 公司的高层曾经设想，利用尖端技术来协助其售货员在持有忠实会员卡的顾客进店门时立刻识别这些顾客，并提供优质服务，同时利用尖端技术协助管理团队制定有效的促销计划，决定哪些产品应该被摆放在商店最显眼的地方。以上这些都是基于实际情况的、数据驱动的、分析型的工作。恰当的技术能否支持 Circuit City 公司实现以顾客为中心的创新战略呢？我们将在以后的几年得到见证。

---

① *CIO Magazine*, retrieved from www.cio.com, July 2006.

10.4 其他电子商业解决方案

10.4.1 协同计划、预测与补货

一条供应链的能力等同于其最薄弱环节的能力，其原理在于供应链是建立在牢固而高效的协作基础之上的。区分供应链管理和传统物料管理的基准就在于怎样管理交易双方的协作。

协同计划、预测和补货流程最初被称为C-FAR，它来自于沃尔玛和美国沃纳兰波特公司（Warner Lambert）1995年关于协同预测和补货（C-FAR）的试点项目。在整合了计划职能后，该缩写演变为CPFR（协同计划、预测和补货）。CPFR的前身是电子数据交换（Electronic Data Interchange，EDI）、条形码以及供应商管理库存（vendor-managed inventory，VMI）。最新的CPFR是以利用可扩展标记语言（XML）技术、B2B交易、电子数据交换、条形码以及供应商管理库存的形式存在的。

一份关于2002年美国食品杂货生产商协会（American Grocery Producers）使用CPFR的报告指出，约70%的公司在一定程度上都实施了CPFR①。贸易伙伴将CPFR作为 种电子解决方案。利用CPFR软件，它们可以根据车间的产出来实时更新可销售的库存，分享销售信息，并受益于整个供应链的可视性。然而，整合整个供应链中不协调的预测和生产计划仍然是一个挑战。许多公司现在都意识到优化内部流程、提高数据准确性的必要性了。

很多食品制造商都认为CPFR解决方案促进了本公司对市场需求的反应。在实施CPFR软件之前，裴顿禽蛋公司的经理们通常是依照直觉来判断其零售商、顾客以及季节性需求，这使得裴顿禽蛋公司大体看来运作良好，但遇到节假日时，如即将来临的感恩节，管理者则需要更加频繁地研究市场趋势。

为了给顾客提供优质的产品和卓越的服务，裴顿农场公司的首席信息官

---

① Groceries Manufacturers of America, 2002. CPFR Baseline Study of Manufacturer Profile, by KJR Consulting.

唐·泰勒（Don Taylor）率领公司在技术方面进行投资，从根本上对公司的供应链结构进行了再造，并在20世纪90年代末实施了CPFR。公司花费2000万美元购买了先进的信息系统，如Manugistics，这使公司可以与其贸易伙伴共享重要的预测信息、销售网点数据、促销活动、库存以及补货计划。在使用Manugistics这一预测软件和供应链规划工具后，裴顿禽蛋公司变得更加善于在恰当的时间为恰当的顾客提供恰当的禽制品①。

CPFR软件解决方案Manugistics还使得裴顿禽蛋公司能够与主要的食品服务公司如Chick-Fil-A餐厅、沃尔玛和山姆俱乐部等商业客户在生产计划、需求预测和补货方面进行协作。此外，CPFR的实施还使裴顿禽蛋公司积极评估其生产能力，并进行必要的投资，以满足预期的需求水平。2004年，裴顿禽蛋公司以4500万美元从卡格尔（Cagle）购买了位于佐治亚州佩里市（Perry, GA.）附近50万平方英尺的厂房。这些厂房每周加工35万只家禽以满足Chick-Fil-A餐厅的需求，另外每周加工45万只家禽供沃尔玛和山姆俱乐部销售②。

10.4.2 电子中心

电子中心（e-Hub）是一个基于互联网的B2B电子市场，它为买卖双方在虚拟环境中进行交易提供了平台。现在有许多这样的交易中心。B2B电子中心主要分为4类：电子录入中心（e-catalog hub）、物料交换（如MRO）电子中心（material exchange e-Hub）、收益经理人电子中心（yield managers e-Hub）、交易电子中心。电子中心通常是中立的，不会偏袒买方或卖方。一些众所周知的例子是艾瑞巴（Ariba）公司、科维森特（Covisint）、肯德士（Chemdex）和商务一号（Commerce One）。每个电子中心都有自己的定位并服务于特定的细分市场。

例如，科维森特公司是一个基于互联网的在虚拟环境下连接汽车工业的

---

① Manugistics Forum, http://www.manugistics.com/envision2005/speakers.html.

② Charlie Lanter, (2004). Perdue Farms Executives Show Off Perry, Ga. Facility, *American Stock Exchange*, May 13, 2004, www.amex.com.

B2B 交易中心。它与通用汽车公司等强大的产业领导者合作，发起了汽车工业的电子市场。各种规模的供应商和原始设备制造商在科维森特电子交易中心的环境中进行交易。这些交易在统一的环境中、使用同样的工具和用户界面进行。每个用户在交易中只需使用一个用户账号和密码。科维森特公司有三个主要的目标：（1）利用互联网的通信技术，提高协同开发产品的能力；（2）通过建立市场机制（如拍卖）来简化汽车公司的采购流程；（3）简化汽车行业的供应链运作。随着买家和供应商在虚拟网络空间的互动，电子中心的创建者希望汽车行业的工作流程能通过科维森特电子交易中心而变得更有效率和更符合顾客需求①。

科维森特电子交易中心为用户提供了多种功能，如 Covisint Fulfillment 是利用互联网为汽车工业原料交易提供直接服务。该服务由于实时可见，所以能对实际供需中出现的问题做出快速反应。这样，企业就通过减少库存、降低高额的运费和管理费用而降低了成本。

另一个电子中心艾瑞巴公司则是一个信息技术和支出管理的解决方案。支出管理（spend management）是一个较新的术语，它是指采取全面的方式来评估公司资产和库存管理，评估采购方法，以及优化在供应链中与供应商的关系。艾瑞巴带来的好处包括削减了营运成本以及与经营有关的其他成本。艾瑞巴的长期客户包括雪佛龙公司（Chevron）、思科公司（Cisco Systems）、宝马（BMW）、联合利华（Unilever）②。

10.4.3 电子产品代码：射频识别技术

商业化的射频识别技术（RFID）始于 2003 年，当时美国海关总署（U. S. Customs Service）和美国国防部（U. S. Department of Defense）要求它们的供应商采用 RFID 技术。RFID 是一个通用术语，指的是应用射频波来识

① e-biz Chronicle. com.

② www. Ariba. com.

别对象[①]。在供应链中，RFID 在其标签中使用一种独特的代码，它包含了存储在中央数据库中的链接产品信息的序列号。一旦从标签中检索到这种独特的代码，就可以与动态数据如产品来源、生产日期和产品的物理位置进行对接。

沃尔玛是在供应链管理中推广使用 RFID 的先驱之一。2004 年以来，沃尔玛及其主要的 100 家供应商共同运用 RFID 技术，它们将 RFID 标签用在运往沃尔玛配送中心的所有纸箱和托盘上。2005 年 10 月，美国阿肯色大学（University of Arkansas）对沃尔玛实施射频识别技术的初步成果进行了报道。这些成果包括减少了 16% 的脱销品，运用 RFID 标签的脱销品补货能力比运用条形码补货加快了 3 倍，人工处理订单减少了 10%，使用 RFID 的商店有 63% 以上较常规商店在脱销品补货方面更为有效。因此，由于能为顾客提供其喜爱的商品，沃尔玛的顾客服务水平得到了改善[②]。在一次射频识别技术全球研讨会中，沃尔玛的信息系统副总裁卡罗琳·沃尔特斯（Carolyn Walters）谈到提高 RFID 性能的目标时说："传感器标签的价格是 20 美元左右，这个成本是很高的，但我们希望找到一种途径来最大限度地发挥它的作用。"

到 2006 年，已经有 300 多家供应商能够将产品运送到 500 多家实施射频识别技术的沃尔玛和山姆俱乐部的商店。另外，沃尔玛配备了 5 个配送中心专门接收从供应商处送来的带有 RFID 标记的产品。

实施射频识别技术最大的不足是隐私问题。顾客担心在他们不知道的情况下被人监视。而且，唯一的产品身份识别码（ID）可能会被用来在一段时间内跟踪顾客的个人行为，同时，在使用了 RFID 技术后，存储在数据库中的个人信息有可能被他人访问。

10.4.4 全局可签约库存检视系统

全局可签约库存检视系统（Global Available to Promise）是一个应用软件，

---

① Zang, C., and Fan, Y. Complex event processing in enterprise information systems based on RFID. *Enterprise Information Systems*, 1 (1), 2007, 3 – 23.

② University of Arkansas Study Quantifies RFID-Initiated Improvement. *PRNewswire-FirstCall*, October 14, 2005.

它能够自动搜索可利用的生产能力以及储存在多个仓库和工厂中的库存，以最大限度地利用各种资源。全局可签约库存检视系统允许公司基于顾客需求或市场动态的改变来重新分配库存。公司可以查看现有的库存和生产进度。假如遇到短缺情况，则由可替代产品去满足订单。

例如，Beer-Mart公司的仓库已经有一个为某大型超市提供80000箱啤酒的订单，并需要在1周内交付。与此同时，某大型连锁饭店为了准备宴会而下达了一个订单，要求两天内交付10000箱啤酒。Beer-Mart公司的仓库中此时只有5000箱啤酒可满足新的订单。为了交付第一个订单，80000箱啤酒在两个星期前就已经被预留，并被标记为“已订购”等待运输。这时，Beer-Mart公司的全局可签约库存检视系统显示出公司在5天内能够生产出足够的啤酒来满足市场需求。这就生成了一个再分配进度安排，即将5000箱啤酒从已订购等待运输的托盘中提出转而运送到餐厅以满足餐厅的订单。最终，两个订单都得到了满足。

全局可签约库存检视系统软件不仅可以使企业对其可用存货和产品进行分配和再分配，而且还会说明顾客订单的履行时间，以及运输方式是单程运送还是多式联运。全局可签约库存检视系统有助于提高客户满意度、优化库存和产能的利用。

10.4.5 供应商管理库存

供应商管理库存（vendor managed inventory，VMI）是供应商和客户之间预先就产品规格、付款方式、流程等一系列问题拟定的协议。供应商管理库存使得供应商基于实际的需求数量或物料消耗量持续为顾客补货。同时，顾客可以通知供应商产品已经消耗，供应商则根据协议自动补货。这也是外包的一种形式。

实施供应商管理库存时存在着一些潜在的障碍。主要问题包括客户公司的员工担心由于外包功能的实现而削减对本公司劳动力的需求。由于供应商可以为众多客户（包括客户的竞争对手）提供服务，那么信息安全就成为了客户担心的问题，并且供应商也不愿对质量和产品的其他相关问题负责。

10.4.6 直接转运

直接转运将物料从接收点直接转移到发货点从而最小化两点间的时滞(lag time)。改进直接转运效率的关键是预先发货通知（advance ship notice, ASN)。沃尔玛是率先实施直接转运方案的公司之一。该方案减少了库存、人工成本以及仓库空间。直接转运要求一系列准确的信息，包括入库产品和出库产品的合理配置、产品的运输方式、产品数量、产品标识和鉴定、卸货位置、临时和最终目的地以及特殊处理要求。

10.4.7 地理信息系统

地理信息系统（geographic information systems, GIS）开发于20世纪60年代，最初是由政府和军队使用。地理信息系统的新版本是一个非常有效的数据库，企业可以用它来访问大量信息，如目标市场、顾客的人口统计数据、配送位置和分区限制。如今，地理信息系统可以用来协助供应链管理人员进行计划、预测、库存管理、顾客特征分析、最短行程以及配送位置选址。地理信息系统软件可以创建电子地图，并能添加图层以整合更多信息。例如，地图上的第一个图层是配送中心，第二个图层显示了交通网络，第三个图层说明了顾客的人口统计信息。

许多零售商（如百思买、塔尔博特和西尔斯）在收银台处询问其顾客关于邮政编码和电话号码等信息。这些信息通过地区或邮编揭示了该地区的市场份额占比。例如，桂格燕麦（Quaker Oats）注意到在其经营的55个销售区域中，有80%的顾客集中居住在其中的18个销售区域。运用地理信息技术使桂格公司能够观察到顾客的购买数据，从而制定有效的促销策略。

零售药店沃尔格林（Walgreens）主要经营处方药品、非处方药品以及化妆品、化妆用具、家庭用品等商品的零售业务。由于处方药的使用与年龄层次高度相关，因此这对企业识别顾客密度、顾客规模以及顾客年龄结构等方面的信息尤为重要。在过去的20年里，沃尔格林零售药店的扩张非常迅猛。到1984年时，沃尔格林在芝加哥开设了第1000家分店。2000年，沃尔格林零售分店的数量已经达到了3000家之多。截止至2003年8月31日，沃尔格林已经拥有4224家分店，遍及44个州和波多黎各（Puerto Rico）。为了支持这一快速扩张计划，沃尔格林零售药店使用地理信息系统来进行区域选择和配送中心选址分析。在地理信息系统的协助下，沃尔格林于2003年5月在俄亥俄州的佩里斯堡（Perrysburg，Ohio）建立了一个新的配送中心，以支持其零售业扩张计划。

10.5 电子商务技术标准化

为了更便捷、更安全地传递商业信息，必须在商业活动中制定并实施通用的标准。在过去的25~30年里，电子数据交换一直是传递商业信息的一种标准。而从1996年开始，可扩展标记语言（XML）开始引入，为公司间安全交易提供了简单而便宜的解决方案。

10.5.1 电子数据交换

电子数据交换是一种实现日常业务交易数据传递的技术，包括企业间的订单接收、运输、应收和应付账款。电子数据交换被广泛地应用于零售业和其他商业交易。零售商运用通用产品代码（Universal Product Code，UPC）和销售点系统来追踪顾客的购买模式。电子数据交换的好处包括：

- 提高生产率。
- 创造无纸化商业交易。
- 缩短业务提前期。
- 减少库存。
- 提高数据准确性。
- 实现电子资金转账。

然而，电子数据交换的使用相当复杂，成本高昂，需要高额的日常维护费用和租赁费用。由于需要运用大量压缩的、繁杂的编码，因此电子数据交换信息编写十分困难。据报道，全世界仅有30万家企业曾经使用过电子数据交换，并且以大型企业居多。每个行业都有自己的一套电子数据交换标准。以下列举一些行业的电子数据交换标准：

- 食品杂货行业的电子数据交换标准：统一通信标准（Uniform Communication Standards，UCS）。
- 汽车行业的电子数据交换标准：汽车工业行动小组（Automotive Industry Action Group，AIAG）。
- 大型卖场的电子数据交换标准：自发性跨组织商业标准协会（Volunteer Inter-Industry Communication Standards Committee，VICS）。
- 仓库和配送中心运营的电子数据交换标准：仓库信息网络标准（Warehouse Information Network Standards，WINS）。
- 运输和物流运营的电子数据交换标准：运输数据协调委员会（Transportation Data Coordinating Committee，TDCC）。

10.5.2 可扩展标记语言

可扩展标记语言（XML）是标准通用标记语言（Standard General Markup Language，SGML）的一个子集。它不是一种编程语言，而是为创建数据而提供的一种灵活、简单的标记语言标准。可扩展标记语言使用纯文本来提供用于描述数据的格式及内容的标签。普通的文本在文本编辑器中生成，并可以在网页浏览器上显示。

一个可扩展标记语言的文档是自定义的，并且拥有自己的文件类型定义，以提供用于文档中的数据语言的注释。任何支持可扩展标记语言的系统均可以读取和识别该文本中的数据。

据数据交换标准协会（Data Interchange Standards Association，DISA）预测，可扩展标记语言将来可能取代电子数据交换，成为一种B2B标准。如果预测成真，那么买方将确保商业数据安全，并将数据传输给供应商，同时供应商也获得了与其客户进行沟通的成本更低的方法。

在供应链中，信息技术的未来趋势和所面临的问题是：

- 最佳品类和单一集成。
- 平台技术的转变。
- 基于浏览器的互联网应用。
- 应用服务提供商（ASP）的角色。
- 互联网和 B2B 交易的作用。

10.6 运用电子商业解决方案增值

全球供应链的兴起是数字技术应用的结果。电子解决方案不是一家公司采纳与否的简单选择，而是一家公司角逐当今全球化市场的必备武器。如企业信息系统（EIS）这样的电子商务解决方案集成了商业功能，并将整个供应链中的供应商和顾客连接在一起。B2B 电子解决方案提供了与顾客需求和可用库存相关的大量信息，这些信息对供应链中的所有贸易伙伴是实时可得的。

互联网商务和电子商务为企业提供了一个新的平台，通过该平台，供应链管理可以实施新的商业模式。电子解决方案为供应链管理增加的真实价值很难评估，这是由于数字商务已经改变了企业过去惯用的商业模式。以纺织行业为例。在一个综合数据库的支持下，利丰集团开发出了一种分散制造模式。例如，当订单到达后，利丰集团会找出最合适的供应商来履行订单。最合适意味着分析订单所需的所有信息，如质量要求、成本区间、纺织品配额及劳动技能等。随后，公司执行一个分散计划，即在韩国购买棉纱，在中国台湾染色，在日本购买由 YKK 制造的高质量拉链，然后将订单分拆给泰国的 5 家工厂同时进行生产，以保证在交货期限之前完成整批服装的生产。将数字解决方案引入分散制造模式的价值十分惊人。它在确保质量的前提下，缩短了生产所需的提前期且有效地控制了成本。

10.7 小结

近年来，在全球竞争市场中，电子商务已经成为开展业务的新途径。在本章中，我们对在近年来发展起来的各种各样的电子商务解决方案及其在供应链管理中的应用和内在原理进行了概述。本章讨论了一系列电子解决方案，包括企业信息系统，客户关系管理，地理信息系统，射频识别技术，供应商管理库存，协同计划、预测与补货（CPFR）以及全局可签约库存检视系统。同时，也有许多基于现有方案进行完善升级的新的电子解决方案，用来解决在供应链中所遇到的新问题。一些新的电子解决方案与这里提到的现有方案相结合，以便解决供应链面临的新问题。电子解决方案是发展数字供应链的促进者和催化剂。我们可以预见，在不久的将来，电子解决方案将会更加精细化和个性化。

思考题

1. 为什么在实施企业信息系统（EIS）之前需要进行业务流程再造？业务流程再造与企业信息系统实施之间的关系是什么？
2. 当一家公司实施集成企业信息系统或其他电子解决方案时，面临的主要挑战是什么？
3. 讨论客户关系管理在提升一家公司的市场竞争力和改善其绩效方面所起的作用。
4. 讨论全球化为供应链带来的价值。随着全球市场中外包劳务方式的引入（最早出现在制造业，随后是软件行业，现在则是服务行业），传统工业化国家在竞争中应该采取何种策略？

参考文献

CIO Magazine, www. cio. com.

Churbuck, David (1992). "Geographic," Fortune, 149(1), January 6, 1992, 262 - 265.

Covisint, http://www.covisint.com/.

Curran, T. A. and Ladd, A. (2000). SAP R/3: Business Blueprint. Prentice Hall: New Jersey.

Heinrich, C. and Betts, B. (2002). Adapt or Die. John Wiley & Sons, Inc.: New York.

Levison, Meridith (2005). Circuit City Rewires, *CIO Magazine*, www.cio.com, July 2005.

Li and Fung Group, http://www.lifunggroup.com/.

Magretta, J. (1998). "Fast, global, and entrepreneurial: supply chain management, Hong Kong style, an interview with Victor Fung. *Harvard Business Review*, September-October, 1998.

Neff, D. (2001). e-Procurement: from strategy to implementation. Prentice Hall: New Jersey.

Wikipedia Encyclopedia, http://en.wikipedia.org.

第 11 章
智能供应链：数据、信息和知识

11.1 商务智能

11.1.1 商务智能的定义

军事情报研究可以追溯到公元前6世纪孙武的著作《孙子兵法》。孙武认为，要在战争中取得胜利，必须完全了解自己的优势和劣势并完全了解敌人的优势和劣势，简单来说就是“知己知彼，百战不殆”。据此我们可以发现，军事情报和供应链中的商务智能具有类似的关系。商务智能（business intelligence）是辨别市场模式的一种方法，辨别这些模式的变化，使用数据增强市场洞察力，以此制定明智的商业决策，并获得竞争优势。

当今是科技进步呈指数形式增长、市场竞争日趋激烈的时代，商务智能已经成为了供应链管理的核心。商务智能活动包括数据的收集和组织、信息的分析和提取，以及关于市场、顾客、供应商和产品的决策支持。此外，有竞争力的商务智能的应用可以为供应链管理者提供揭示潜在问题和预测商务趋势的绩效分析工具。大多数组织都拥有一些商务智能的职能。在某些组织中，商务智能隶属于IT部门，在有些组织中则隶属于市场研究部门，在其他企业中则把商务智能作为一个独立的部门。

经常用来在供应链中实现商务智能的工具包括数据仓库、数据挖掘、报告与查询工具、数据可视化工具和在线分析处理（online analytical processing, OLAP）①。利用这些工具，我们可以将数据转变为有价值的信息，将信息转变

---

① Xu, L., Liang, N., and Gao, Q. An integrated approach for agricultural ecosystem management. IEEE Transactions SMC Part C. 38 (4), 2008, 590 - 599.

为有竞争力的决策，将决策转变为具有前瞻性的行动，并将行动转变为可持续的高绩效。

11.1.2 智能价值链

为了应对供应链的挑战，及时了解有关市场、顾客和竞争对手的信息至关重要。智能价值链是一个供应商、制造商、分销商和顾客相互联系的流程，它利用数据、信息和知识来赢得市场竞争的优势。

商务智能可为各种供应链活动和流程提供决策支持。这些活动和流程又是商务智能的数据和信息来源。强化的智能分析、关注数据收集与信息分析的最新发展以及网络化（networking）是价值链管理的重要组成部分。当一些供应链管理者尝试在本地、国内甚至全球市场探索前进时，明智的决策可以避免潜在的危险并增加成功的把握。

表 11.1 中说明了在供应链中商业智能应用的几个层面，它们是战略、战术、运作、研发和市场研究。

表 11.1 智能价值链

BI 决策层次	需要的数据	信 息	知 识	决 策	智能供应链行为
战略层	长期的、历史的	跨企业和产业的集成信息	环境、供应链宽度、顾客和竞争者	eBay：收购一家在线支付公司	收购 PayPale
战术层	周期的、历史的	综合的跨业务单元信息	整个供应链的、公司层面的、顾客和竞争者	安海斯—布希公司：基于需求决定库存水平	生成合适的需求形式，通过需求预测更新进行响应性补货
运作层	日常的和实时的	综合的跨部门信息	顾客和竞争者	沃尔玛：确定顾客购买行为	安装 RetailLink 从而将其门店与总部相连接
研发和数据分析层	长期的、周期的、日常的、实时的	供应链信息	环境、整个供应链、顾客和竞争者	制药公司：确定一种新药的药效	利用临床试验的历史数据推出新药

战略层面。战略决策由高层管理人员制定。为了支持决策，首席执行官常常需要历史数据，以及与经营业绩相联系的商业环境动态和行业趋势的综合信息。有前瞻性的商业决策可以通过调整供应链运作方向取得巨大的成功。例如，eBay 在 1999 年 5 月收购了在线支付服务公司 Billpoint，希望打击其对手 PayPal 公司。然而，尽管进行了大规模的宣传，Billpoint 公司仍不能从 PayPal 手中赢得电子支付市场的份额。通过商务智能综合分析市场数据后，eBay 认为收购 PayPal 要比战胜 PayPal 容易得多，因为 PayPal 在 2002 年第二季度已经拥有 2000 万名注册用户，而对顾客的应付账款大约为 15 亿美元。

美林证券公司（Merrill Lynch）的分析师贾斯汀·巴尔道夫（Justin Baldauf）就 PayPal 和 eBay 的市场影响力进行了评论，PayPal 公司是在线支付市场中的“大猩猩”，而 eBay 公司是在线拍卖市场的“大猩猩”。2002 年，根据商业数据分析的结果，eBay 收购了 PayPal。现在，这个战略决策的影响力是显而易见的，eBay 和 PayPal 一起使网上交易更具有吸引力，并在互联网上建立一个充满活力的虚拟市场。

战术层面。在战术层面，综合的信息对于供应链流程的可视性以及制定适当的决策来说是举足轻重的。决策支持系统是管理者在这个层面上通常使用的方法。管理者可以利用各部门的综合数据来分析商业趋势，提供质量稳定的产品或服务，并制定明智的决策。例如，在安海斯—布希公司负责预测的副总裁需要确定啤酒制造厂和配送中心所能提供的恰当的啤酒数量。为了保证新鲜，啤酒从酿造到最终消费的时间不应超过 110 天，因此预测必须相当准确。副总裁从不同的营业单位收集数据，综合考虑上一季度的销售信息、啤酒消费特点、各超市和杂货商店进行的促销以及一些特殊的外在因素如天气、节假日和一些特殊活动。在这些情报资料的基础上，副总裁在 6 个星期之前做出了啤酒需求预测，并在预测中加上了可能出现的紧急需求量。随后将所预测的信息通过安海斯—布希公司的计算机信息系统 BudNET 发往其主要酿造商。

运作层面。制定运作层面的决策需要日常和实时的数据以及时满足顾客的需求。基层管理人员一般负责某一业务流程的日常事务，他们可以运用实时的监测工具存取数据并做出及时的决策。例如，沃尔玛安装了一个名为 RetailLink 的信息系统，把所有的门店和公司总部都连接在一起。门店经理经常举行视频会议交换在他们各自门店的信息，比如哪些商品畅销、哪些滞销、哪种促销起作用、哪种促销无效。这样，零售门店就可以及时制定可行的决策。

在研发和数据分析层面，专业人员或许不直接参与制定日常决策，但他们收集和整理数据，通过建模和仿真分析数据以提取供应链信息，并挖掘供应链流程中与客户和竞争对手相关的知识。例如，制药公司的研发科学家可以利用临床试验的历史数据来提高正在研制的新药的疗效。

11.2 商务智能的价值

信息时代来临之前的 20 世纪后期，企业通常用手工方法收集数据，同时用直觉或专家经验来制定决策。近年来，计算机技术高速发展，越来越多的与在供应链活动有关的数据可以通过信息技术来采集。企业资源计划（ERP）和客户关系管理（CRM）等都是可以用来采集数据的综合信息系统。但是，企业资源计划和客户关系管理系统收集的数据过多，供应链管理者很难从中找出有助于制定决策的信息。商务智能的出现为企业管理者提供了从企业资源计划和客户关系管理系统中提取有用信息的可能；商务智能可以从原始数据中提取出最重要的商业信息。近期发表的一份有关商务智能和信息管理的报告指出，商务智能可以帮助企业更快、更准确报告其业务情况，形成高质量的决策，提高顾客服务水平，增加收益，节约信息系统和非信息系统的成本①。

11.2.1 牛鞭效应

牛鞭效应的本质是当零售商把顾客需求信息传递给供应商时，人为地曲

① Olin Thompson, "Business intelligence success, lesson learned," retrieved from www.technologyevaluation.com.

解了顾客的需求量。许多供应商和零售商已经发现了在供应链中自下而上的需求波动现象。例如，在考察帮宝适一次性尿布的需求情况时，宝洁公司发现该产品的零售量很稳定，没有哪一个特定的日子或者月份的需求量明显高于或低于其他时候。但是配送商发给工厂的订单波动比零售商的销量波动大得多。此外，宝洁公司的生产部门给原料供应商的订单波动比配送商的更大。这种在供应链中对需求量的曲解逐级增加的现象被称为牛鞭效应（bullwhip effect）。

我们用百叶窗批发商管理需求为例来说明曲解需求量对供应链的影响。通常，批发商将来自零售商的订单汇总后发给制造商。如果批发商没有来自零售商的需求信息，他就必须估计需求来确定提交给制造商的订单数量。在这种情况下，批发商往往会通过增加安全库存量来避免出现缺货现象。

以下是一些可以考虑通过使用商务智能来削弱牛鞭效应的策略：

- 在供应链中建立战略伙伴关系共享需求、库存和生产信息，以减少库存。这是一个战略层面的决策，需综合使用历史数据、商业环境变更消息和产业趋势的信息。
- 使用数据挖掘方法来了解顾客的采购模式，从而降低需求不确定性。这是一个战术层面的决策，需综合各个业务部门的数据来了解需求模式，从而做出明智的决策。
- 降低顾客需求的不确定性。可使用的办法包括天天低价，这样可以稳定顾客的日常需求量。也可以使用供应商管理库存的方法，这样可以减少供应链自下而上的订单量大幅度变动。这是一种战术层面上的做法。
- 通过数据分析和信息共享来缩短供应链的提前期。这种决策是在运营层面做出的。实时监测技术有助于制定及时的决策。

11.2.2 信息流对物流的影响

顾客最终从供应链中得到的是有形的产品。因此，供应链管理者面临一个很重要的任务就是管理物流。供应链管理的新模式是通过砍掉非增值活动，用信息代替库存。

过去，库存是由于为了获得规模经济而大批量生产一种产品这种错误的决策导致的。持有库存的好处是组织可以用它来满足顾客的需求，但不利的一面是库存需要大量投资。在供应链中，库存可以说是比比皆是。供应链中的各个阶段都持有原材料和零部件库存。同样，产成品库存也会在供应商、制造商、分销商和零售商那里找到。库存所需的大量投资使供应链缺乏竞争力。

借助互联网，供应链成员之间的信息分享程度大幅提高。如果可以得到确切的需求信息，人们就可以制定更好的物料管理决策。今天，新的通信技术和互联网将供应链中的每个实体公司连接起来。信息分享使得供应链中的书面工作大幅减少、沟通效率显著提高、提前期明显缩减。准确的信息流不但减少了由于曲解需求量而持有的库存，同时也加快了交货速度。

11.3 供应链管理中的数据、信息和知识

在信息化时代，生产力不仅取决于劳动力和原材料，还取决于信息和知识。现在，高度发展的互联网和数据仓库技术使得供应链能够更快地响应顾客需求。

11.3.1 数据收集和整理

数据是以易于解释或处理的方式对事实的一种正规表述。在供应链管理中，顾客的姓名、产品的提前期和库存水平都是对顾客服务有用的数据。数据通常储存在数据库中。管理者不一定总能找到制定商业决策所需的数据。在这种情况下，现有的信息可能会有帮助。

数据是制定有效商业决策的基础。一个企业或许会从不同的来源获取数据，但是这些数据往往并不能立刻使用。数据分析人员通常需要花费70%的数据分析时间来整理数据。数据的类型很多，最常见的类型包括分类数据和

连续数据：

- 分类数据（categorical data）或名义数据（nominal data）：顾客性别和种族。
- 二元数据（binary data）：女性和男性。
- 顺序数据（ordinal data）：例如在调查中的等级排列，强烈的同意或者不同意。
- 连续数据（continuous data）：顾客收入水平，采购量等。

数据仓库是数据库管理的延伸。它充分利用历史数据，以便提供与产品、供应商和顾客相关的有价值的信息。数据整理和数据挖掘的流程包含以下阶段：

- 数据——收集需求、供应、库存、提前期、成本和供应链等方面的数据。
- 数据库——建立顾客数据库，定义属性，处理交易数据。
- 数据仓库——减少和转换数据。
- 选择数据挖掘技术——总结、归类、聚类、回归等。

11.3.2 信息的提取

在供应链管理中，管理者经常会因为手头数据过多而不知道该用那些来辅助决策。他们非常想了解顾客喜欢购买公司产品的原因。为了了解这一情况，他们需要对分散的数据进行筛选和提炼，然后再转变为相关信息。

信息和数据是不同的。信息是为了某种目的而对数据进行处理后得到的结果，具有明确的含义。信息和数据的关系可以被归纳为以下几点：

- 情景化（contextualization）：收集数据的目的是已知的，如收集顾客的购买数据。
- 分类：数据的分析单元或关键组成部分是已知的，如对顾客收入进行分类。
- 计算：运用数学或统计方法对数据进行分析，如对顾客收入和购买行为的相关性进行研究。这种相关性就是营销部门制定有效营销战略所需的信息。

- 修正：数据中的错误要改正，如数字 668 被输入成 688，这个错误需要更正。
- 提炼：将数据概括为更简洁的形式，如归纳出低脂冰激凌需求的均值和标准差，一种产品需求的均值和标准差就是制定生产计划所需的信息。

图 11.1 说明了在供应链中信息和数据的正向流动和逆向流动。信息是从数据中提取出来的，而知识又来自于信息。然而，如果信息过多，将会退化为数据。根据信息制定决策时的一个重要问题是：要知道你的竞争对手如何使用你正在使用的相同信息。具备了这种商务智能后，企业就能够制定可以产生最佳绩效的管理方法。

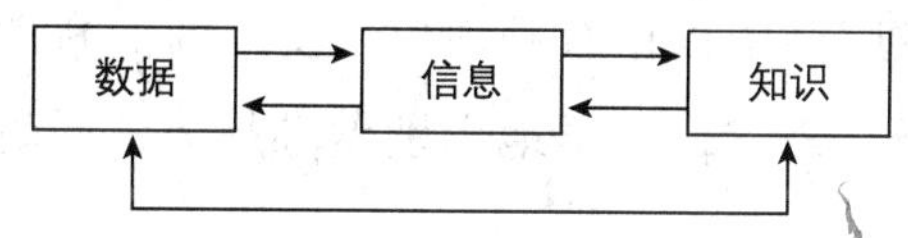

图 11.1　供应链中知识系统的三个组成部分①

11.3.3　知识管理

知识是通过经验和交流获得的对客观事实的了解②。根据代文波特（Devenport）和普鲁萨克（Prusak）的说法："知识是建构经验、价值、情景信息和专家洞察力的动态组合，它提供了评价和融合新经验与信息的框架。知识源于知者，并为知者所用。"在供应链中，知识不仅包含在需求和库存文档资料中，而且被嵌入到了供应链的日常事务、流程、实践和规范中。知识可以源于信息，就像信息源于数据一样。有趣的是，推断一些基本的数据有时也需要大量知识。图 11.1 描述了这种关系。

---

① Source: adapted from Li, L and Xu, L (2001) "Knowledge-based problem solving," *Encyclopedia of Microcomputers*, Vol. 28, Supplement 7, 149 – 167.

② Merriam Webster's Collegiate Dictionary, 1996.

人们已经认识到，供应链管理知识的产生和应用对于许多企业来说是其存在的根本。顾客需求、库存水平、供应商关系和生产调度方面的知识在帮助企业制定战略决策时的重要性显然在不断提高。

目前，信息技术的发展促进了商业数据、信息和知识的产生。知识的应用正在从传统的知识解决问题的方式转变成在整合环境下使用集成的知识解决问题的方式。企业在探索和发展多层次的立体知识结构等方面已经做出了大量努力。

11.3.4 智能决策

建立成功的智能供应链的关键驱动力是把多个企业运营系统的数据集中到企业数据仓库中。数据仓库能集成、提取并分析跨企业和企业内部与外部的数据。企业如果能利用这些丰富的数据，并有效地把这些数据转变为智能信息，就能在全球供应链中占据有利地位。使用商业智能来管理供应链将会使企业更好地了解顾客需求，更早地识别需求趋势，同时比竞争对手更快地把握商机。

表11.2提供了3个例子，这3个例子是关于应用智能供应链决策去应对不同时期的需求变化，例如一天中的某个时间段、一个星期中的某一天、一年中的某个月。

7-11日本公司是日本最大的便利连锁店，也是日本国内盈利最多的零售商。这家公司购买了一套先进的信息系统，这套系统能够提供关于市场需求的及时、全面的信息，同时建立了一个供应商及物流提供商网络。例如，7-11便利连锁店发现每天不同时段顾客对牛奶的需求是不同的。早上，在上班路上的上班族以及在上学路上的学生更喜欢小包装的牛奶；午餐时间，中型包装的牛奶为商务人士所青睐；下午，家庭主妇主要购买大包装牛奶。总之，顾客在一天中不同时间购买的牛奶包装规格是不同的。将原始数据转换为有意义的需求模式后，7-11便利连锁店制定了一个智能牛奶补货策略，以满足顾客在一天中不同时间段的需求。

总部位于美国俄亥俄州辛辛那提的克罗格超市（Kroger Co.）是美国年销

售额最大的超市之一。2008 财年，克罗格公司的销售收入为 760 亿美元。克罗格公司的门店业态有许多形式，包括杂货店、大型百货公司、便利店和珠宝购物中心。公司采取积极措施搞好地方关系并提高顾客忠诚度。在分析了一周中不同日期的客流量后，公司发现周二是营业额较低的一天，于是管理层指定星期二为老年人日来吸引顾客。老年人周二在克罗格商店购买任何商品都会得到 5% 的折扣。在应用商务智能分析需求数据后，克罗格公司可以平衡一周中不同时间段的客流量，并为目标顾客群补货。

表 11.2　智能供应链决策

	需求管理	时　段	智能供应链决策
7－11 日本公司	综合、及时的信息系统，合作伙伴，敏捷物流	一天中的某时段	统计分析产品需求趋势、时间差异和顾客特征的相关性；建立智能补货计划和产品供应
克罗格公司	及时的需求信息，有针对性的促销，敏捷物流	一周中的某一天	研究一周中每天的客流量；需求模式分析；商店产品供应的智能决策
裴顿禽蛋公司	在预测、促销活动和库存补充计划中协作并分享关键信息	一年中的某个月	季节性需求分析，销售点信息分析；需求模式预测；假日期间供应链预期库存管理的智能协作决策

裴顿禽蛋公司是美国禽蛋食品工业的知名品牌之一。在禽类加工业销量排名中位列第三。它在美国拥有 14 个食品加工厂，每年加工 27 亿磅的鸡肉和火鸡肉。自 20 世纪 90 年代末期以来，裴顿禽蛋公司从根本上改变了公司的供应链基础结构，通过实施协同计划、预测和补货，向顾客提供优质的产品和服务。该公司购买了价值 2000 万美元的协同计划、预测和补货软件（名为 Manugistics）。这个软件使裴顿禽蛋公司能够与其合伙伙伴协作并分享关键的预测、销售、促销活动、库存和与补货计划等信息，同时能及时生成有关市场需求的综合性信息。这样，裴顿禽蛋公司就能够有效地将恰当的家禽产品在恰当的时间交付给恰当的顾客。通常 11 月的第三个星期是感恩节，也是裴顿禽蛋公司一年中最忙的时间。然而，这个星期的需求量却没有巨大的变

化，但对火鸡肉预处理的要求有所不同。平时，火鸡肉是分块包装或加工成熟肉出售。而在感恩节，市场需要的是整鸡。把火鸡从农场送到餐桌是在和时间赛跑，所以裴顿禽蛋公司依靠协同计划、预测和补货解决方案以确保其产品新鲜、安全地交付给顾客。公司给每辆运送卡车都装备了全球定位系统，这样调度员就可以密切监测从公司 4 个配送中心分别发往各地的火鸡。为了防止爆胎、卡车故障或者其他紧急事故，公司应用了智能物流控制技术。为了保证家禽产品的新鲜，备用车辆将会替代故障卡车运送整车家禽产品。

智能供应链的潜力不仅仅是节约成本，还可以通过利润和销售量的增加最终提高公司的市场价值。商业智能允许公司最大限度地利用销售点信息、需求预测、库存、产能、运输计划和许多其他供应链数据。

11.4 商务智能方法

商务智能工具与企业信息系统联合使用可以高效地处理商务活动和交易。商务智能系统的主要组成部分包括数据源、数据仓库和数据集市（数据仓库的一个部分）、数据挖掘技术、查询、分析和报告工具、在线分析处理。商务智能的功能与应用包括统计分析、预测、专家系统、决策支持系统、在线分析处理系统和数据挖掘。

11.4.1 数据仓库

数据仓库（data warehouse）是供应链商务智能中的一个重要组成部分。供应链数据仓库是面向主题的；数据在数据仓库中是集成的；收集的数据保存在数据仓库中；数据是和确切的时间段相联系的。数据仓库集成了不同类型的数据，如关系型数据库、在线交易记录、普通文件等。数据仓库主要用来为决策者建模和分析数据，它能就供应链的问题提供简明的分析和决策信息，比如通过提取有用素材和剔除决策支持流程中无用的数据来提供有关顾客背景的信息。数据仓库能通过集成、整合、清理，查询和记录企业数据来支持管理者的决策过程。

数据仓库是时变的（time-variant）。数据仓库中数据保存的时间要比交易信息业务数据表保存的时间跨度长得多。数据仓库提供的是历史数据。例如，仓库中保留的 65 周的销售点数据就为沃尔玛提供了销售的历史信息。

数据集市（data mart）是为决策支持而收集的有关一个部门或一个主题的数据。例如，一个物流部门有其自己的数据集市，它不会与市场部的数据集市相类似。物流部门对其数据集市的形式有自己的定义。与数据仓库类似，数据集市也包含业务数据，这些数据可以帮助物流专家根据历史数据和对未来趋势的分析来制定战略。数据仓库与数据集市的关键区别在于，物流数据集市是根据物流服务需求建立的，而供应链的数据仓库则是由多个数据集市组成的。

商务智能依赖于数据仓库技术。商务智能的主要目标是以柔性的形式将来源不同的供应链数据集成、合并到一个数据仓库，从而为供应链中的企业提供有用的分类和综合数据，同时提供决策支持信息。数据仓库处理、建立和使用所收集数据。现代化的技术和数据仓库中的数据为应用协同计划、预测和补货软件奠定了基础。早在 1966 年，沃尔玛的创始人山姆・沃顿（Sam Walton）就在沃尔玛实施了零售配送自动化系统。今天，沃尔玛拥有世界上最大的商业数据库，该数据库储存了超 7500G 字节的数据，包括了库存、预测、人口统计、促销、调货、退货和市场篮子（购物者单次购买的商品组合）等信息。沃尔玛的数据仓库中储存了 65 周的数据，这些数据按照商品、商店和日期进行分类。通过采用数据挖掘技术，沃尔玛能够准确地预测顾客需求。保存 65 周销售点数据使得沃尔玛能够对今年和去年同期的销售量进行充分的比较。通过数据挖掘解决方案，沃尔玛成功地能将其完整的数据仓库转换自己的市场竞争优势。

11.4.2 数据挖掘

数据挖掘（data mining）是一个从数据仓库中发现知识的过程。这一过程也被人们称为“在数据库中发现知识”（KDD）。在供应链管理中，通过数据挖掘，企业能挖掘出事先不知道的知识或需求模式、提前期、生产和销售等信息。数据挖掘对识别顾客和需求量特别有用，是一种前所未有的工具，因此被称为“一对一”的营销方法。在不久的将来，数据挖掘将成为供应链生存的必要条件，而不仅仅是一种竞争优势。

数据挖掘涉及建模的过程。基于历史数据使用不同的模型，如聚类分析、决策树、遗传算法、神经网络算法、统计分析、混合模型等可以挖掘趋势、模式、相关性以及与预测有关的知识。一般来说，数据挖掘是从数据仓库中提取足够多的数据来进行分析。通过挖掘找出前所未知或未曾预料到的趋势，以进一步了解市场动态，制定新的决策。数据挖掘通过创建、选择和转换变量来产生针对决策所需的数据，通过自动搜索数据库得到预期的结果，通过评估来确定从数据挖掘中得到的结果的实用性。

11.4.3 在线分析处理

在线分析处理（Online Analytical Processing，OLAP）是一种在数据挖掘中常用的软件工具[①]。在线分析处理工具能使供应链分析师分析多维供需数据的不同维度。例如，它可以为零售商提供日常消费品的需求时间序列。

关系型在线分析处理（ROLAP）工具是从关系型数据库中提取供应链数据，使用结构化查询语言（sequential query language，SQL）对关系表或者关系型数据进行描述。关系型在线分析处理倾向于使用多重属性的数据，并能用多维视角来看待供应链的各种问题。例如，库存数据是典型的关系型在线分析处理备选数据，它具有产品尺寸、产品颜色、产品有效期、产品保修信息和退换货规则等多种描述性特征，很适合使用关系型在线分析处理工具。

数据库型在线分析处理（DOLAP）和网络型在线分析处理系统（WOLAP）的区别在于数据储存。数据库型在线分析处理是一种关系型数据库管理系统（DBMS），使用主机结构的在线分析处理形式，并执行在线分析处理计算。网络型在线分析处理是从网页浏览器中获得数据。

① Luo, J. , Xu, L. , Jamont, J. , Zeng, L. , and Shi, Z. Flood decision support system on agent grid: method and implementation. *Enterprise Information Systems*, 1 (1), 2009, 49 - 68.

在线分析处理为供应链提供了多维的、概括性的数据视角，而且很适合作为书写报告、分析、建模和规划的工具。在线分析处理技术和工具经常与数据仓库和为复杂的智能系统而建立的数据集市一起使用。根据查询需求，这些系统能挖掘出前所未知的模式和趋向。然后，再借助报告软件就能生成管理者需要的数据和经营状况报告，例如，利用配送中心现有的库存数据可以计算出一年中的库存周转次数，以及现有库存可供使用周数。

商务智能解决方案的前端必须包含一个用户界面，该界面旨在使原始数据更容易理解。关键绩效指标应该是多维度的，包括历史、趋势以及预测等，而不应该是晦涩难懂的。随着供应链趋势的改变和分析需求的变化，供应链使用者应从各相关方面来查看数据。

11.5 运用供应链的知识管理增值

不管是现在还是将来，从供应链数据仓库中提取知识将是成功管理供应链的主要关注点。供给与需求的全球网络将越来越依赖于知识的更新。这个趋势要求我们懂得如何管理数据、如何把数据转换为有关信息、如何从数据与信息中产生知识。一个理想的商务智能系统应该渗透到整个供应链中，横跨所有部门，并协调信息流。

然而，已有的有效市场信息和知识不会自动地产生有竞争力的决策。管理者需要在吸收信息和消化信息后制定决策。优秀的决策可能需要不同的管理形式、流程和规则，例如，供应链中所有的工作人员可以共享有关业务数据、信息和知识。一定要记住，管理者应是商务智能系统的评估和控制者，而不是被控制者。

作为商务智能战略的一部分，企业要使商务目标与商务智能环境一致起来，并制定一个最适合当前和业务发展需要的分段计划。当一个公司决定实施一个商务智能系统时，它应该评估其员工对商务智能的认知程度、商务智能系统与企业文化的适应性、高层管理者的支持程度。以上评估能使一个企业对自己的信息要求有进一步的认识，并了解何种商务智能系统能够最好的满足本企业的需求。

11.6 小结

在本章中，我们讨论了数据、信息和知识之间的关系。我们还讨论了在数据仓库和数据挖掘方面的最新发展。作为数据挖掘的第二个阶段，商务智能为供应链建立一个完整的知识系统奠定了技术基础。这个系统使供应链能快速开发和使用具有查询、报告、分析、报警、数据集成和商务智能应用能力的数据仓库。

思考题

1. 商务智能可能对供应链中各参与者带来哪些好处和风险？
2. 通过对顾客的购买历史数据进行数据挖掘，供应链管理者掌握了大量的顾客私人信息。企业应如何合法地使用这些信息？
3. 数据挖掘和知识管理能提高顾客需求预测模式的准确度和整个供应链的绩效吗？

参考文献

Devenport, T. , and Prusak, L. (1998). Working Knowledge: How Organizations Manage What They Know. Harvard Business School Press, Boston, Mass.

Fernandez, G. (2002). Data Mining Using SAS Application. Chapman & Hall/CRC, New York.

Groth, R. (1998). Data Mining. Prentice Hall PTR, Upper Saddle River, New Jersey.

Li, L. and Xu, L. (2001). "Knowledge-based problem solving," *Encyclopedia of Microcomputers*, Vol. 28, Supplement 7, 149 - 167.

Manglik, Anupam (2006). "Increasing BI adoption: An enterprise approach." *Business Intelligence Journal*. 11(2), 44 - 52.

Manugistics Forum Keynote Speakers, retrieved Aug. 30, 2005 http://www.manugistics.com/envision2005/speakers.html.

B. S. Sahay and Jayanthi Ranjan (2008). Real time business intelligence in supply chain analytics. Information Management & Computer Security, 16(1), 28 – 48.

http://www.thekrogerco.com.

http://www.perdue.com.

http://www.webopedia.com.

附录 11.3

数据挖掘和仓储工具及其提供商

现在市场上有很多可用的数据挖掘工具。以下列出了一些有代表性的数据挖掘供应商的名单。

Business Objects 公司开发的 BusinessMiner：一个集成的客户端数据挖掘解决方案，这个方案利用了 Business Objects 公司的查询、报告和 OLAP 方案。

甲骨文公司开发的 BI Suite：被用来提供跨越公司不同 IT 环境的增强型报告和分析功能。

Cognos 公司开发的 Cognos 8 BI 平台：包含一个连接后台企业资源管理（ERP）和客户关系管理（CRM）系统的搜索服务。

DataMind 公司开发的 DataMind 专业版和 DataMind DataCruncher：集成了关系型数据库和数据挖掘以提供商业解决方案。

SAS 公司开发的 Enterprise Miner：这个数据挖掘解决方案是一个流程而不是一系列分析工具。这一流程包括数据采样、数据探索、数据修改、数据建模和数据评价。

HNC 软件公司开发的 Falcon、Eagle、Colleague、AREAS、SkuPLAN、DataBase Mining Workstation：一系列基于神经网络预测模型的应用软件。

IBM 公司开发的 Intelligent Miner：提供了一个高端的数据挖掘解决方案。

Angoss 公司开发的 KnowledgeSEEKER：通过使用决策树技术实现对数据的挖掘。

Cognos 公司开发的 Scenario：基于决策树的一个集成数据挖掘解决方案。

SPSS 公司开发的 SPSS CHAID：为分析师提供的基于数据挖掘软件工具的决策树，该软件工具能够开发预测模型并生成树形图。

Attar 软件公司开发的 XpertRule：一个使用嵌入式资源优化来建立基于知识系统的开发包。

第六部分

第 12 章　绩效评估：从订单获取到订单履行

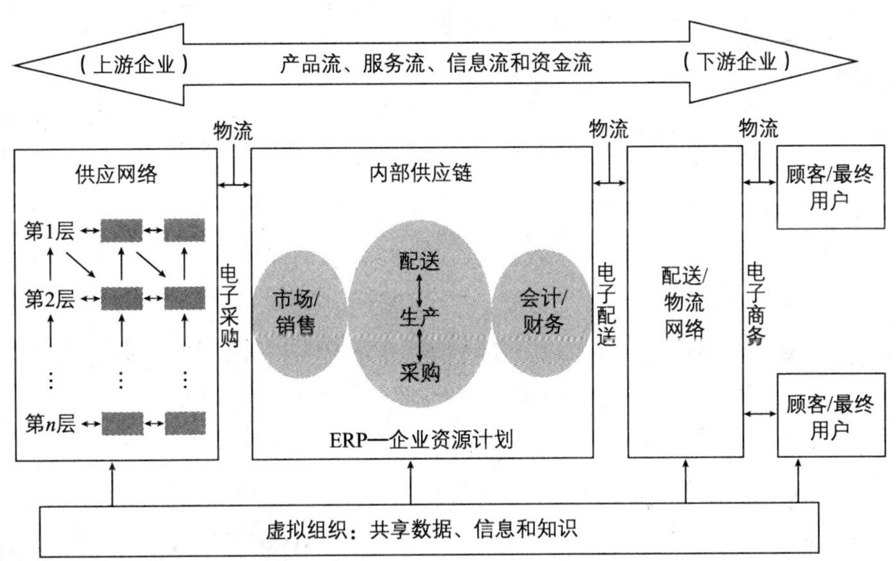

第 12 章
绩效评估：从订单获取到订单履行

12.1 引言

绩效评估是当企业试图维持其市场竞争地位时，用于评价供应链的一般标准。戴尔、沃尔玛等许多优秀企业都渴望获得和留住合适的客户。因此，绩效评估成为企业改善其市场形象和增加收入的关键标准。一条著名的法则是“没有评估就没有改善”（You can't improve what you can't measure）。因此，近年来一些评价供应链的模型陆续问世，其中，订单获取、订单履行、财务评价、供应链运作参考模型（Supply Chain Operations Reference Model，SCOR）和平衡计分卡都是被普遍接受的绩效评估模型。

12.2 在供应链中赢得订单

12.2.1 识别并建立适当的客户关系

一个好的供应链模式总能在市场上获得订单。因此，供应链模式始于精心挑选客户和确定公司在市场上的地位。Scholastic 图书公司是世界领先的儿童图书出版商和分销商，是一个能吸引恰当客户的优秀样板。通过应用独特的营销战略吸引合适的顾客，Scholastic 图书公司凭借多样化的书刊组合，如《大红狗克利福德》（*Clifford the Big Red Dog*）、《看护人》（*the Babysitters*）和

《哈利·波特》（Harry Potter）等来获取订单。这种做法在美国形成了“直销到课堂”读书俱乐部的模式。Scholastic 图书公司将每一位教师都当成一个独立客户，并向其推销最新的图书。同时，Scholastic 图书公司用“直销到课堂”读书俱乐部的模式为学生们提供可供他们选择的书籍和其他媒体资料订单。Scholastic 图书公司定期公布其库存、预测订购数量，并对各类订单给予适当的价格管理。此外，Scholastic 图书公司还通过提供免费书籍、支持课堂教学的软件和设备以及教学辅助材料来提高客户忠诚度。使用以教师为中心的学生订购网的“直销到课堂”模式有效地对 Scholastic 图书公司的竞争对手建立了进入壁垒。由于 Scholastic 图书公司能成功地识别和赢得恰当的顾客，它在过去几年中的收入增长了一倍。

12.2.2 创建顾客响应型供应链

把供应链操作流程与顾客订单处理直接挂钩可以提高对不断变化的顾客需求的敏感性。这一模式是戴尔电脑公司占领企业电脑市场的关键策略。戴尔电脑公司已经完全实现了自动处理成百上千份订单的流程，将其转化为数以百万计的零部件需求，并与其供应商直接合作来生产和配送产品，以满足每个顾客的需求。今天，即使是运作模式不同于戴尔公司的企业，也可以通过连接在线设备以更有效地满足顾客需求。

最新的快速响应战略的特点是进入客户的业务运作流程进行操作。这一战略已经成为戴尔公司致力于主宰企业个人电脑渠道的关键。戴尔公司通过为每位企业客户创建量身定制的用户页面，提供了“随你所需”（in-customer）的服务，这类服务包括顾客专用的资产标签、戴尔与顾客业务一体化的软件图像支持等。同样，惠普公司专门为沃尔玛设计了电子应用软件，以匹配沃尔玛的客户特征。

通过整合供应商处理顾客订单的流程创建一个顾客响应型供应链，大大提高了戴尔公司和沃尔玛对市场需求的响应性。这种响应水平保证了两家公司强大的竞争力，这是它们的竞争对手在短期内很难复制的。

12.3 供应链中的订单履行

12.3.1 创建协作、柔性和低成本的订单履行流程

履行订单与赢得订单有很多相似之处。在订单履行过程中，领先的公司会采用不同的战略来降低运作成本，同时保持灵活性。

我们在第 1 章、第 5 章和第 6 章中讨论过的协同计划、预测和补货（CP-FR）模式可以使供应链成员一起参与产品设计。这种协作设计的方法会在供应链内和整个产品生命周期内为供应链成员提供最大的潜在回报，因为协作运营可以为那些寻求降低开发成本和缩短产品上市时间的公司带来巨大的收益。

最近，波音公司成了协作设计的先驱者。自从收购麦道公司（McDonnell Douglas）和罗克韦尔国际公司（Rockwell）的 A&D 业务之后，波音公司开始与达索系统（Dassault Systems）合作。达索公司的 CATIA（Computer Aided Tri-Dimensional Interface Application）是一种先进的计算机辅助设计一体化软件。这一软件使得世界各地的波音公司工程师能够与其供应商彼此分享设计理念，从而增加了创新思想的流动。这种设计协作流程对供应链的绩效做出了重大贡献，包括加快新产品上市、增加收入、降低商品销售成本、减少服务和支持成本，以及削减研发成本。

供应网络整合是建立具有柔性和成本效益的供应链的重点。戴尔公司整合了其供应源，投资于按订单制造的能力，并实施了一个需求满足系统。这些举措使得戴尔公司能够非常灵活地根据实时订单数据进行排产，并以 JIT 的方式履行客户订单。沃尔玛以类似的方式整合了其供应源，并大量投资于需求管理分析，其结果就是企业能够更好地预测市场需求，并缩短了订单履行周期。

为了更具有成本效益和柔性，供应链管理者集区域订单履行职能和集中

生产与采购为一体。集中进行产品的设计与开发并将履行订单的权利下放给本地市场变得越来越普遍。斯波特奥波米耶公司是一家高档时尚滑雪服装的设计和经销公司，总部部设在美国科罗拉多州的阿斯彭（Aspen，Colorado）。虽然该公司拥有全球供应网络，但它保持了在总部设计滑雪服的职能，而将生产外包给合资伙伴——位于香港地区的 Obersport 公司。凭借这个订单履行过程，斯波特奥波米耶公司能够推出设计精良的产品，并保持较低的生产成本。斯波特奥波米耶公司的经验很好地揭示了第 3 章讨论的订单履行过程中选择战略伙伴的重要性。

12.3.2 选择与供应链相匹配的技术来支持供应链运作

电子技术是订单获取和订单履行流程的核心组成部分。电子拍卖、项目管理软件、ERP 和私人交易网络等都是当今正在改变供应链商务的技术创新的一小部分。互联网作为一种特殊的中介使供应链业务合作伙伴能得到实时的客户需求情况，并最大限度地提高库存状况、在途库存状况和供应商的生产进度情况的可视性。沃尔玛的 RetailLink 系统已经被认为是技术管理的最佳实践之一。该系统可以使供应商及时了解商场内最新的零售价格、库存状况以及需求量。此外，该系统还可以帮助供应商准确地确定库存量，并与沃尔玛就产品运输和促销进行协调。

但是，光进行技术投资是不够的。像戴尔和沃尔玛这样的公司除了投资信息技术之外，还大力整合供应链能力，从而成功地利用其商业模式来形成市场差异（market differentiation）。如果能恰当地整合供应链基础设施，那么技术可以成为提高供应链竞争能力、改善协作、提高生产柔性并获得成本效益的手段。

12.3.3 供应链中的顾客订单履行

成功的订单履行流程将后端办公信息系统和前端操作联系起来。该订单履行流程专注于如仓储、运输、顾客服务以及交易等多方面的协调。这些新型的协调操作方法使企业能缩短订单录入周期时间，有效地满足订单需求，并更可靠地管理顾客期望。

亚马逊公司、盖普公司（Gap）和玩具反斗城是几家很优秀的“电子零售商”。这些零售商向在线顾客准确地展示了仓库里的商品。整合前端办公的订单获取和后端办公的订单履行，使这些企业在运输、配送、制造和市场营销等方面制定更好、更及时的决策成为了可能。整合项目管理和供应链可视化系统是供应链运营中更复杂的功能。这一功能可以查对顾客要求的运输日期，并通知顾客缺货商品，以及提供何时进行补货的信息。

12.4 财务评价

供应链包含对物流、信息流和资金流的管理。因此，财务评价是评估绩效最常用的标准。成本、收益和利润方面的良好绩效能使企业拥有稳定的市场占有率并吸引新的投资。

12.4.1 库存评估

库存是一种投资，因为它是为未来使用而创建的一种资产。此外，库存占用了可能会被用于利润较高的运作项目的资金。

通常，公司希望有恰好足够满足需求的存货。过剩的库存是一项成本。一般的库存绩效评估包括年平均总库存价值、供应周数和库存周转率。

平均总库存价值是所有库存的价值，包括原材料、在制品和产成品库存。平均总库存用货币价值来表示。用于估算总库存价值、供应周数和存货周转率的方法已经在7.2.6节进行了讨论。

12.4.2 供应链变量与损益表的关系

商业模式和供应链活动会影响企业的财务绩效。这些财务绩效会在企业的损益表（income statement）中显示出来。损益表说明了一个企业的财务绩效，对其现金流进行了估计，并评估了其未来的成长性。表 12.1 展示了损益表中各个科目、供应链活动和绩效的相互关系。

净销售额（net sales）。净销售额与需求管理和客户关系管理相关，这是一个公司订单获取和履行能力以及收入的关键指标。

产品销售成本（cost of goods sold）。产品销售成本是由同供应商的财务协议、生产成本和其他间接成本决定的。如同产品销售成本一样，供应链中的质量问题也会增加产品生产成本。另一方面，增加供应商的准时交货率可以减少安全库存，从而降低库存成本和产品销售成本。

销售及管理费用（selling and administrative expense）。销售及管理费用代表销售产品或提供服务所需的费用，这些费用包括薪金、佣金、广告费、装卸费、运费、仓库管理费和销售设备的折旧。对销售和管理活动有影响的是订单履行率、交货速度、物流、运输以及间接成本。

库存费用（inventory expense）。库存费用与库存控制策略、供应网络和需求预测相关。更准确的需求预测和可靠的供应商可以降低安全库存的水平。再订货点库存控制系统（在第 7 章中已经讨论过）和风险共担方法（在附录 7.2 中已经讨论过）都有助于减少周转库存和安全库存。

其他被广泛接受的财务评估指标包括现金周转时间、营运资金、投资回报率和资产回报率。

现金周转期（cash-to-cash cycle time）。现金周转期评估的是从公司向其原材料供应商付款的日期到其客户向其付款的日期之间的天数。现金周转期越短越好。较长的现金周转期可能表明该公司有大量的应收账款。

应收账款多的主要原因在于如“6 个月不支付”之类的促销活动，或有不良信用记录的客户。冻结在应收账款中的现金占用了企业可用于其他机会的资金。

资产回报率（return-on-assets，ROA）。资产回报率是一项重要的财务指标，它指出了一个供应链如何有效地将其资源资本化。资产回报率由净收入除以总资产得到。降低总库存投资可以减少公司的总资产。因此，如果净销售额保持不变，总库存的减少可以提高资产回报率。恰当的资产管理战略不是将库存数量降到最少，而是拥有合适的产品库存量。

营运资本（working capital）。营运资本是供正在进行的运营活动使用的资金，是库存周转率和库存可供应周数的替代指标。库存投资的增加要求增加对供应商的支付。因此，减少库存可供应周数或提高库存周转率都有助于减轻营运资金的压力，并提高成本绩效。

表12.1　损益表和绩效评价指标

损益表科目	供应链管理变量	绩效评价
净销售额	需求管理 客户关系管理（CRM） 订单获取	订单数量 收入
产品销售成本	采购 供应网络 生产计划与控制	成本和利润
销售及管理费用	订单处理 运输 仓储 库存成本 包装 其他支持活动	订单履行成本 运输和物流成本 间接成本
库存费用	库存控制 库存持有成本	成本、资产回报率、投资回报率（ROI）
税前收入	订单 收入	毛利

12.4.3　财务评估的不足之处

财务评估指标是非常重要的供应链绩效指标，但它有时不能反映企业的真实绩效。例如，当汽油价格上涨时，卡车运输公司承担了较高的燃料成本，这导致其利润降低。因此，近年来更全面的绩效评价模型被引入到供应链绩效评估之中。供应链运作参考模型（SCOR）和平衡计分卡模型（balanced scorecard model）是两个普遍应用的供应链评价方法。我们将在以下各节介绍这两种模式。

12.5 供应链运作参考模型

供应链运作参考模型（SCOR）是由供应链协会（SCC）推出的。供应链协会是一个独立的、非营利性的全球性组织，它向所有应用和发展顶尖供应链管理系统及实践的组织和企业开放。供应链协会是在1996年由柏亚天管理咨询公司（Pittiglio Rabin Todd & McGrath，PRTM）和美利坚公司研究所（AMR）发起的，最初有69个自愿的成员公司。如今，该协会在全球大约拥有750个成员，并已在欧洲、日本、韩国、拉丁美洲、澳大利亚、新西兰和东南亚建立了国际分会。

供应链协会的成员中包括制造商、经销商和零售商，其他为供应链运作参考模型的发展做出重要贡献的组织包括技术供应商和实施单位、学者和政府部门。表12.2中的供应链运作参考模型是第5版。这个版本介绍了电子商务的最佳实施方法。目前，供应链协会正在计划对指标进行重大修改并将体现在未来的版本中。

供应链运作参考模型整合了经营活动和绩效评价。表12.2第一列显示的经营活动包括计划、采购、制造和配送。如表12.2所示，客户服务（包括订单满足率、准时交货和退货）与计划（包括需求预测、产品定价和库存管理）相关，相关的两个因素在表格中用“×”表示。供应链运作参考模型的绩效类别包括客户服务、内部效率、需求弹性和产品开发。

应供应链协会的要求，所有使用供应链运作参考模型的公司都应该与协会成员分享其供应链管理的实施经验。因此，广泛应用供应链运作参考模型促进了客户与供应商的关系，进一步完善了系统集成，同时更好地推广了最佳供应链实践的知识。

表 12.2 供应链运作参考模型（SCOR）(5.0 版)[①]

绩效类别		客户服务	内部效率	应对需求的灵活性	产品开发
经营活动		• 订单完成率 • 准时送货 • 退货服务	• 库存周转率 • 销售利润率 • 现金周转期	• 周转时间 • 供应链上游灵活性 • 供应链外部灵活性	• 新产品销售收入占总收入百分比 • 新产品开发周期
计划	需求预测	×	×	×	
	产品定价	×	×		
	库存管理	×	×	×	
采购	购买		×	×	
	信用和收款	×	×		
生产	产品设计	×			×
	生产调度		×	×	
	设备管理	×	×		
配送	订单管理	×	×		×
	配送调度	×	×		

12.6 平衡计分卡

1992 年，卡普兰（Kaplan）和诺顿（Norton）最早提出了使用平衡计分卡来评估企业的经营活动。平衡计分卡把一个企业的绩效评价、战略计划和目标统一起来。到 1998 年，有 60% 的《财富》1000 强公司采用了平衡计分卡[②]。美孚石油（Mobil Oil）、天纳克（Tenneco）、AT&T、英特尔（Intel）和安永（Ernest & Young）等大公司成功地使用了平衡计分卡并显著提高了企业的绩效。

平衡记分卡同时考虑了财务和非财务指标来评价短期和长期的绩效，它包括 4 个方面：客户、财务、学习与成长、内部业务流程。图 12.1 展示了平

① Supply Chain Council's SCOR model, www. supply-chain. org.

② Silk, S, (1998) "Automating the balanced scorecard," *Management Accounting*, May 1998, 38 - 44.

衡计分卡的框架。

客户方面。专注于客户的需求和满意度，包括客户满意度、客户保持率、新客户获取率、客户价值属性和市场份额。

财务方面。强调利润增长、产品结构、降低成本、生产率、资产利用率和投资策略。

学习与成长方面。主要关注的是企业员工、系统和流程，包括知识资产、员工再培训、强化信息技术和系统以及员工的满意度。

内部业务流程方面。关注的是业务流程的关键问题，如质量、柔性、创新和基于时间的评价指标。

这4个评估领域反映了一个企业或供应链的战略目标，又与长期和短期的绩效评估结合起来。平衡计分卡从为企业战略定位开始，然后将战略具体地转化为业务活动，最终将计分卡转换成绩效评估系统。

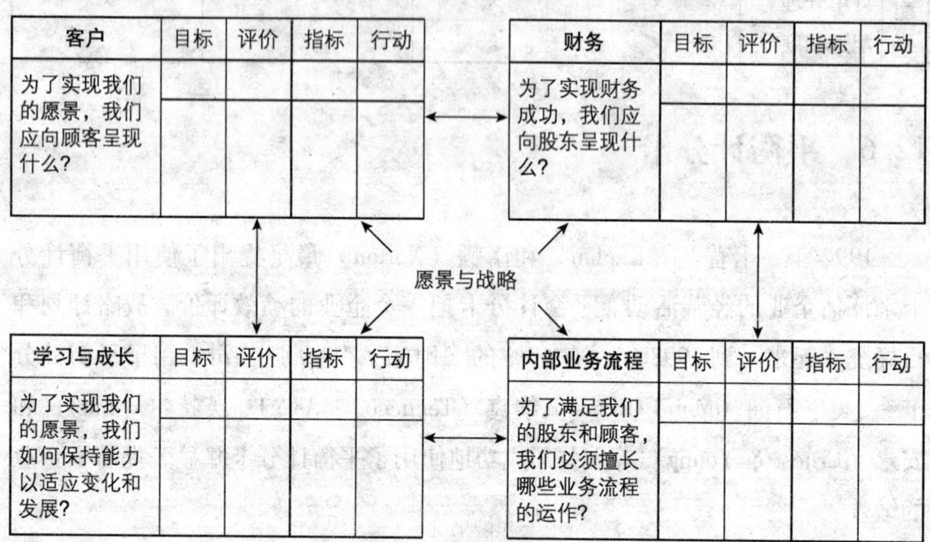

图 12.1 平衡计分卡①

① R. S. Kaplan and D. P. Norton, (1996) "Linking the balanced scorecard to strategy." *California Management Review*, 39 (1), 53-79.

12.7 供应链管理的未来

正如我们在第 1 章中指出的，在电子商务环境中，供应链正面临着商业模式的转变。4 个显著的模式转变归纳如下：

（1）供应链运作正在从成本管理向收益管理转变，因此强调客户关系管理和订单的获取。

（2）供应链运作正在从提高某一职能的实力向提高整个订单履行流程的能力转变，因此强调商品和服务流程的整合。

（3）供应链运作正在从库存管理向信息管理转变，因此强调快速响应系统和知识管理。

（4）供应链运作正在从单一的商品交易关系向战略联盟转变，因此强调双赢的战略合作关系。

“协作”这个词已成为当今最热门的流行语。为了保持竞争力，供应链必须具备成本效益、快速响应、柔性和敏捷等优势。这样，它才能够在恰当的地点和时间、以恰当的数量和质量为顾客提供恰当的产品。

今天，许多公司将市场的全球扩张和国外供应商的合作视为提高盈利能力和竞争力的战略。戴尔公司、斯波特奥波米耶公司和许多其他市场引领者的获利很大一部分来自于其全球供应链的应用。供应链的全球扩张也增加了对第三方和第四方供应链服务提供商的需求。近年来，UPS 已收购了超过 25 家运输及物流公司，并建立了一个全球性的物流网络。同时，UPS 已建立了技术基础设施来帮助顾客控制全球供应链，并提高电子商务能力。

供应链管理的未来在于全球化、协作、高科技的应用和流程再造。

思考题

1. 提高供应链的能力时，哪些因素是必须权衡的？
2. 解释为什么基于成本的绩效评估对一个公司来说是很重要的。
3. 评估一个拥有多个成员的供应链的可行指标是什么？

4. 如何使一个绩效评估系统成为“世界一流”的?

参考文献

Christopher, M. (1998). “Logistics and Supply Chain Management,” 2nd edition, Great Britain: Prentice Hall.

Gable, R. (1997). “The history of consumer goods: How supply-chain management is driving the next consumer goods revolution,” *Manufacturing Systems*, 15(10), 70 - 84.

Kaplan, R. S. and Norton, D. P. (1992). “The balanced scorecard-Measures that drive performance.” *Harvard Business Review*, 70(1), 71 - 79.

Silk, S, (1998). “Automating the balanced scorecard,” Management Accounting, May 1998, 38 - 44.

书系代码	书　名	作　者	定 价
经营管理			
BM001	《并购成长》(Digital Deals)	Geis	29.80
BM002	《绩效！绩效！》(企业培训版) (Coaching for Improved Performance)	Fournie	39.80
BM003	《质量无泪》(Quality Without Tears)	Crosby	39.80
BM004	《海阔天空——我在 DELL 的岁月》	方国健	20.00
BM005	《心时代——一个情感化的世界及其经济图景》	曹世潮	20.00
BM006	《情境领导者》(The Situational Leader)	保罗·赫塞	18.00
BM007	《EMBA 销售管理》(Sales Management)	Calvin	45.00
BM008	《EMBA 财务管理》 (Finance and Accounting for Non-financing Managers)	Weston	49.80
BM009	《EMBA 兼并与收购》(Mergers and Acquisitions)	Weston	38.00
BM010	《EMBA 公司战略》(Corporate Strategy)	Colley	39.80
BM011	《EMBA 创业管理》(Entrepreneurial Management)	Calvin	49.80
BM012	《EMBA 领导艺术》(Managerial Leadership)	Topping	35.00
BM013	《EMBA 战略营销管理》 (Strategic Marketing Management)	Parry	42.00
BM014	《EMBA 公司治理》(Corporate Governance)	Colley 等	49.80
BM015	《六西格玛是什么》(What is Six Sigma)	Pande	15.00
BM016	《六西格玛基础教材》(The Six Sigma Basic Training Kit)	Juran	80.00
BM017	《六西格玛团队实战手册》 (The Six Sigma Way Team Fieldbook)	Pande, Neuman, Cavanagh	49.80
BM018	《六西格玛团队怎么做》(Six Sigma Team Pocket Guide)	Federico	16.00
BM019	《杰克·韦尔奇领导艺术词典》 (Jack Welch Lexicon of Leadership)	Krames	32.00
BM020	《杰克·韦尔奇的 29 个领导秘诀》 (29 Leadership Secrets from Jack Welch)	Slater	29.80
BM021	《通用电气"群策群力"》(GE Work – Out)	Ulrich 等	39.80
BM022	《顶峰》(Million Dollar Consulting)	Weiss	48.00
BM023	《战略计划实务》(Applied Strategic Planning)	Goodstein 等	48.00
BM024	《平衡计分卡实用指南》(Balanced Scorecard)	Paul Niven	49.80
BM025	《战略物流管理》(Strategic Logistic Management)	Stock	80.00
BM026	《整合——企业并购成功之道》(M&A Integration)	Schweiger	39.80
BM027	《战略领导》(The Art and Discipline of Strategic Leadership)	Freedman	32.00
BM028	《经理薪酬完全手册》 (The Complete Guide to Executive Compensation)	Bruce R. Ellig	65.00

书系代码	书　名	作　者	定 价
BM029	《突破困境的领导艺术》(Leadership When the Heat's On)	Cox, Hoover	39.80
BM030	《朱兰自传》(Architect of Quality)	Juran	50.00
BM031	《卓越领导》(The Extraordinary Leader)	Zenger 等	39.80
BM032	《精益六西格玛案例》(Learning into Six Sigma)	Wheat 等	18.00
BM033	《领袖魅力》(Executive Charisma)	Benton	39.80
BM034	《西南航空案例》(The Southwest Airlines Way)	Gittell	49.80
BM035	《危机领导》(Leader Shock)	Hicks	29.80
BM036	《应变》(Agile Business for Fragile Times)	麦卡锡　等	35.00
BM037	《绩效导向的领导力》(Results-Based Leadership)	Ulrich　等	49.80
BM038	《企业沟通的威力》(The Power of Corporate Communication)	Argenti　等	39.80
BM039	《贯彻执行　现在就做》(Why Can't We Get Anything Done Around Here?)	李夫顿　等	20.00
BM040	《高效能团队领导智慧》(Leadership Lessons of The Navy Seals)	坎农　等	39.80
BM041	《竞争性销售》(Hope is not a Strategy)	佩吉	39.80
BM042	《丰田汽车案例》(The Toyota Way)	莱克	49.80
BM043	《风险管理》(Risk Management)	科罗赫　等	80.00
BM044	《团队工作》(The Work of Teams)	卡岑巴赫	39.80
BM045	《通用电气案例》(GE Work-out)	Ulrich　等	49.80
BM046	《质量无泪》(修订版)	Crosby	39.80
BM047	《绩效改进19讲》(201 Ways to Turn any Employee Into a Star Performer)	霍利	29.80
BM048	《人性管理》(The Uncertain Art of Management)	奥斯曼	39.80
BM049	《透明管理》(The Transparency Edge)	佩格诺	29.80
BM050	《成本改进181法》(A Manager's Guide to Creative Cost Cutting)	大卫·杨	29.80
BM051	《直觉》(The Art of What Works)	杜根	39.80
BM052	《劣势者的优势》(The Underdog Advantage)	莫里	39.80
BM053	《精益六西格玛服务》(Lean Six Sigma for Service)	乔治	55.00
BM054	《活学活用博弈论》(Game Theory At Work)	米勒	39.80
BM055	《巅峰绩效》(Peak Performance)	卡岑巴赫	39.80
BM056	《丰田汽车:精益模式的实践》(The Toyota Way Fieldbook)	莱克 等	65.00
BM057	《什么是公司治理》(What is Corporate Govermance)	科利 等	18.00
BM058	《MBA名校的10堂课》(What the Best MBAs Know)	纳瓦洛	49.80
BM059	《现代企业管理教程》(Understanding Business)	尼科尔斯 等	50.00
BM060	《领导艺术》(The Art of Leadership)	曼宁 等	50.00
BM061	《产品生命周期管理》(Product Lifecycle Management)	格里夫斯	49.80
BM062	《创新从头开始》(What customers want)	伍维克	29.80
BM063	《创新引擎》(Fast Innovation)	George	39.80

书系代码	书　　名	作　者	定 价
BM064	《苹果电脑案例》(The Apple Way)	Cruikshank	39.80
BM065	《企业外包实务》(The Manager's Step-by-Step Guide to Outsourcing)	Dominguez	29.80
BM066	《重塑创业精神》(Lead Like an Entrepreneur)	桑伯里	45.00
BM067	《顾客导向》(The Outside-In Corporation)	邦德	39.80
BM068	《定价与收益优化》(Pricing and Revenue Optimization)	菲利普斯	60.00
BM069	《笑梁山》	陈实	35.00
BM070	《价值流管理:面向全局供应链的精益方法》	多尔斯麦思卡罗	43.00
BM071	《新企业所得税法与会计准则比较分析》	张炜	68.00
BM072	《丰田产品开发体系》	摩根,莱克	60.00
BM073	《联想:中国 IT 企业国际化品牌行销之道》	周锡冰	39.80
BM074	《每秒千桶》(A Thousand Barrels a Second)	特扎基安	39.80
BM075	《活学活用丰田生产方式》	田鹏	26.00
BM076	《什么是精益》(Lean Production Simplified)	丹尼斯	35.00
BM077	《纳税会计》	张炜	46.00
BM078	《精益办公价值流》(The Complete Lean Enterprise)	凯特,劳克尔	35.00
BM079	《超越平衡计分卡》(Beyond the Balanced Scorecard)	布朗	39.80
BM080	《超越约束理论》(Beyond the Theory of Constraints)	莱文森	35.00
BM081	《精益企业文化》(Creating a Lean Culture)	曼恩	39.80
经济学			
E-001	《中国经济》(Chinese Economy)	蔡昉,林毅夫	39.80
E-002	《宏观经济学》(Macroeconomics)	Dornbusch	60.00
E-003	《经济学》(Economics)	McConnell,Brue	79.00
E-004	《微观经济学》(Microeconomics and Behavior)	Frank	65.00
E-005	《环境经济学》(Introduction to Environmental Economics)	Field 等	50.00
E-006	《财富的诞生》(The Birth of Plenty)	Bernstein	49.80
E-007	《ArcView GIS® 与 ArcGIS® 地理信息统计分析》(Statistical Analysis of Geographic Information with ArcView GIS® and ArcGIS®)	David Wong 等	58.00
管理学			
MT001	《战略物流管理》(Strategic Logistic Management)	Stock	80.00
MT002	《物流战略咨询》(Supply Chain Strategy)	Frazelle	49.80
MT003	《组织人员配置》(Staffing Organization)	Heneman, Judge	
MT004	《战略管理》(Strategic Management)	Dess 等	40.00
MT005	《数据模型与决策:运用电子表格建模与案例研究》(第1版)(Introduction to Management Science)	Hillier 等	75.00
MT006	《数据模型与决策:运用电子表格建模与案例研究》(第2版)(Introduction to Management Science)	Hillier 等	75.00
MT007	《电子商务导论》(Introduction to E-Commerce)	雷波特　等	58.00
MT008	《供应链设计与管理》(Designing and Managing The Supply Chain)	辛奇—利维　等	40.00

书系代码	书　　名	作　者	定 价
MT009	《管理学基础》(Management)	克尼基　等	48.00
MT010	《定价》(Pricing)	门罗	65.00
MT011	《精通战略》(Mastering Strategy)	雷格斯比　等	39.80
MT012	《战略采购管理》(Harnessing Value in the Supply Chain)	班菲尔德	39.80
MT013	《逆向管理》(Don't Oil the Squeaky Wheel)	Rinke	39.80
MT014	《跨国管理》(Transnational Management)	Bartlett 等	79.80
MT015	《运营管理》(Matching Supply with Demand)	Cachon 等	50.00
MT016	《供应链与价值网创新企业案例》	任建标	35.00
营销管理			
MM001	《定位》(Positioning)	Ries & Trout	39.80
MM002	《营销战》(修订版)(Marketing Warfare)	Ries & Trout	39.80
MM003	《营销革命》(Bottom-up Marketing)	Ries & Trout	39.80
MM004	《新定位》(The New Positioning)	Trout	39.80
MM005	《颠覆广告》(Disruption)	让—马贺·杜瑞	40.00
MM006	《创意的竞赛》(Which Ad Pulled Best?)	Purvis	39.80
MM007	《广告文案名人堂》(The Art of Writing Advertising)	Higgins	29.80
MM008	《产品经理的第一本书》(The Product Manager's Handbook)	Gorchels	39.80
MM009	《全球整合营销传播》(Communicating Globally)	舒尔茨	39.80
MM010	《整合营销传播:利用广告和促销建树品牌》(IMC: Using Advertising and Promotion to Build Brands)	Duncan	298.00
MM011	《市场战略》(The Market Makers)	Spulber	48.00
MM012	《全球营销》(Global Marketing)	乔尼·约翰逊	60.00
MM013	《网络营销》(Internet Marketing)	默罕默德　等	65.00
MM014	《产品经理的第二本书》(The Product Manager's Field Guide)	Linda Gorchels	39.80
MM015	《营销学基础》(Essentials of Marketing)	佩罗特,麦卡锡	60.00
MM016	《文案发烧》("Hey, Whipple, Squeeze This.":A Guide to Creating Great Ads)	苏立文	39.80
MM017	《小鱼吃大鱼》(Eating the Big Fish)	摩根	45.00
MM018	《什么是战略》(Trout On Strategy)	特劳特	29.80
MM019	《整合营销传播:创造企业价值的五大关键步骤》(IMC: the Next Generation)	唐·舒尔茨　等	39.80
MM020	《促销管理的第一本书》	Schultz	39.80
MM021	《广告箴言》(And Now a Few Words From Me)	加菲尔德	29.80
MM022	《营销计划手册》(The Successful Marketing Plan)	赫宾 等	68.00
MM023	《渠道管理的第一本书》(The Manager's Guide to Distribution Channels)	哥乔斯 等	35.00
MM024	《项目管理的第一本书》(The McGraw-Hill 36 – Hour Project Management)	库克,塔特	

书系代码	书　　名	作　者	定 价
MM025	《细读杰克·韦尔奇》	Krame, Slater	39.80
MM026	《品牌资产管理》(Brand Asset Management)	戴维斯	39.80
MM027	《互愿营销》(Opt-In Marketing)	罗曼 等	39.80
MM028	《小技巧　大销售》(401 Killer Marketing Tactics)	费尔藤斯坦	39.80
MM029	《作业成本管理的第一本书》(Common Cents)	特尼	39.80
MM030	《产品经理手册》(The Product Manager's Handbook)	哥乔斯	55.00
MM031	《商战》(20 周年纪念版)(Marketing Warfare)	Ries & Trout	68.00
MM032	《博客营销》(Blog Marketing)	Jeremy Wright	39.80
MM033	《品牌驱动力》(Building the Brand-Driven Business)	戴维斯,邓恩	39.80
MM034	《定价的艺术》(The Art of Pricing)	Mohammed	29.80
MM035	《营销 7 堂课》(Mastering Marketing)	罗斯金-布朗	39.80
销售管理			
SM001	《成功销售管理的 7 大秘诀》(7 Secrets to Successful Sales Management)	Wilner	39.80
SM002	《电话行销,轻松成交》	姚能笔	39.80
SM003	《摸透顾客心》(Ten Demandments)	Mooney Bergheim	39.80
SM004	《练就铁齿铜牙》(Secrets of Power Persuasion for Salespeople)	Dawson	39.80
SM005	《轻松收款》(Collections Made Easy)	卡罗尔	39.80
SM006	《打倒墨菲定律　挽救我的销售》(Beating the Deal Killers)	Giglio	39.80
SM007	《增加销售的 12 种核心技术》(Beyond E)	Diorio	39.80
SM008	《销售管理》(Sales Force Management)	Johnston 等	49.00
SM009	《汽车销售的第一本书》	孙路弘	39.80
SM010	《终极销售力》(Ultimate Selling Power)	莫伊,洛伊德	39.80
SM011	《顶尖销售的 25 堂课》(Secrets of Top Performing Salespeople)	乔诺　等	29.80
SM012	《引爆销售的 10 大黄金法则》	Desena	39.80
SM013	《再造销售奇迹》	Eades	39.80
SM014	《攻心式销售》	Bosworth	24.80
SM015	《百万销售师》	Gardner	24.50
SM016	《成交》	Victor	29.80
SM017	《直销经理的第一本书》(Making Millions in Direct Sales)	马拉汉 等	39.80
SM018	《直销 37 计》(The Ultimate Guide to Network Marketing)	乔·鲁比诺	39.80
职场发展			
CD001	《外企面试宝典》(More Best Answers to the 201 Most Frequently Asked Interview Questions)	DeLuca	25.00
CD002	《人才心理测评》(Psychological Testing at Work)	Hoffman	25.00

书系代码	书　　名	作　者	定 价
CD003	《演讲的艺术》(Strictly Speaking)	Buckley	29. 80
CD004	《五大会计师行》	周年洋　等	24. 80
CD005	《职业经理自修手册》(The Manager's Self-development Guide)	Pedler	35. 00
CD006	《关键对话》(Crucial Conversations)	Patterson 等	29. 80
CD007	《静思录》(Finding Your Strength in Difficult Times)	David Viscott	19. 80
CD008	《商务英语书信写作精益求精篇》	康宁汉　等	29. 80
CD009	《商务人士日常书信写作》(Great Personal Letters for Busy People)	布赫	48. 00
CD010	《销售信函》(Sales Letters Ready to Go)	贝塞尔　等	32. 00
CD011	《商务信函》(Business Letters Ready to Go)	Bayse	39. 80
CD012	《我爱笨老板》(How to Work for an Idiot)	胡佛	29. 80
CD013	《实用英语动词短语》(Basic Phrasal Verbs)	斯皮尔斯	35. 00
CD014	《赛马》(Horse Sense)	里斯,特劳特	29. 80
CD015	《报刊装帧设计手册》(The Newspaper Designer's Handbook)	哈洛维	128. 00
CD016	《君子善言》(Speak Like a CEO)	贝茨	32. 00
CD017	《脱颖而出》(Shine)	汤普森	29. 80
CD018	《量子飞跃》	谢尔顿,刘芊	29. 80
CD019	《纳米说服力》	姚能笔	29. 80
CD020	《你就是品牌》(U R a Brand!)	卡普塔	29. 80
投资理财			
IF001	《赢得"输家的游戏"》(Winning the Loser's Game)	Ellis	29. 80
IF002	《向格雷厄姆学思考,向巴菲特学投资》(How to Think Like Benjamin Graham and Invest Like Warren Buffett)	Cunningham	39. 80
IF003	《巴菲特怎样选择成长股》(How to Pick Stocks Like Warren Buffett)	Vick	29. 80
IF004	《最后的合伙人》(The Last Partnership)	Geisst	29. 80
IF005	《财务报表分析与证券定价》(Financial Statement Analysis and Security Valuation)	Penman	98. 00
IF006	《技术分析》(Technical Analysis Explained)	Pring	80. 00
IF007	《技术分析 A－Z》(Technical Analysis from A to Z)	Achelis	55. 00
IF008	《股票价值评估》(Valuing a Stock)	Gray　等	39. 80
IF009	《蜡烛图精解(第 3 版)》(Candlestick Charting Explained)	Morris	60. 00
IF010	《技术分析习题集》(Study Guide for Technical Analysis Explained)	Pring	25. 00
IF011	《股票市场的时机选择》(Timing the Stock Market)	亚历山大	48. 00
IF012	《最佳卖出点》(It's when You Sell that Counts)	卡西迪	39. 80
IF013	《股市名言》(Buy the Rumor, Sell the Fact)	麦洛	29. 80
IF014	《向格雷厄姆学思考,向巴菲特学投资》(修订版)	Cunningham	39. 80

书系代码	书　　名	作　者	定 价
IF015	《华尔街投资银行史》	Geisst	49.80
IF016	《信用风险:度量与管理》	瑟维吉尼	65.00
IF017	《财务报表分析与证券定价》(第二版) (Financial Statement Analysis and Security Valuation)	Penman	98.00
IF018	《信用评分模型技术与应用》	陈建	60.00
IF019	《现代信用卡管理》	陈建	80.00
IF020	《标准普尔教你做好个人理财》(The Standard & Poor's Guide to Personal Finance)	道尼	25.00
IF021	《标准普尔教你做好第一笔投资》(The Standard & Poor's Guide for the New Investor)	马蒂夫	25.00
IF022	《标准普尔教你做好长期投资》(The Standard & Poor's Guide to Long-Term Investing)	提格	20.00
IF023	《股市法则》(Stock Market Rules)	沙伊莫	29.80
IF024	《股指期货100问》	中国国际期货武汉研究中心	25.00
IF025	《巴菲特选股魔法》	洪瑞泰	25.00

(具体数据以出书为准)

销售服务：010－88191017，88191063(FAX)
E-mail： webmaster@ewinbook.com
邮购地址：北京市阜成路甲28号新知大厦　中国财政经济出版社邮购部
邮购费用：书价加15%
电　　话：010－88190406　88190488
邮　　编：100036